De herontdekking van het ware zelf

Van dezelfde auteur:

Illusies. Over bevrijding uit de doolhof van destructieve emoties

De onschuldige gevangene. Over opvoeden en overleven

Ingeborg Bosch

De herontdekking van het ware zelf

Een zoektocht naar emotionele harmonie

Past Reality Integration®

www.PRIonline.nl

Uitgeverij L.J. Veen Amsterdam/Antwerpen

Sinds april 2002 is de Engelse editie van dit boek, *Rediscovering the True Self*, verkrijgbaar via de PRI-website: www.PRIonline.nl
In 2005 is in Frankrijk en Canada een Franse vertaling, *Guérir les traces du passé*, verschenen, uitgegeven door les Éditions de l'homme.

Eerste druk 2000
Tweede druk 2001
Derde, herziene druk 2002
Vierde, herziene druk mei 2003
Vijfde druk juli 2003
Zesde druk november 2003
Zevende druk april 2004
Achtste druk februari 2005
Negende, gewijzigde druk februari 2006
Tiende druk september 2006
Elfde druk juli 2007
Twaalfde druk januari 2008

© 2000, 2008 Ingeborg Bosch
www.PRIonline.nl

Alle rechten voorbehouden
Omslagontwerp: Marry van Baar
Omslagillustratie: Getty
Auteursfoto: Leendert Jansen
Nederlandse vertaling van dit oorspronkelijk in het Engels geschreven boek: Monique de Vré
Gedichten op p. 49, 51, 55, 81 en p. 111 en illustraties 1-5 van het fotokatern: Jeannette Meijvogel
Gedicht op p. 74: Ina Veldman
Illustraties 6-11 van het fotokatern: Sylvie van Lanschot

D/2007/0108/720
ISBN 978 90 204 0735 8
NUR 777

www.ljveen.nl

Over kinderen

*Je kinderen zijn je kinderen niet,
maar de zonen en dochters van 's levens
hunkering naar zichzelve.
Jij brengt hen ter wereld, maar jij bent
niet hun oorsprong.
En ofschoon ze bij je zijn, behoren ze je niet toe.
Je mag hun je liefde geven, maar
niet je gedachten,
Want zij hebben hun eigen gedachten.
Je mag hun lichaam huisvesten, maar
niet hun ziel,
Want hun ziel woont in het huis van
morgen, dat je niet kunt betreden, zelfs
niet in je dromen.
Je mag ernaar streven aan hen gelijk
te worden, maar probeer hen niet aan jou
gelijk te maken,
Want het leven gaat niet achteruit, noch
draalt het bij gisteren.
Je bent de boog waarmee jouw kinderen
als pijlen het leven in worden geschoten.
De Boogschutter ziet het doel op het pad
van de oneindigheid en spant je met al
Zijn kracht opdat Zijn pijlen gezwind
en ver vliegen.
Laat het spannen door de Boogschutter je
tot vreugde zijn,
Want evenals Hij de pijl liefheeft om*

*zijn vlucht, zo heeft Hij ook de boog lief
om zijn standvastigheid.*

Kahlil Gibran, *De profeet*

Kahlil Gibran werd in 1883 in Libanon geboren. Hij was zowel dichter, filosoof als schilder. Zijn poëzie is in meer dan twintig verschillende talen verschenen. Hij is in 1931 gestorven.

Voor Lara en Carsten, mijn kinderen,

*wier ogen mij de betekenis
van liefde, vreugde en
het ware zelf tonen,
iedere dag opnieuw.*

Voor Jim, mijn man,

*voor zijn niet-aflatende
steun en liefde,
komend uit een open hart,
zonder voorwaarden
of beperkingen.*

Voor Jean, mijn grote voorbeeld,

*aan wie ik zo veel te danken heb:
als zeer speciale vriendin
en als briljante en inspirerende
therapeut.*

INHOUD

Dankwoord 13
Woord vooraf van Jean Jenson 15
Inleiding 19
Proloog
   Past Reality Integration in het kort 29

1 Bewustzijn 34
  Ons bewustzijn: van eenheid naar gedeeldheid 34
  De onvervulde behoeften van het kind: levensbedreigend 35
  Emotionele behoeften: essentieel om te overleven 39
  Collectieve verdringing en ontkenning 42

2 Afweermechanismen 43
  Afweer: toen levensreddend, nu levensbedreigend 43
  De verschillende soorten ontkenning 45
  Valse hoop: ik kan krijgen wat ik nodig heb, als ik maar... 49
  Ontkenning van behoeften en valse macht:
     ik heb geen probleem/jij deugt gewoon niet... 51
  De primaire afweer: ik deug niet, het is allemaal mijn
     schuld, ik kan het niet, ik ben slecht 55
  De 'valkuil' van de primaire afweer: het verschil tussen
     ontkenning en waarheid 62
  Angst: ik kan nog vluchten 64
  Afweermechanismen zijn er om onszelf te beschermen... 65
  Hoe de afweermechanismen op elkaar inwerken en
     elkaar ondersteunen 68

3 Heelwording 74
  3.1 Cognitief inzicht: Het gebeurt niet nu 76
  3.2 Emotioneel besef: Het was echt zo erg 81

3.3 Overwinnen van de angst voor het voelen:
Het is veel, maar niet te veel 86
3.4 Regressie: Dat is wat er gebeurde en hoe het
voelde 92
3.5 Toepassing op lange termijn: nadat we veel oude pijn
gevoeld hebben – het duaal-bewustzijn 100
Heelwording: integratie van de oude pijn in het
volwassen-bewustzijn 106

4 De toekomst: kinderen en ouders 111
Wanneer onze kinderen symbolisch voor ons zijn 111
Zwangerschap en geboorte 114
Hoe moet ik mijn kinderen opvoeden? 122
Moet ik mijn ouders vergeven? 130

5 Praktische oefeningen 133
Verantwoordelijkheid nemen voor onze gevoelens 135
Het basiswerk in vijf stappen 138
    Stap 1: de voorbereiding 138
    Stap 2: de 'baseline'-meting 140
    Stap 3: omkering van de afweer 143
    Stap 4: het blootleggen van en openstaan
    voor je oude pijn 149
    Stap 5: je pijn in verband brengen met de oorzaak in
    het verleden 152

6 Situaties die speciale aandacht vergen 158
6.1 Ik voel niks 158
6.2 Ik voel me alleen maar depressief, alsof er een
zware deken over me ligt 163
6.3 Ik ben boos en ik denk dat dat goed voor me is! 165
6.4 Ik kan me niets van mijn verleden herinneren 168
6.5 Ik kan mijn gevoelens niet in verband brengen met
de oude realiteit 169
6.6 Hoe weet ik dat mijn herinneringen waar zijn? 170
6.7 Ik vind het te eng 172
6.8 Ik voel me altijd slecht over mezelf 175

6·9 Hoe weet ik het verschil tussen een behoefte van toen en een behoefte van nu? 177
6·10 Maar het gebeurt toch nú! 182
6·11 Hoe kan ik voorkomen dat mijn gevoelens al snel weer verdwijnen? 184
6·12 Ik kan dit niet in mijn dagelijkse leven inpassen; het maakt me te zeer van streek, ik moet ook nog werken bijvoorbeeld 184

7 Het therapieproces in werking 186
Parallel denken 186
PRI-regressie 194

8 Persoonlijke verslagen 201
Het verhaal van Judith 201
Het verhaal van Arthur 205
Het verhaal van Riet 210
Het verhaal van Suzanne 212
Het verhaal van Menno 216
Het verhaal van Christine 220

9 Past Reality Integration, andere therapieën en diagnostiek 225
PRI-regressie roept de emotionele toestand op van het kind dat we waren 225
Tijdens een PRI-regressie is het van groot belang zo lang en zo diep mogelijk de pijn van het kind te voelen 226
Er is geen 'innerlijk kind' 226
Woede en angst: meestal afweer 227
Afweer is de kern van ons probleem in de huidige realiteit 228
PRI-therapie maakt geen gebruik van *DSM-IV* 232

Bijlage 1 Test: Volwassen-bewustzijn versus kind-bewustzijn 233
Bijlage 2 Test: Afweervormen onderscheiden; ontkenning van behoeften, valse hoop, valse macht, primaire afweer, angst 235
Bijlage 3 Test: Je persoonlijke afweerprofiel 237
Bijlage 4 De PRI-therapie aan anderen uitleggen 244
Bijlage 5 Professionele PRI-opleiding voor hulpverleners 249

Bijlage 6 Mogelijkheid van PRI-therapie   252
Bijlage 7 Verklarende woordenlijst   256
Bijlage 8 De structuur van PRI   261

Noten   266
Bibliografie   270
Register   275
Over de auteur   279

DANKWOORD

Mijn grote dank gaat uit naar:
Al mijn cliënten, omdat ze me hun verhaal hebben toevertrouwd, me in staat hebben gesteld mijn therapeutische vaardigheden te ontwikkelen en last but not least zijn zij het die mij de inspiratie hebben gegeven om dit boek te schrijven.

Alle cliënten en ex-cliënten die bereid waren een bijdrage aan dit boek te leveren door zo eerlijk en gedetailleerd over hun helingsproces te schrijven.

Jeannette Meijvogel voor haar hartverscheurende gedichten en illustraties.

Ina Veldman voor haar prachtige gedicht.

Sylvie van Lanschot voor het beschikbaar stellen van de schilderijen die ze tijdens haar helingsproces maakte.

Frank Noë, die het idee opperde om het vervolg van *Op weg naar je ware zelf* te schrijven.

Alice Miller, wier werk mij als eerste het inzicht gaf in wat voor mij psychologie in de ware zin van het woord werd.

Odile van Embden, die me kennis liet maken met de boeken van Alice Miller in een fase van mijn leven waarin ik openstond voor deze wijsheid en die me hielp deze eigen te maken.

Colleen Daly, die dit boek met een geweldig enthousiasme en een grote gedrevenheid en inzet heeft geredigeerd, en er vaak tot na middernacht mee bezig was. Dankzij haar werd het manuscript een 'echt boek'.

Jean Jenson, vriendin en leermeesteres, voor het geduld waarmee ze het manuscript heeft gelezen en geredigeerd en voor haar constructieve feedback. Haar vertrouwen en aanmoediging heeft enorm bijgedragen aan het eindresultaat.

Jim Bonomo, mijn liefhebbende echtgenoot, die me telkens weer zei dat ik een boek moest schrijven. Dank je wel voor alle tijd die je hebt gestoken in het bespreken, lezen en redigeren van dit boek. Zonder jouw liefdevolle hulp en rotsvaste vertrouwen was het me niet gelukt.

WOORD VOORAF

Beste lezer,

Als je dit boek hebt opgepakt, is de kans groot dat je op zoek bent naar antwoorden op problemen waar je in je dagelijks leven last van hebt. Als dat inderdaad zo is, dan kan ik je laten weten dat je die antwoorden nu zult vinden. De schrijfster, Ingeborg Bosch, ontwikkelde een nieuwe therapie die je niet alleen antwoorden geeft, maar je ook laat zien wat je precies kunt doen om die veranderingen te bewerkstelligen waar je zo op hoopt.
In dit boek worden in detail een groot aantal knelpunten behandeld die in het leven van de meeste mensen spelen. Eerdere lezers reageerden:

'*De herontdekking van het ware zelf* is het eerste psychologieboek dat écht uitlegt waar ik zo mee heb geworsteld en me de instrumenten geeft om er iets aan te doen. Heel veel dank voor dit boek!!'

'Wat mij betreft gooien mensen hun hele boekenplank met zelfhulpboeken weg. Na het lezen van *De herontdekking van het ware zelf* zijn ze zonder uitzondering achterhaald.'

'Ik heb lang naar zoiets als dit boek gezocht, maar andere zelfhulpboeken gaven oplossingen die óf te simplistisch waren, óf de problemen zelf wel goed beschreven maar geen oplossing boden. Dit is het eerste boek waarin ik mezelf niet alleen goed kan herkennen, maar ook het waarom van dingen verklaart *en* oplossingen aanbiedt die haalbaar zijn.'

'Ik heb nooit eerder naar een auteur geschreven, maar ik kan het dit keer niet laten om je te laten weten dat ik je suggesties sinds een aantal maanden in de praktijk breng en dat ze werken! De hulp van een professionele PRI-therapeut kan het proces nog efficiënter maken en ik ben dan ook blij te horen dat er PRI-therapeuten opgeleid worden. Veel dank.'

Veel mensen voelen zich aangesproken door de PRI-therapie van Ingeborg Bosch omdat het vaak de eerste keer in hun leven is dat ze *werkelijk* begrijpen waarom ze zo lijden of met bepaalde zaken worstelen. Daarnaast biedt deze benadering hun een heel concrete en praktische manier om hun leven aan te pakken en zo stap voor stap toe te werken naar tastbare verbeteringen.

Bosch legt uit hoe de gebruikelijke manier om kinderen op te voeden, de opvoeding die de meesten van ons hebben ondergaan, ertoe leidt dat belangrijke behoeften van het kind dat we waren niet vervuld worden ondanks de beste bedoelingen en inspanningen van onze ouders. Veel therapieën gaan ervan uit dat er iets mis is met mensen zelf die op zoek gaan naar psychologische hulp en dat zij behandeld dienen te worden met behulp van psychotherapie of psychofarmaca. Het idee hierachter is dat de meeste mensen in psychologisch opzicht gezond zijn, maar dat sommigen dat níét zijn.

PRI is gebaseerd op een andere uitgangspunt. Het is niet het individu dat psychologisch ongezond is, maar de maatschappij waar wij in leven, en in het bijzonder de gangbare opvoedingspraktijk. Natuurlijk verschilt de manier waarop we zijn opgevoed enigszins van elkaar, maar aan de basis van onze ervaring als kind staat het gegeven dat een aantal van onze basisbehoeften (fysiek, mentaal, of emotioneel) niet volledig zijn vervuld. Onze maatschappij (h)erkent dit echter niet, met als gevolg dat dit gegeven geen deel uitmaakt van de gebruikelijke psychologische methodes waarmee mensen worden behandeld. Hierdoor gaan mensen denken dat ze hulp nodig hebben omdat er iets mis is met hen persoonlijk in plaats van zich te realiseren dat er iets mis is met de manier waarop ze opgevoed zijn en dat ze lijden aan de overblijfselen van deze opvoeding.

Met haar PRI-therapie helpt Ingeborg Bosch je om te gaan zien welke basisbehoeften in je eigen opvoeding onvervuld zijn gebleven en hoe dat heeft geleid tot de problemen waar je vandaag de dag mee worstelt.

En nog belangrijker, daarnaast biedt zij met PRI die instrumenten waarmee eenieder de effecten van het eigen (kind)verleden ongedaan kan maken. Een verleden dat nog niet eerder gekend was, noch bewust ervaren en daardoor ook niet geïntegreerd in het volwassen leven.

De lezers van dit boek zullen naast al deze zaken nog veel meer aantreffen op de bladzijden van dit boek. Vanuit mijn eigen persoonlijke en professionele ervaring met de waarde van Bosch' PRI wens ik dat iedereen die dit boek oppakt het zal lezen. Ik hoop dan ook dat jij er nú aan zult beginnen.

Juni 2005, Jean Jenson
Auteur van *Op weg naar het ware zelf*

INLEIDING

We zijn niet gevangen in de ijzeren greep van het verleden. We zijn gevangen in de ijzeren greep van de illusie dat we onszelf moeten beschermen tegen wat er in het verleden is gebeurd. Wanneer we het heden ervaren voor wat het werkelijk is, dan is het meestal verrassend onbelast.

Toen ik de ideeën van Alice Miller begin jaren negentig werkelijk begon te ontdekken, ging er een nieuwe wereld voor me open. Ik zeg 'werkelijk', omdat ik tien jaar eerder *Het drama van het begaafde kind* al had gelezen, en alhoewel ik Millers boek zeker interessant vond, had het nog weinig persoonlijke impact op mij gehad. Ik was begin twintig en mijn afweer was nog te sterk om haar boodschap in me op te nemen. Bovendien werd in de uitgave die ik las, veel psychoanalytisch vakjargon en psychoanalytische interpretaties gebruikt die niet zo rechtstreeks aan mijn gevoel appelleerden als de latere edities van dit boek of haar latere werk. Mijn afweer werd echter zwakker na de geboorte van mijn eerste kind, en haar boodschap raakte mij toen recht in het hart. Door haar boeken vond ik een manier om aan mijn eigen heelwording te werken, en ik had het geluk dat ik dit kon doen toen mijn zoon nog geen jaar oud was en mijn dochter nog niet geboren was.

Toen er in de 'Inleiding' van een van de latere uitgaven van *Het drama van het begaafde kind* werd verwezen naar Jean Jensons boek *Reclaiming Your Life*, kocht ik het en verslond het. Hier vond ik de therapie die de inzichten van Alice Miller in een praktische methode omzette! Die methode sprak me zo aan dat ik haar op mezelf ging toepassen en met mijn cliënten ging gebruiken. Ik schreef een uitgever om hem aan te moedigen de Nederlandse rechten van *Reclaiming Your Life* te kopen en kreeg te horen dat dit net was gebeurd en dat het boek in het Nederlands werd vertaald. Ik was blij dat het boek nu beschikbaar kwam voor een groter publiek. Toen de uitgever hoorde dat ik therapeut was en de door Jenson beschreven methode probeerde toe te passen, vroeg hij mij of ik misschien promotionele activiteiten voor het boek kon bedenken. Het idee werd geboren om Jenson naar Nederland te halen om een workshop voor therapeuten te geven. Dat was in oktober 1997.

Ondanks onze verschillen in achtergrond, leeftijd en persoonlijkheid voelden Jenson en ik meteen de herkenning van gelijkgezinde therapeuten, zowel in theoretisch als in praktisch opzicht. Spoedig ontstond een intensieve werkrelatie, waardoor ik in betrekkelijk korte tijd door Jenson opgeleid kon worden. Al snel waren we geregeld in theoretische discussies gewikkeld over de methode en de praktische toepassingen ervan. Zonder Jean Jensons tijd en lessen zou het voor mij onmogelijk zijn geweest om zelfs maar aan het schrijven van dit boek te denken. Zonder haar inspirerende voorbeeld van hoe effectief, briljant en 'empowering' een therapie voor de cliënt kan zijn, had ik PRI, een nieuwe therapie, niet kunnen ontwikkelen.

De nieuwe therapie, die ik mettertijd steeds verder zou ontwikkelen, moest een naam krijgen die de belangrijkste kenmerken ervan goed tot hun recht zou laten komen. Na een rondje stevig nadenken leverde dat de woorden 'Past Reality Integration-therapie' of kortweg 'PRI' op. Hoewel het een lange naam is, legt hij de juiste nadruk op het doel van de therapie. Aangezien onze problemen voortvloeien uit verdringing en ontkenning van ons verleden, is het bevorderlijk voor de heling als deze verdringing en ontkenning worden opgeheven, zodat de realiteit van het verleden geïntegreerd kan worden in ons volwassene-bewustzijn.

Naarmate de tijd verstreek, ontwikkelden zich nieuwe gedachten uit het werk met cliënten. Bij het uitoefenen van therapie ben ik er altijd mee bezig hoe mensen nog effectiever te helpen. Deze voortdurende zoektocht wordt gereflecteerd in dit boek: PRI blijft verder groeien, zich ontwikkelen en veranderen. *De herontdekking van het ware zelf* is geschreven om die ontwikkelingen met het lezerspubliek te delen. Sommige nieuwe inzichten zijn van zo'n belang dat als je die niet kent, de therapie in het ergste geval erop uitdraait dat de afweer wordt versterkt in plaats van overwonnen wordt.

Net als *Een zoektocht naar het ware zelf** is *De herontdekking van het ware zelf* voornamelijk bedoeld voor leken. Het kan echter ook interessant zijn voor therapeuten, omdat basisinformatie wordt gegeven over hoe PRI werkt. De nieuwe theoretische inzichten zijn bovendien belangrijk voor therapeuten die een begin willen maken met de toepassing van PRI.

Veel mensen willen meer over de therapie weten en willen die toepassen. Hoewel er een tekort aan opgeleide en gediplomeerde therapeuten is, zal deze situatie veranderen wanneer meer therapeuten de workshop bezoeken en het opleidingsprogramma volgen (zie bijlage 5). De methode komt therapeuten eenvoudiger en bekender voor dan zij in feite is. In het opleidingsprogramma, dat sinds 1998 loopt, komen zelfs ervaren therapeuten – misschien juist ervaren therapeuten – steeds weer tot de ontdekking dat ze een theorie en een methode proberen te leren waarmee ze minder vertrouwd zijn dan ze aanvankelijk dachten. Tijdens de opleiding is het vaak noodzakelijk traditionele begrippen los te laten en dat kan moeilijk zijn. Zien hoe therapeuten worstelen om dat te doen, toont aan hoe anders van aanpak PRI is. Wie daarover meer wil weten, kan bijlage C in *Een zoektocht naar het zelf* lezen, die geheel over het verschil tussen PRI en andere therapieën gaat. Enige informatie over die verschillen, maar minder uitgebreid dan in Jensons boek, is ook in hoofdstuk 9 van dit boek te vinden.

Hoewel sommige mensen in staat lijken de therapie op zichzelf toe te passen zonder de hulp van een therapeut, kunnen de meeste dit niet in voldoende mate, in ieder geval niet in het begin. Ze herkennen misschien een aantal mechanismen, maar het is zonder hulp vrijwel onmogelijk al het onbewust gemotiveerde gedrag bloot te leggen. Om te kunnen overleven zijn we zo goed geworden in het 'onszelf voor de gek houden' dat het heel moeilijk is om te herkennen wanneer we ons in de bewustzijnstoestand van het kind of in onze afweer bevinden. Na enige tijd kan het gemakkelijk worden die in anderen te herkennen, maar het is problematisch die altijd in onszelf te herkennen, hoewel we daar naarmate de tijd vordert, steeds

---

* *Een zoektocht naar het ware zelf* is de volledig herziene versie van *Op weg naar je ware zelf*.

beter in zullen worden. Het naar boven halen en toelaten van de pijn uit onze jeugd en het overwinnen van de angst om dat te doen, kan dikwijls ook heel moeilijk zijn zonder hulp van een gekwalificeerd iemand, tenminste in het begin.

Dit boek is vooral bedoeld om mensen te helpen die aan een therapie zullen gaan beginnen, daar al mee bezig zijn of met PRI zelfstandig doorgaan nadat de begeleide therapie is afgelopen. Ook al wordt de lezer uitgenodigd om zo veel mogelijk zelfstandig te doen, het is wel van belang om in gedachte te houden dat niet iedereen die dit boek doorwerkt, in staat zal zijn de problemen op te lossen die het leven pijnlijker maken dan nodig is.

Ik wil graag benadrukken dat PRI erop gericht is de cliënt onafhankelijk van de therapeut te maken. Dit is een van de aantrekkelijke kanten van de PRI-therapie: mensen helpen een punt te bereiken waarop ze het werk zelf kunnen doen. In het algemeen is de therapeut alleen in het begin van het proces nodig, wanneer we nog niet in staat zijn ons kind-bewustzijn en onze afweer te herkennen. Naarmate deze mechanismen ons duidelijker worden en we zonder angst in staat zijn oude pijn toe te laten, wordt de therapeut steeds minder belangrijk en kan de cliënt al snel zelfstandig verder gaan. Hiermee kan jarenlange therapie en afhankelijkheid van de therapeut in het algemeen voorkomen worden.

Om PRI zo begrijpelijk mogelijk te maken zal het volledige theoretische kader aan bod komen in hoofdstuk 1, 2 en 3. Sinds de verschijning in 2000 van de *Herontdekking* zijn er weer nieuwe ontwikkelingen in de PRI-theorie, die verwerkt zijn in de achtste druk. De nieuwe inzichten zijn ontstaan gedurende de laatste drie jaar in het intensieve werk in de praktijk met cliënten. De veranderingen hebben vooral betrekking op de inzichten over onze afweren. In hoofdstuk 2 – waar de afweren uitgebreid aan bod komen – zal ik kort verwijzen naar deze veranderingen. Een uitgebreide behandeling van het volledige onderwerp is te vinden in mijn tweede boek, *Illusies*, dat bijna geheel gewijd is aan de werking van onze afweer en hoe hiermee om te gaan zodat we onszelf kunnen bevrijden uit de doolhof van onze vaak zo verwarrende en overweldigende gevoelens. Om de misschien hier en daar wat ingewikkelde tekst toegankelijker te maken bevat bijlage 7 een lijst met definities van veel gebruikte termen en begrippen. Bijlage 8 belicht de structuur van PRI.

Sommige lezers zullen deze eerste hoofdstukken misschien wat theoretisch vinden, maar het is belangrijk ze goed door te lezen, omdat het kunnen helen direct afhankelijk is van de mate van theoretisch begrip. Het kan hierbij helpen als je het boek samen met iemand anders leest, zeker als je niet gewend bent gecomprimeerde teksten te lezen. Omdat theoretisch begrip zo belangrijk is, is het uitleggen van de theorie van PRI aan cliënten een essentieel onderdeel van de therapie. Als de cliënt begrijpt wat de therapeut doet en zegt, en waarom hij/zij dat doet en zegt, dan heeft de cliënt daarmee de middelen die nodig zijn om het punt te bereiken waarop de PRI-methode zonder hulp van een therapeut kan worden toegepast.

Een deel van dit boek bestaat uit praktische oefeningen voor het geval je de therapie zelfstandig onderneemt. De oefeningen zijn opgebouwd uit stappen die je het best kunt doorlopen in de volgorde die in hoofdstuk 5 staat.

Veel voorkomende struikelblokken zullen in hoofdstuk 6 besproken worden. Het is aan te raden hoofdstuk 5 en 6 helemaal te lezen voor je aan de oefeningen in hoofdstuk 5 begint. Dan heb je een overzicht van de hele methode en een indruk van de moeilijkheden die zich kunnen voordoen.

Om de methode en het proces zichtbaarder en toegankelijker te maken, zijn er in hoofdstuk 7 voorbeelden van therapiesessies opgenomen. Sommige zijn letterlijke verslagen, andere zijn samenvattingen van wat er gebeurde. Voor de therapeut die geïnteresseerd is in het toepassen van PRI-regressies is meer instructie vereist dan de voorbeelden in dit boek kunnen bieden. Zoals Alice Miller in het 'Woord vooraf' van *Een zoektocht naar het ware zelf* al zegt, is regressie een middel dat met zorg en vaardigheid moet worden toegepast, omdat het de cliënt gevoelig kan maken voor beïnvloeding door de therapeut.

Om beter te begrijpen wat 'er nu echt gebeurt' als mensen met deze methode werken, zijn enige persoonlijke verslagen van cliënten toegevoegd. Het is de bedoeling dat ze je helpen inzicht te krijgen in wat deze methode met mensen doet, hoe moeilijk het was, maar ook hoezeer het oplichtte en hoe effectief het was. Sommigen van deze cliënten zijn in hun jeugd mishandeld en/of seksueel misbruikt. Anderen komen uit relatief 'niet-gewelddadige' gezinnen, maar hebben desondanks emotioneel zwaar geleden onder de manier waarop zij als kind door hun ouders zijn behandeld.

Het diepgaande effect van een zogenaamd 'mishandelingvrije' jeugd (zonder seksueel of lichamelijk geweld) is niet alleen een grote blinde vlek in onze maatschappij, maar ook in veel therapievormen. Al werden we niet (al te vaak) geslagen en niet seksueel misbruikt, al was onze moeder thuis wanneer we uit school kwamen en al verdiende onze vader de kost zonder (al te veel) te drinken, dan betekent dat nog niet dat we als kind geen intense pijn voelden. Al verzekeren onze ouders ons dat ze echt van ons hielden en dat we toch zulke gelukkige kinderen waren, dan wil dat nog niet zeggen dat we die liefde ook echt voelden en dat we als kind ook echt gelukkig waren.

Wat veel mensen verstaan onder 'van iemand houden' komt dikwijls neer op 'zich goed voelen door wat ze van die ander krijgen', zolang die ander zich tenminste gedraagt op een manier die op hun behoeften aansluit. Een moeder kan van het beeld van haar 'geliefde dochter' houden – van haar kleine, volmaakte, lieve, intelligente meisje – en niet van degene die haar dochter werkelijk is. In dit geval kan de geliefde dochter zich heel goed eenzaam en onbemind voelen, omdat de moeder in beslag wordt genomen door haar eigen behoeften en niet door die van haar dochter.

Echt van iemand houden heeft te maken met kunnen voelen en begrijpen wat de ander wil en nodig heeft, en hem/haar helpen die behoeften te vervullen. Van iemand houden wil zeggen dat we de behoeften van de ander vervullen los van de vraag of onze eigen behoeften vervuld worden. In het genoemde voorbeeld is het heel goed mogelijk dat de moeder ervan overtuigd is dat ze van haar kind houdt (de behoeften van de moeder worden vervuld), terwijl het kind zich niet bemind voelt (het kind heeft niet het gevoel dat haar moeder zich bezighoudt met haar dochters behoeften). In hoofdstuk 6 wordt onder punt 9 ('Hoe weet ik het verschil tussen een behoefte van toen en een behoefte van nu?') meer over dit onderwerp gezegd.

We overleven allemaal onze jeugd dankzij verdringing en ontkenning van de waarheid. Verdringing en ontkenning maken het mogelijk onszelf wijs te maken dat onze ouders van ons houden en dat het allemaal wel meevalt. Helaas worden deze levensreddende mechanismen destructief als we eenmaal volwassen zijn en maken ons leven moeilijker en pijnlijker dan nodig is. De enige manier om de waarheid over wat destijds gebeurd is volledig te kunnen beseffen – en dat niet alleen met ons hoofd maar ook met ons hart – is om de oude pijn te voelen, een belangrijk onderdeel van deze therapie. Pas wanneer we toegang hebben gekregen tot onze feitelijke en emotionele voorgeschiedenis kunnen we ons herinneren wie we werkelijk zijn. Door de ervaringen terug te halen die we toen moesten verdringen, kunnen we een gevoel van identiteit, individualiteit en betekenis ontwikkelen waaruit een gezonde en juiste ervaring van het zelf ontstaat.

Ik wil de bij sommigen levende gedachte rechtzetten dat Past Reality Integration propageert dat we onszelf kunnen genezen door onze ouders de schuld te geven van ons ongeluk en onze tegenslagen. Dat is niet de grondgedachte van PRI. In de ouder-kindrelatie is de ouder verantwoordelijk voor het vervullen van de behoeften van het kind. Als de ouder dat niet doet, wordt dat echter gezien als een direct gevolg van de onverwerkte pijn van de ouder uit zijn/haar eigen verleden. Het wil niet zeggen dat ouders op de een of andere manier inherent slecht zijn, al kunnen hun daden nog zo afkeurenswaardig zijn, zoals het geval is met seksuele, lichamelijke en geestelijke mishandeling of verwaarlozing. We zeggen: 'Het is wel hun fout, maar we kunnen hun niet de schuld geven.' De waarheid over onze jeugd te weten betekent ons openstellen voor de pijn die ons is aangedaan. Het houdt niet in dat wij degenen die ons pijn hebben gedaan als gevolg van hun eigen opvoeding, verwijten moeten maken. In hoofdstuk 4 wordt meer gezegd over de relatie met ouders na het achterhalen van de waarheid over de jeugd. Met name woede jegens onze ouders en het idee van vergeving komen daar aan bod.

In ditzelfde hoofdstuk wordt aandacht geschonken aan zwangerschap, geboorte en opvoeding, omdat deze onderwerpen veel vragen oproepen bij mensen die met PRI bezig zijn. Ondanks het grote belang hiervan worden alleen de hoofdlijnen besproken, omdat het buiten het kader van dit boek valt dit soort onderwerpen uitgebreid aan te roeren.

Door het hele boek heen vervlochten komt een aantal recente inzichten met betrekking tot de werking van onze hersenen. De lezer die dit niet interessant vindt kan deze alinea's overslaan zonder dat dit tot minder begrip van PRI zal leiden. Tot slot wil ik graag benadrukken dat heelwording in PRI gebaseerd is op drie pijlers, elk van even groot belang: de cognitie, het gedrag en het voelen. Het over- of onderschatten van een van deze drie pijlers zal een remmende werking uitoefenen op het helingsproces. Gebleken is dat het belang van het voelen vaak wordt overschat. Dit komt waarschijnlijk doordat de wortels van PRI liggen bij de primaltherapie van Janov en Jensons eigen versie hiervan. In deze therapievormen ligt de nadruk immers bijna geheel op het voelen. Bij PRI zijn de cognitieve en gedragsmatige elementen echter even wezenlijk (zie ook bijlage 8), op termijn zelfs belangrijker.

Ik hoop oprecht dat dit boek je zal helpen bij je helingsproces, dat het je helpt te boven te komen wat er mis is gegaan op de lange weg van kindertijd naar volwassenheid. Het doel van PRI is om het heden te kunnen beleven voor wat het werkelijk is, zonder de gevangene te zijn van illusies die ons telkens op het verkeerde been zetten. Illusies die onze gedachten, gevoelens en gedrag sturen zonder dat we dat weten en onze geest vertroebelen. Met een heldere geest het nu kunnen zien voor wat het werkelijk is – meestal verrassend onbelast – dat is waar het in PRI om gaat. Dan zul je leren jezelf te accepteren en jezelf trouw te blijven. Dan zal je stukje bij beetje afstand kunnen doen van het valse zelf, het zelf dat zich richt op en bepaald wordt door invloeden van buitenaf, om uiteindelijk het ware zelf te herontdekken, het zelf dat wordt gekenmerkt door innerlijke autonomie. Het ware zelf dat je altijd al bij je hebt gedragen, maar dat schuilging achter pijn en afweer tegen die pijn. Het is mijn innige wens te mogen bijdragen aan het proces van het je disidentificeren van je afweer en je opnieuw te identificeren met wie je werkelijk bent – 'een kind van het goddelijke' – in welke zin die woorden voor jou dan ook betekenis mogen hebben.

Ingeborg Bosch

Proloog
Past Reality Integration in het kort

Past Reality Integration is gebaseerd op de gedachte dat wij een gedeeld bewustzijn hebben: het ene deel ziet de wereld door de ogen van het kind dat wij ooit waren, en het andere deel van ons bewustzijn ziet de wereld door de ogen van de volwassene die we nu zijn. Door deze splitsing zien en ervaren we de dingen heel verschillend, afhankelijk van het deel van het bewustzijn waarin we ons op dit moment bevinden. Het ene moment voelen we ons bijvoorbeeld zelfverzekerd, hebben we greep op de dingen en voelen we ons competent; het volgende moment voelen we ons gedeprimeerd, boos, onzeker, schuldig, enzovoort.

Misschien herken je deze vaak plotselinge verandering in wat je voelt over jezelf en je leven. Omdat er meestal niets bijzonders lijkt te zijn gebeurd, kunnen we niet begrijpen waar die verandering vandaan komt.

Op een onbewust niveau gebeurt er echter wel degelijk iets. We worden namelijk geconfronteerd met iets – meestal een persoon of een situatie – dat ons zonder dat we het beseffen, herinnert aan iets uit ons verleden. Het gaat dan met name om iets uit ons verleden dat we als kind moesten verdringen. Deze onbewuste herinnering veroorzaakt de verschuiving van het volwassen-bewustzijn naar het kind-bewustzijn en van daaruit door naar onze afweer om de oude pijn niet te voelen.

PRI gaat ervan uit dat kinderen niet krijgen wat ze nodig hebben. Kinderen hebben meer nodig dan eten, kleding en onderdak – ze hebben ook behoefte aan liefdevolle lichamelijke en emotionele veiligheid en aandacht, aan respect voor hun identiteit, aan steun, stimulans en warmte om zich te ontwikkelen tot een emotioneel gezond functionerende volwassene. Kinderen groeien echter vaak op bij verzorgers die niet in staat zijn daaraan te voldoen. Het is voor het kind veel te bedreigend onder ogen te zien dat een aantal basale behoeften nooit vervuld zal worden, omdat haar overleving afhangt van de vervulling van deze behoeften. De meesten van ons moesten als kind dan ook die waarheid verdringen en ontkennen.

Er zijn een paar elementaire manieren waarop we kunnen ontkennen dat een aantal of de meeste van de behoeften die wij als kind hadden, nooit zal worden vervuld*:

1. We maken onszelf wijs dat onze behoeften helemaal niet vervuld hóéven te worden: 'Ik vind het best dat mijn moeder me zo streng straft, ik kan er wel tegen.' Dit heet 'ontkenning van behoeften' (OvB).
2. We worden boos op iemand anders en geven die de schuld. Dit heet 'valse macht' (VM).
3. We denken dat onze behoeften wél vervuld worden als we nóg meer ons best doen om te doen of te zijn wat we naar ons idee in de ogen van onze ouders moeten doen of zijn. Dit heet 'valse hoop' (VH).
4. We geven onszelf de schuld: 'Mijn vader heeft me geen aandacht gegeven, ik was een dom kind.' Dit heet 'primaire afweer' (PA).
5. We worden bang zonder dat er werkelijk gevaar is in het heden. Hiermee ontstaat de illusie dat we nog kunnen vluchten van de bedreigende situatie. Deze afweer heet angst.

Dit verdringen en ontkennen van de waarheid over onze jeugd zorgt ervoor dat ons bewustzijn zich in de twee hierboven beschreven delen splitst. Een deel waar we bewust toegang toe hebben (dat zich later ontwikkelt tot het volwassen-bewustzijn), en een deel dat we voor onszelf verbergen en waar we niet bewust bij kunnen komen, maar dat de waarheid bevat over onze jeugd (dat zich later ontwikkelt tot wat we het kind-bewustzijn noemen). Voor het kind dat we waren, was dit een heel effectieve overlevingsstrategie. Het voorkwam dat we de pijn zouden voelen van de verschrikkelijke waarheid dat onze ouders onze behoeften niet vervulden.

De problemen beginnen wanneer we als volwassene in aanraking

---

* Ze worden beschouwd als afweermechanismen, omdat ze ons beschermen tegen de pijn die we zouden voelen als we de waarheid niet ontkenden.

komen met een 'symbool' (een persoon of situatie die ons aan het verleden herinnert, zonder dat we ons hiervan bewust zijn). Zonder te beseffen waarom, krijgen we plotseling gevoelens die we niet begrijpen – we voelen ons niet gewaardeerd, niet begrepen, gedeprimeerd, onzeker, schuldig. We voelen misschien een hevige irritatie of een felle woede die niet in verhouding tot de situatie staat. Deze dingen wijzen erop dat er een verandering in ons bewustzijn heeft plaatsgevonden; we zijn van het volwassen-bewustzijn (VB) naar het kind-bewustzijn (KB) gegaan en waarschijnlijk van daaruit door naar een van de vijf afweermechanismen.

Past Reality Integration-therapie stelt zich ten doel de cliënt te helpen toe te werken naar een bewustzijn dat weer uit één geheel bestaat. Als ons bewustzijn niet gedeeld is, zullen we de pijn die we als kind telkens weer moesten verdringen en ontkennen, niet voelen alsof het nu gebeurt. PRI-therapie werkt hiernaartoe door de oude pijn bloot te leggen en te voelen zodat de afweer ontmanteld kan worden.

Dit is een pijnlijk proces, maar het blootleggen van de waarheid over het verleden maakt het mogelijk de oude pijn uit de kindertijd bewust te worden. Wanneer oude pijn wordt blootgelegd en gevoeld, hoeft er uiteindelijk steeds minder pijn verdrongen en ontkend te worden en zullen we steeds vaker vanuit een volwassen bewustzijn handelen en voelen.

De pijn is dan een litteken in plaats van de open wond die in stand gehouden wordt door de verdringing en ontkenning van het kind-bewustzijn (KB). De oude pijn doet geen pijn meer, hij is slechts een herinnering geworden. Weliswaar een onaangename, maar een herinnering niettemin.

Het toepassen van PRI houdt onder meer in dat oude pijn uit de jeugd die naar boven komt bij de confrontatie met een 'symbool' actief doorvoeld wordt. Normaal gesproken vinden we pijn voelen niet prettig. In dit geval gaat het om oude, nog niet gevoelde pijn, die zijn invloed op het heden verliest doordat hij wordt toegelaten en gevoeld.*

---

* Concrete aanwijzingen over de manier waaarop oude pijn toegelaten kan worden zodat toe gewerkt wordt naar heling zijn opgenomen in *Illusies* (p. 108). Hier wordt het belang uitgelegd van gedisidentificeerd voelen – een wezenlijk begrip voor het doen van regressies die ook op termijn effectief zijn.

PRI moedigt de cliënt ook aan gedragingen te veranderen (dikwijls zijn dit gedragingen die ingesleten zijn en abusievelijk als horend bij de aard of persoonlijkheid worden beschouwd) die de ontkenning van de (oude) werkelijkheid in stand helpen houden. Zoals eerder uitgelegd, worden dergelijke vormen van gedrag 'afweermechanismen' genoemd, omdat we onszelf daarmee beschermen tegen het voelen van de 'oude pijn'. Het veranderen van die vormen van gedrag door bewust geen afweermechanismen te gebruiken lijkt vaak in te druisen tegen onze intuïtie en voelt onveilig, maar het is een essentieel middel in het PRI-helingsproces. Hierdoor kan onverwacht gedrag ontstaan dat misschien niet altijd in de smaak valt bij vrienden, familieleden of collega's.

– Stel je een vrouw voor die op alle mogelijke manieren probeert het haar man naar de zin te maken in de hoop liefde en aandacht te krijgen, die echter nooit komen, of misschien doet ze dit uit angst voor zijn afkeuring als ze zich niet steeds voor hem zou uitsloven. Het eerste is een voorbeeld van valse hoop (VH). Het tweede is een voorbeeld van angst. De vrouw zal moeten ophouden met al die dingen die erop gericht zijn haar man te behagen. Dat zal voor haar heel moeilijk zijn en voor hem zeer waarschijnlijk ook.

– Stel je vervolgens een man voor die boos reageert (VM) of totaal onaangedaan blijft wanneer zich iets vervelends voordoet, bijvoorbeeld dat hij niet de promotie krijgt die hij verwacht had. Dit is een voorbeeld van ontkenning van behoeften (OvB). Het onaangedane gedrag moet veranderd worden in gedrag dat toegeeft dat zoiets wel degelijk pijnlijk is. Deze man zal moeten erkennen dat hij pijn voelt in plaats van te doen alsof het 'niks voorstelt'. Dergelijk gedrag kan voor de mensen in zijn omgeving een hele verrassing zijn, omdat ze hem kennen als 'sterk' of stoïcijns.

– Stel je nu een man voor die zichzelf verwijten maakt over gebeurtenissen in zijn leven waar hij niet verantwoordelijk voor is. Als iemand bijvoorbeeld op zijn auto botst die op een parkeerterrein staat, dan neemt hij het zichzelf kwalijk dat hij hem op die plaats heeft neergezet en vervloekt zichzelf omdat hij zo stom is geweest. Had ik maar... ik ben ook zo onhandig, denkt hij vaak. Dit is een voorbeeld van het afweermechanisme dat we de primaire afweer (PA) noemen: je maakt jezelf verwijten of voelt je waardeloos, onbeduidend, slecht, enzovoort. De 'primaire afweer' moet tegengegaan worden door toe te geven dat iemand anders ons iets pijnlijks heeft aangedaan. Niet omdat er iets mis met ons is en wij deze behandeling verdienen of die hebben uitgelokt. Deze man, die altijd meteen de schuld op zich neemt, moet daarmee ophouden. Ook dit kan voor de mensen die hem kennen een hele verrassing zijn. Het kan bovendien onaangenaam voor hen zijn wanneer zij het gemakkelijk vinden om hem de schuld te kunnen geven en zo zijn bereidheid uitbuiten om de schuld op zich te nemen.

Samengevat kunnen we stellen dat het doel van Past Reality Integration-therapie is de cliënt te helpen toe te werken naar een bewustzijn dat steeds minder gedeeld is om zo vrij te worden van de invloed van oude pijn uit de jeugd die bovenkomt wanneer er een confrontatie met een 'symbool' plaatsvindt. Dan zullen we steeds meer in staat zijn het heden te ervaren zoals het werkelijk is: meestal verrassend onbelast. Om dat te bereiken moedigt PRI-therapie de cliënt ertoe aan:

1. in contact te komen met de pijn en die te voelen, wetend dat deze bij het verleden hoort en niet bij het heden
en
2. te handelen op een wijze die dikwijls tegengesteld is aan wat in veel gevallen een gewoonte is geworden in de wetenschap dat die vormen van gedrag afweermechanismen zijn die in het heden niet meer nodig zijn én ons het zicht op het hier en nu benemen.

NB. PRI kan alleen worden toegepast indien men beschikt over een volwassen-bewustzijn en als men in staat is in de eigen basislevensbehoeften te voorzien. Als dit niet het geval is, bijvoorbeeld wanneer iemand als gevolg van een geestelijke handicap blijvend afhankelijk is van verzorgers, dan is PRI in principe af te raden. In die gevallen is een ondersteunende therapie zinvoller.

Zie bijlage 8 voor een grafische weergave van de structuur van PRI, om een beter begrip te krijgen van de opbouw van een PRI-therapie.

1. Bewustzijn

ONS BEWUSTZIJN: VAN EENHEID NAAR GEDEELDHEID

Wanneer we geboren worden is ons bewustzijn één geheel.* Dat houdt in dat we niets voor onszelf verbergen. Met andere woorden: alle inwendige lichaamssignalen en alles wat we via onze zintuigen ervaren (zintuiglijke prikkels), bereiken het nog niet gedeelde bewustzijn en worden erdoor verwerkt, waarna een reactie volgt. Bij het kind zijn voorbeelden van reacties en eraan voorafgaande lichaamssignalen of zintuiglijke prikkels: zich prettig voelen en rustig zijn, genieten van moeders armen na een lekkere warme melkvoeding (zintuiglijke prikkel), wanhopig huilen (reactie) vanwege een ondraaglijke honger (lichaamssignaal) of gulzig zuigen (reactie) wanneer borst of fles in de mond komt (zintuiglijke prikkel), enzovoort. Alle lichaamssignalen en zintuiglijke prikkels bereiken het bewustzijn van het kind, worden daar verwerkt en leveren een zinvolle reactie op. Dit gebeurt zo omdat het bewustzijn (nog) niet gedeeld is.

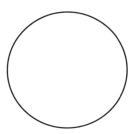

Afb. 1 Deze cirkel stelt ons bewustzijn voor dat één geheel is.

* Deze uitspraak zegt niets over de vraag of we een collectief onderbewustzijn hebben. De PRI-theorie houdt zich niet met vragen rondom ons bewustzijn op dat niveau bezig.

Na korte tijd gaat ons bewustzijn zich echter splitsen in meer dan één deel*. Dit proces noemen we verdringing** en het redt letterlijk ons leven. Het belang van verdringing voor de geest kan vergeleken worden met het belang van het fysieke afweersysteem voor het lichaam. Zoals ons lichaam een afweersysteem heeft dat ons beschermt tegen virussen en bacteriën, zo bezit onze geest een psychisch afweersysteem dat ons beschermt tegen emotioneel pijnlijke ervaringen die ons geestelijk welzijn bedreigen. Uiteindelijk zijn deze twee beschermingssystemen met elkaar verbonden, wat tot de geestelijk-lichamelijke eenheid leidt die ons algehele gevoel van welbevinden bepaalt.

DE ONVERVULDE BEHOEFTEN VAN HET KIND:
LEVENSBEDREIGEND

Verdringing, het beschermingssysteem dat ons bewustzijn tot deling aanzet, is nodig omdat zich in het leven van ieder kind situaties voordoen die een vernietigende werking zouden hebben als ze door het kind volledig bewust ervaren zouden worden. Met andere woorden: het kind zou een enorme klap krijgen als het volledig besefte wat het meemaakte op het moment dat het gebeurde. In sommige situaties kan het beseffen van de waarheid zo verpletterend zijn, dat het in feite levensbedreigend is. Dit lijkt in eerste instantie moeilijk te begrijpen. Hoe kan een situatie die geen fysiek gevaar voor het kind inhoudt levensbedreigend zijn?

Wat gebeurt er als je in een situatie bent waarin de allerbelangrijkste basisbehoeften niet vervuld worden, en er is geen hoop dat dit ooit zal gebeuren, je kunt er niet aan ontsnappen, je kunt er niets aan veranderen, je wordt door niemand geholpen en het ziet er niet naar

---

* Het is mogelijk dat splitsing van het bewustzijn al in de baarmoeder plaatsvindt door stressvolle ervaringen van de foetus. Dan komen we ter wereld met een bewustzijn dat reeds gedeeld is. Zie voor de mogelijke emotionele effecten van prenatale ervaringen hoofdstuk 4 bij 'Zwangerschap en geboorte'.
** Het verschil tussen verdringing en onderdrukking is dat verdringing plaatsvindt zonder dat wij ons daarvan bewust zijn. Onderdrukking is een bewuste daad van de wil waarbij we weten dat we gevoelens wegstoppen.

uit dat er ooit een einde aan komt. Stel je voor dat je honger hebt, geen eten kunt kopen of er op een andere manier aan kunt komen; dat je in een land bent waarvan je de taal niet spreekt, en dat je geen geld hebt. Je kent er niemand en je kunt op geen enkele manier wegkomen; je weet niet eens waar je bent. Niemand biedt je hulp aan of is bereid je te helpen. Na drie dagen honger, isolement en de onmogelijkheid om aan eten te komen, ga je de ernst van de situatie inzien. Hoe voel je je? Waarschijnlijk diep wanhopig. Je vraagt je misschien zelfs af of het nog zin heeft om door te leven.

Toch is de situatie waar kinderen zich vaak in bevinden op een essentiële manier vergelijkbaar met bovenstaand voorbeeld. Als verzorgers de elementaire behoeften van kinderen – niet alleen die aan eten, onderdak en kleding, maar ook die aan liefde, lichamelijk contact en liefkozingen, emotionele warmte, veiligheid, respect, aandacht en zorg – niet vervullen, wat kunnen die kinderen daar dan aan doen? Ze kunnen niet van hun ouders scheiden en ergens anders gaan wonen waar ze wel krijgen wat ze nodig hebben. Ze kunnen hun ouders niet zodanig beïnvloeden dat ze veranderen (hoewel velen van ons dat heimelijk hopen en ons leven lang proberen dit op symbolische wijze tot stand te brengen). Kinderen begrijpen niet dat zij ooit hun leven grotendeels zelf zullen bepalen. Ze hebben niet dezelfde notie van tijd als volwassenen. Een minuut kan een uur lijken, een uur een dag, een jaar een eeuwigheid. Kortom: kinderen zitten vaak gevangen in een situatie waarin zij niet krijgen wat ze nodig hebben, en er is niets wat ze daaraan kunnen doen; er lijkt geen eind aan te komen en er is geen ontsnappingsmogelijkheid.

Niemand, kind noch volwassene, die gedwongen zou worden om zo'n situatie onder ogen te zien, overleeft dat. Niet omdat er sprake is van een levensbedreigende situatie in lichamelijke zin, maar omdat de psychische klap van het onder ogen zien van de feiten te groot zou zijn. De feiten die erop wijzen dat er geen enkele kans is ooit te krijgen wat nodig is om te overleven.

Deze situatie van volledige afhankelijkheid in de kinderjaren lijkt opmerkelijk veel op die van gevangenen in concentratiekampen (zowel Miller als Jenson verwijst naar deze parallel). De verschrikkelijke verhalen over gevangenen in de Tweede Wereldoorlog zijn overbekend. Hoe lang zij die onmenselijke omstandigheden en behandeling konden verdragen, hing niet alleen van hun lichamelijke conditie af. Sommigen stierven al na enkele dagen in het kamp, terwijl ze er lichamelijk betrekkelijk goed aan toe waren. Anderen zweefden op de rand van de dood en wisten jarenlang in leven te blijven. Het verschil zat duidelijk niet alleen in lichamelijke factoren.

Overlevenden vertellen hoe zij in staat waren in gedachten ergens anders te zijn. Ze konden als het ware dat deel van hun bewustzijn dat de situatie in het kamp bevatte, blokkeren en een ander deel oproepen, waarin ze bijvoorbeeld een prachtige symfonie hoorden, een boek schreven, steen voor steen een gebouw optrokken, enzovoort.

Zo kon een aantal vrouwen de verschrikkingen van de Japanse kampen in Indonesië in de Tweede Wereldoorlog doorstaan door in een 'koor' actief te zijn.[1] Een van de overlevenden schreef: '... de glorieuze klanken van het largo uit de symfonie *Uit de Nieuwe Wereld* van Dvořák vulden ons terrein, gevolgd door muziek van Bach, Beethoven, Chopin en Tsjaikovski. De muziek (uiteraard in gezongen vorm) leek een wonder temidden van de honger, ziekte, ratten, kakkerlakken, bedluizen en stank van de latrines. De muziek versterkte ons gevoel van menselijke waardigheid. *We konden boven de ellende uitstijgen* [cursivering van de auteur]. We zouden doorvechten.'

Dit vermogen van de mens om zich af te sluiten voor een bepaald deel van de werkelijkheid en dat niet in het bewustzijn toe te laten, voorkomt de mogelijk levensbedreigende psychische klap die het gevolg zou zijn van een volledig besef van de werkelijkheid.

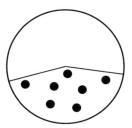

Afb. 2 Deze cirkel stelt het gedeelde bewustzijn voor, het gevolg van verdringing. De rondjes geven de zeer pijnlijke elementen van de realiteit van het kind aan, die potentieel levensbedreigend zijn als ze volledig in het bewustzijn van het kind worden toegelaten.

Verdringing, het beschermingssysteem van de geest waardoor wij een jeugd kunnen overleven waarin elementaire behoeften niet vervuld worden, leidt tot een deling van het bewustzijn, zoals in afbeelding 2 is weergegeven. Verdringing maakt het mogelijk bepaalde zintuiglijke prikkels voor onszelf verborgen te houden, en te voelen en te handelen alsof iets niet gebeurt. Wanneer er zich levensbedreigende ervaringen voordoen, splitst ons bewustzijn zich in meerdere delen en wordt deze werkelijkheid als het ware achter een dikke muur 'opgeslagen'. We zijn ons hier niet van bewust, maar onze geest registreert deze gevaarlijke ervaringen wel, wat tot reacties en gedrag kan leiden waarop wij niet bewust greep hebben. Dit vermogen om een deel van wat er gebeurt buiten te sluiten alsof het niet gebeurt of nooit gebeurd is – verdringing – heeft het leven gered van vele kinderen en volwassenen.

Recent hersenonderzoek begint licht te werpen op wat er bij verdringing in onze hersenen aan de hand zou kunnen zijn. Deze onderzoeken geven mijns inziens op neurologisch niveau inzicht in de splitsing van het bewustzijn en de werking van verdringing. Het baanbrekende onderzoek van LeDoux[2] heeft uitgewezen dat bepaalde emotionele reacties en herinneringen optreden zonder een bewuste, cognitieve actie. Met andere woorden: het is mogelijk op een bepaalde manier te reageren door toedoen van informatie uit een onbewust geheugen. Dit lijkt in eerste instantie moeilijk te begrijpen. We zijn geneigd te denken dat onze reacties en ons gedrag het gevolg zijn van bewust en min of meer rationeel denken en dat herinneringen gedrag en reacties bewust beïnvloeden. Het onderzoek van LeDoux toont echter aan dat bepaalde informatie verdrongen wordt en vervolgens wordt opgeslagen op een plaats die voor onze bewuste geest niet toegankelijk is, *en die ons gedrag beïnvloedt zonder dat wij ons daarvan bewust zijn.*

Een deel van onze hersenen dat een grote rol speelt in dit proces, is de amygdala, die een belangrijke functie vervult bij sterke, angstige emoties. De amygdala is een plek in onze hersenen waar herinneringen aan aangrijpende, angstwekkende ervaringen worden opgeslagen zonder dat er sprake hoeft te zijn van een verbinding of communicatie met de neocortex – het deel van onze hersenen dat betrokken is bij bewuste en meer rationele verwerkingsprocessen. De amygdala kan dus emotionele ervaringen opslaan die nooit helemaal bewust zijn geweest, wat resulteert in verdringing en daarmee in een gedeeld bewustzijn.

Verdringing functioneert niet altijd bij iedereen even effectief. Zoals sommige mensen met een zwak hart worden geboren, hebben andere een zwakker vermogen tot verdringing. Bij zulke kinderen is het risico van zelfmoord groter. Het is moeilijk te begrijpen hoe kinderen van nog maar twee, drie of vier jaar zichzelf opzettelijk kunnen doden: ze rennen de rijweg op, springen in het water of uit een raam, en dat alles dus doelbewust. Hoe zeldzaam zelfmoord onder kinderen ook is, het komt voor. Tijdens de PRI-therapie herinneren sommige mensen zich dat ze geprobeerd hebben zelfmoord te plegen. Wat ze ontdekken is dat ze vlak voordat ze probeerden een eind aan hun jonge leven te maken, overweldigd werden door het gevoel niet langer met het gebrek aan liefde en met de uitzichtloosheid te kunnen omgaan.

Zulke verslagen tonen aan hoe belangrijk verdringing voor kinderen is om te kunnen overleven. Nadat ik als therapeut én als cliënt had begrepen hoe verdringing ons als kind redt, ging ik beseffen dat er kinderen zijn die de werkelijkheid niet voldoende kúnnen verdringen en dat voor hen zelfmoord het enige alternatief is. Dit klinkt dramatisch en is moeilijk te begrijpen en te geloven totdat we de pijn uit onze eigen jeugd bewust hebben gevoeld. Vaak geloven cliënten aanvankelijk niet dat pijn kan doden. Dan ervaren ze in de therapie voor het eerst de oude pijn uit hun jeugd. Hierna twijfelt niemand er meer aan dat die pijn kan doden.

EMOTIONELE BEHOEFTEN: ESSENTIEEL OM TE OVERLEVEN

Het is belangrijk te begrijpen dat niet-materiële zaken als liefde, respect, lichamelijk contact als knuffelen en vastgehouden worden, emotionele warmte en een gevoel van veiligheid voor een kind noodzakelijk zijn om te overleven. In onze westerse samenleving bestaat een sterke neiging te denken dat al deze zaken dan wel belangrijk zijn, maar dat een gebrek eraan niet levensbedreigend is.

Phyllis Davis[3] laat zien welke essentiële rol emotionele behoeften vervullen. Ze vermeldt een aantal vreselijke feiten over sterfte onder jonge kinderen in de Verenigde Staten: 'In het begin van de 19de eeuw stierf meer dan de helft van de kinderen in het eerste levensjaar. De ziekte werd "marasme" genoemd, een Grieks woord dat "wegkwijnen" betekent. [...] Nog geen vijftig jaar geleden was de aanbevolen methode van kinderopvoeding gebaseerd op het advies van dr. Holt in *Care and Feeding of Children* (1894): Schaf het wiegen af, pak de baby niet op als hij huilt, voed hem alleen op vaste tijden en voorkom "verwennen" door onnodig oppakken buiten het noodzakelijke voeden en verschonen om, waren enkele van dr. Holts raadgevingen. In 1935 beleefde de publicatie zijn vijftiende druk, en door de regering verspreide brochures in de jaren zestig raadden nog steeds hetzelfde aan! Deze dogmatische ideeën zijn blijven bestaan en zelfs nu nog onderschrijven sommige artsen en ouders deze "wetenschappelijke" opvoedingsmethode. [...] Pas na de Tweede Wereldoorlog werd onderzoek gedaan naar de oorzaak van marasme of – onverklaarbare kindersterfte – en werd dit in verband gebracht met gebrek aan aanraking. De kindersterfte daalde opvallend waar baby's vaker aangeraakt werden.'

Het baanbrekende onderzoek dat Bowlby[4] begin jaren vijftig verrichtte, toont ook aan hoe belangrijk het is de emotionele behoeften van kinderen te vervullen: '[...] op grond van empirische bevindingen kwamen we tot de stelling dat het jonge kind net zo naar de liefde en de aanwezigheid van zijn moeder hunkert als naar voedsel.' In die tijd begon bij een aantal mensen het besef te dagen dat de emotionele behoeften van zuigelingen even groot zijn als hun behoefte aan eten en dat dit erop neerkwam dat het niet vervullen van die behoeften ernstige consequenties zou hebben en uiteindelijk tot de dood zou leiden, de dood door 'wegkwijning'. Net zoals voedselgebrek tot de hongerdood leidt als dat gebrek maar groot genoeg is.

De bekende experimenten van Harry Harlow[5] met moederloze aapjes illustreren ook hoe vitaal de rol van emotionele behoeften is. Melvin Marx[6] schrijft hierover: 'Uit de resultaten blijkt doorgaans dat er blijvende psychische gevolgen kunnen zijn, tenzij er bevredigende substituten voor de moeder worden aangeboden. De zogenoemde surrogaatmoeders, gemaakt van levenloos materiaal, leverden resusaapjes op die op volwassen leeftijd geen normaal seksueel gedrag vertoonden en die, als ze zich al voortplantten, niet tot normaal moedergedrag kwamen. Omdat door de surrogaatmoeders zowel warmte als eten werd verschaft, kunnen we mogelijk concluderen dat de bevrediging van die behoeften niet afdoende is om bij nakomelingen normaal gedrag te produceren. Harlows jonge aapjes gaven duidelijk de voorkeur aan de surrogaatmoeder met een lijf van badstof boven het eenvoudiger model van spons en draad, hoewel ze beide dezelfde warmte en hetzelfde voedsel boden. Blijkbaar is het affectieve systeem van de aap sterk afhankelijk van de contactstimulans die badstof biedt, wat het knuffelen bevordert; ook bij apen is het moederschap meer dan het bevredigen van de behoefte aan warmte en voedsel.'

Ander onderzoek[7] concludeert: 'Verwaarlozing of mishandeling, gebrek aan aandacht van een ongeïnteresseerde of zelfzuchtige ouder en lichamelijke bestraffing hebben een schadelijke invloed op de ontwikkeling van het emotionele deel van de hersenen, resulterend in de vorming van levenslange emotionele gedragspatronen. De reacties van het kind op de wijze waarop het behandeld wordt door haar verzorgers, worden in de jeugd in de fundamentele synaptische bedrading van de neurale structuur vastgelegd en zijn later in het leven moeilijk te veranderen.'

De enorme impact van het niet-vervullen van de emotionele behoeften van het kind blijkt ook uit een onderzoek van Robert Prentky.[8] 'De eerste levensjaren van daders van zeer wrede en gewelddadige misdrijven verschilden in één opzicht van die van andere misdadigers: ze waren van pleeggezin naar pleeggezin gestuurd en opgegroeid in kindertehuizen. Hun persoonlijke geschiedenis duidde op emotionele verwaarlozing en een geringe mogelijkheid tot afstemming op anderen.'

Er zijn talrijke bewijzen dat kinderen, net als Harlows aapjes, sterke emotionele behoeften hebben. Kinderen hebben dus meer nodig dan alleen voedsel en onderdak. Veiligheid, knuffelen, liefde, respect en warm fysiek contact in de eerste levensjaren zijn van essentieel belang om een gezonde emotionele ontwikkeling te waarborgen.

COLLECTIEVE VERDRINGING EN ONTKENNING

Aangezien de meeste mensen de waarheid over hun jeugd hebben moeten verdringen, kunnen we ons niet voorstellen welke behoeften kinderen eigenlijk hebben. We denken dat alleen de vervulling van lichamelijke behoeften van belang is om te overleven en dat de vervulling van emotionele behoeften geen vitale rol speelt. Dit is een verkeerde veronderstelling. Als onze emotionele behoeften niet vervuld worden, kunnen we alleen overleven doordat we in staat zijn die waarheid te verdringen. Omdat vrijwel iedereen dat heeft moeten doen, bevindt onze samenleving zich in een toestand die je 'collectieve verdringing en collectieve ontkenning' van de waarheid over de kindertijd kunt noemen. Daardoor worden de effecten hiervan op ons leven, de samenleving en uiteindelijk de wereld waarin we leven ook verdrongen en ontkend.

Het verdringen en ontkennen van de waarheid over het leed in onze jeugd heeft vele gevolgen. Op wereldniveau worden oorlogen, armoede, honger en milieuvervuiling ingegeven door machtswellust, haat of desinteresse en zelfzuchtigheid. Op samenlevingsniveau zien we miljoenen mensen lijden door bijvoorbeeld emotionele pijn, verslaving en misdaad. Op gezins- en individueel niveau zien we dat weinig mensen in staat zijn liefdevolle relaties aan te gaan en dat velen eenzaam zijn. En dan is daar ten slotte het kind. Het kind dat onschuldig ter wereld komt en de meestal goedbedoelde opvoeding slechts kan doorstaan door de verschrikkelijke waarheid te verdringen dat zijn behoeften niet zullen worden vervuld. Deze verschrikkelijke waarheid die in de schoot van de familie en het ouderlijk huis verborgen ligt en die door zo weinigen beseft wordt. En zo staan we toe zonder ons daar bewust van te zijn dat de destructieve cyclus steeds door blijft gaan.

NB. De begrippen 'helen', 'heling' en 'heelwording' worden door elkaar gebruikt. PRI spreekt niet over 'genezen' of 'genezingsproces' omdat 'ziek-zijn' niet als beginpunt wordt gezien.

2. Afweermechanismen

In dit hoofdstuk komen de PRI-afweermechanismen aan bod. Ik onderscheid vijf verschillende afweermechanismen, die elk een specifiek profiel hebben. Ieder van ons gebruikt elk van de vijf vormen van afweer. Het leren herkennen van de werking van de afweren is binnen PRI van groot belang. Immers, pas als we herkennen dát we in een afweer zitten, kunnen we de volgende stap zetten. Zonder herkenning van de werking van de ene of de andere afweer kan er dus ook geen sprake zijn van het toepassen van PRI. In tegenstelling tot wat men op het eerste gezicht geneigd is te denken, is het (h)erkennen van een geactiveerde afweer het moeilijkste aspect van de hele methode. We vereenzelvigen ons sterk met onze afweren, waardoor we niet doorhebben dat er sprake is van afweer. We doen ons gedrag en gevoel dan bijvoorbeeld af met een 'zo ben ik nu eenmaal, en zo is trouwens iedereen bij ons in de familie'.

Na een uitgebreide behandeling van de vijf afweren zal in dit hoofdstuk ook aan de orde komen hoe de afweren samenwerken. Als de ene afweer faalt neemt een andere het 'werk' feilloos over.

AFWEER: TOEN LEVENSREDDEND, NU LEVENSBEDREIGEND

Het proces van verdringing, waarbij ons bewustzijn gedeeld raakt zodat we de waarheid over onze jeugd niet voelen, lijkt op zich afdoende om het leven van het kind (dat we waren) te redden. Verdringing heeft echter een 'hulpje' dat ontkenning heet. Dit hulpje ontkent de verdrongen waarheid door er een nieuwe 'realiteit' voor in de plaats te stellen.

Een voorbeeld. De emotionele pijn die een kind ervaart wanneer zij (letterlijk) in de steek wordt gelaten, is voor haar emotionele welzijn te bedreigend om volledig in haar bewustzijn toe te laten. Als ze volledig zou beseffen dat ze niet alleen door haar moeder verlaten was, maar vooral ook wat de *betekenis* achter het gedrag van haar moeder was (het gebrek aan liefde dat het haar moeder mogelijk maakte haar in de steek te laten), zou haar pijn zo enorm groot zijn dat het leven voor haar ondraaglijk zou worden. Deze levensbedreigende gevoelens worden verbannen naar het deel van het bewustzijn met alle waarheden die te pijnlijk zijn om te voelen. Daarna gebeurt er iets extra's dat ervoor moet zorgen dat de verdringing goed standhoudt. De waarheid van de emotionele verwaarlozing en de verlating wordt vervangen door een leugen, een leugen waarmee de werkelijke situatie ontkend wordt. In dit voorbeeld kan die zijn: 'Mijn moeder en ik hebben een heel goede band, ze houdt heel veel van me. Ze wil wel bij me zijn, maar dat kan ze gewoon niet.'

Als dit kind volwassen is geworden, gelooft ze deze leugen – dat zij en haar moeder een nauwe band hebben – zeer waarschijnlijk nog steeds. Ze zal misschien met een man trouwen die haar emotioneel verwaarloost en haar zelfs verlaat. Dat zou ontzettend veel pijn bij haar oproepen, ze zou waarschijnlijk het gevoel hebben dat ze het leven niet meer aankan.

De ontkenning die haar leven als kind redde, bedreigt nu haar leven als volwassene; ongeacht hoeveel kwaliteit haar leven nog bevat, ze zal het gevoel hebben dat het voor haar geen zin meer heeft. Dit zou ze zo voelen, omdat het voor haar als kind zo was. Ze moest de waarheid verdringen dat het toen ze nog te jong was om voor zichzelf te zorgen, levensbedreigend was om door haar moeder in de steek te worden gelaten, en ze moest de pijn verdringen die zou ontstaan als ze die waarheid onder ogen zou zien. Wanneer zich nu in haar volwassen leven een symbolische situatie voordoet (haar echtgenoot verlaat haar), dan komen de gevoelens uit haar jeugd genadeloos naar boven. Tegelijkertijd is ze er echter nog steeds heilig van overtuigd dat zij en haar moeder het goed met elkaar konden vinden en is ze zich er niet van bewust hoe diep de afschuwelijke gevoelens waren die ze als kind zou hebben ervaren toen haar moeder bij haar wegging. Ze heeft ze echter niet ervaren, omdat zij dat als kind niet had kunnen overleven. Ze verdrong die gevoelens dus, ze ontkende ze om een aanvaardbaarder 'waarheid' te creëren.

Haar moeder blijft daarbij hoogstwaarschijnlijk de belangrijkste persoon in haar leven.

De muur die de eerder ontstane splitsing van ons bewustzijn nog verder versterkt, is het resultaat van deze ontkenning.

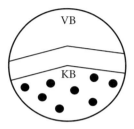

Afb. 3 De muur van ontkenning.

DE VERSCHILLENDE SOORTEN ONTKENNING

We onderscheiden een aantal manieren om de waarheid te ontkennen. Ze dienen allemaal om de waarheid te vervangen door een andere 'werkelijkheid': ontkenning van behoeften (OvB), valse hoop (VH), valse macht (VM), de primaire afweer (PA) en angst. Deze afweermechanismen hielpen ons als kind onze jeugd te overleven en blijven werken wanneer we volwassen zijn. Dan hebben we ze echter niet meer nodig. Het verleden is voorbij en het volledig beseffen van de waarheid is niet meer levensbedreigend zoals in onze jeugd.

Helaas beseft onze geest dit niet. Telkens wanneer wij geconfronteerd worden met een symbool, verandert ons bewustzijn van de volwassen toestand (het volwassen-bewustzijn, VB) in de kindertoestand (het kind-bewustzijn, KB) en de afweer.

Het genoemde hersenonderzoek van LeDoux[1] geeft een mogelijke verklaring voor dit mechanisme op een neurologisch vlak. Een deel van onze hersenen, de amygdala, heeft een belangrijke functie met betrekking tot bedreigende situaties, deze worden namelijk hierin opgeslagen. De amygdala kan los functioneren van dat deel van onze hersenen dat rationeler is, en sterk emotioneel geladen herinneringen kunnen dan ook opgeslagen worden in de amygdala zonder dat ons rationele brein zich daarvan bewust is. Dit proces van opslaan heeft een expliciete overlevingsfunctie. Telkens wanneer zich namelijk een nieuwe potentieel bedreigende situatie voordoet, vergelijkt de amygdala deze met de herinneringen die zijn opgeslagen om te bepalen of de huidige situatie een bedreiging vormt, en geeft in dat geval signalen af om ons te alarmeren.

De vergelijkingsmethode van de amygdala is echter niet erg nauwkeurig. Zij bestaat uit associatie, zodat de amygdala al alarmsignalen afgeeft als slechts een klein aantal elementen van de huidige situatie overeenkomt met de vroegere – gevaarlijke – situatie. De reacties die ontwikkeld worden naar aanleiding van die alarmsignalen zijn daarom vaak even verouderd als de herinneringen waardoor ze werden geactiveerd. Toch blijft het vermogen van de amygdala om herinneringen op te slaan en te vergelijken van groot belang voor ons overleven: als we met werkelijk gevaar worden geconfronteerd, dan moeten we gealarmeerd worden. Vele van de door de amygdala opgeslagen gebeurtenissen zijn echter niet meer actueel – ze waren bedreigend voor ons als kind, maar zijn dit niet meer voor ons als volwassene.

De bevindingen van LeDoux laten vrij precies zien welke mechanismen in de hersenen betrokken zijn bij de emotionele mechanismen die de PRI-theorie schetst. De gebruikte woorden zijn anders, maar het proces dat beschreven wordt, is hetzelfde. Telkens wanneer de amygdala alarm slaat, komt dat doordat er iets gebeurt wat als symbool werkt (het herinnert ons/onze amygdala aan iets bedreigends uit het verleden) en hierdoor vervallen we in het kind-bewustzijn (KB): we reageren op het heden alsof het het verleden was.

Nadat we door een symbool in het kind-bewustzijn zijn beland, komt oude pijn naar boven en beginnen we ons afschuwelijk, of minstens niet op ons gemak te voelen. Om de pijn niet te voelen, gaan we snel het kind-bewustzijn uit en gaan naar de 'muur van ontkenning' – onze afweermechanismen. We hebben dit overigens meestal niet in de gaten.

Velen van ons gaan zo snel vanuit het kind-bewustzijn naar de muur van ontkenning dat we de oude pijn niet eens voelen voordat een afweermechanisme in werking treedt. Op die manier kunnen we volledig voorkomen dat we bewust enige pijn ervaren. Maar er wordt wel degelijk pijn geraakt wanneer we met een symbool geconfronteerd worden. Omdat onze geest ervan overtuigd is dat het om

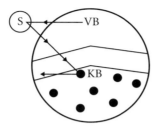

Afb. 4 Beweging die door een symbool op gang komt: van VB naar KB naar muur van ontkenning.

pijn van nu gaat die is veroorzaakt door gebeurtenissen van nu en dat we deze pijn niet kunnen verdragen, zal onze geest afweermechanismen gebruiken alsof ons leven ervan afhangt (toen we kinderen waren hing ons leven er inderdaad van af).
Toen we jong waren, redden afweermechanismen ons het leven. Nu we volwassen zijn, vormen de afweermechanismen een bedreiging voor ons bestaan of maken zij ons leven in ieder geval veel pijnlijker dan nodig is. De pijn uit onze jeugd is voor ons als volwassene niet het probleem. Het is niet de oude pijn die zo'n destructieve uitwerking op het individu, de maatschappij en de wereld heeft. Het zijn onze afweermechanismen die het kwaad veroorzaken. Die zetten ons aan tot het voeren van grote of kleine oorlogen (VM), die geven ons het gevoel dat we nergens voor deugen (PA), die doen ons volharden in gedrag dat geen enkele zin heeft en misschien zelfs schadelijk is (VH), we hullen ons in een onbewuste onwetendheid – 'Ich habe es nicht gewußt' (OvB) of we vluchten uit angst weg uit situaties waar geen gevaar dreigt en anderen onze hulp misschien nodig hebben (angst).

Daniel Goleman[2] schrijft: 'De onzorgvuldigheid van de emotionele hersenen op zulke momenten [op het heden reageren alsof het het verleden was, I.B.] wordt vergroot doordat veel sterke emotionele herinneringen dateren van de eerste paar levensjaren, uit de relatie tussen een kind en zijn opvoeders. Dit geldt met name voor traumatische ervaringen als mishandeling of verwaarlozing. Gedurende deze vroege periode van ons leven moeten andere hersenstructuren nog tot volledige ontwikkeling komen, met name de hippocampus, van cruciaal belang voor narratieve herinneringen, en de neocortex, de zetel van het rationele denken. In het geheugen werken de amygdala en de hippocampus hand in hand; elk slaat zelfstandig zijn speciale informatie op en haalt die terug. Terwijl de hippocampus informatie oproept, bepaalt de amygdala of die informatie enige emotionele waarde heeft. Maar de amygdala, die in de hersenen van het kind zeer snel tot rijping komt, benadert bij de geboorte veel dichter de volle wasdom.'

LeDoux bevestigt dat de interactie in de eerste levensjaren leidt tot het inprenten van emotionele lessen die stoelen op de harmonie in de relatie tussen ouder en kind of de verstoring daarvan. Deze emotionele lessen hebben zoveel invloed en zijn toch zo moeilijk te begrijpen als volwassene, omdat ze volgens hem in de amygdala zijn opgeslagen als ongedefinieerde, woordeloze blauwdrukken van het emotionele leven. Deze vroegste emotionele herinneringen worden ingeprent wanneer het kind nog geen woorden heeft voor wat het ervaart. Een reden waarom we soms zo verbaasd zijn over onze eigen emotionele uitbarstingen, is dat ze vaak stammen uit het begin van ons leven toen alles nog verwarrend was en we geen woorden hadden om te begrijpen wat er gebeurde. We hebben wel de chaotische gevoelens, maar missen de woorden voor de herinneringen die ze gevormd hebben.

Voor het kind dat we waren, was de pijn levensbedreigend, nu als volwassene vormen de afweermechanismen juist een bedreiging voor ons bestaan. De genoemde onnauwkeurigheid van de amygdala kan een desastreuze invloed op ons leven hebben, omdat we bijvoorbeeld vechten met of vluchten voor de verkeerde persoon of situatie. Voordat de neocortex, de zetel van het rationele denken, weet wat er gebeurt, kan de amygdala al reageren door een uitbarsting van felle woede of acute angst op gang te brengen – reacties die lang geleden gepast waren geweest.

Om onszelf te helpen is het van groot belang te beseffen hoe destructief het is onszelf tegen onze oude pijn te beschermen. Het is moeilijk, maar onze afweermechanismen loslaten vormt het belangrijkste onderdeel van het pri-heelwordingsproces, een proces dat gericht is op het verbeteren van de kwaliteit van ons leven en dat van de mensen om ons heen.

En is de zijnstoestand, die door de grote spirituele leermeesters als 'verlichting' wordt beschreven, niet precies dat: een toestand waarin we geen afweermechanismen meer gebruiken? De meeste spirituele leermeesters lijken te zeggen dat verlichting niets ongewoons is, dat het niet iets is waar we naar toe kunnen werken, omdat het er al is. Het is onze natuurlijke staat van zijn. We realiseren ons dit echter niet, omdat we niet leven in het heden, in het moment van nu. De meesten van ons leven voornamelijk in het verleden en zijn gevangen in de illusie dat dát zich nu afspeelt, waardoor het onmogelijk is het heden te zien zoals het werkelijk is.

Deze beschrijving van wat ons ervan weerhoudt in onze natuurlijke staat van verlichting te leven, lijkt sterk op wat er gebeurt wanneer we onbewust de realiteit van het verleden waarnemen en op basis van die waarneming handelen terwijl we er ondertussen volledig van overtuigd zijn dat onze waarnemingen en ons handelen op het heden gebaseerd zijn. Dit is de aard van onze afweermechanismen. Een bewustzijn dat één geheel vormt – dat geen afweermechanismen kent – zou constant in staat zijn het huidige moment volledig waar te nemen, zoals deze leermeesters beschrijven. En is een ongedeeld bewustzijn niet onze natuurlijke staat? De staat waarin we zijn geschapen en worden geboren?

We gaan deze afweermechanismen nu nader bekijken. Door te begrijpen wat ze zijn en hoe ze toen werkten en hoe nu, kunnen we de eerste stap zetten op de weg naar onze heelwording.

VALSE HOOP: IK KAN KRIJGEN WAT IK NODIG HEB, ALS IK MAAR...

Morgen, morgen
gaan ze van me houden
Als ik nu altijd lief ben, nooit
boos ben, alles precies doe zoals
mijn moeder het wil, dan
gaan ze morgen, morgen van me houden

Als ik nu precies het juiste voel
en het juiste denk en me nooit vergis
dan
gaan ze morgen, morgen
van me houden

Jeannette Meijvogel[3] (zie bijbehorende illustratie 1)

Het afweermechanisme van de valse hoop (VH) bestaat uit het ontkennen van de waarheid dat de behoeften die wij als kind hadden nooit vervuld zullen worden door onszelf wijs te maken dat ze wel degelijk vervuld kunnen worden als we maar doen of zijn wat we in de ogen van onze ouders moeten doen of zijn: aardiger of slimmer of rustiger of onderhoudender of minder emotioneel of juist emotioneler. Deze strategie werkt echter nooit, omdat de waarheid is dat onze behoeften als kind niet door de omgeving (ouders) zijn vervuld, wat we ook deden of lieten, waren of niet waren, hadden of niet hadden.

Als volwassene zijn de behoeften die wij zo sterk in het heden voelen in werkelijkheid meestal de onvervulde behoeften van het kind dat we waren, (zie ook p. 177 e.v.). Daarom is alles wat we tot stand willen brengen vanuit het afweermechanisme van de valse hoop (VH) gedoemd te mislukken. Wat we ook doen, we krijgen nooit meer wat we toen nodig hadden. We kunnen niet teruggaan om het verleden te veranderen.

De volgende metafoor is voor cliënten vaak verhelderend: stel dat je als kind honger had en je zelfs de hongerdood dreigde te sterven. Ook al kun je nu net zoveel eten als je wilt, dan zal dat niets veranderen aan het feit dat je als kind honger hebt geleden.

Neem bijvoorbeeld Claire, die een sterke behoefte heeft aan goedkeuring van haar partner. Zij probeert die te krijgen door de dingen precies te doen zoals hij het wil. Aangezien het echter om een oude behoefte gaat, zal Claire, wat ze ook doet, nooit genoeg goedkeuring krijgen om haar oude behoefte te bevredigen. Die behoefte zal altijd aanwezig blijven, zelfs als haar partner haar iedere dag vertelt hoe blij hij is dat ze zo veel voor hem doet. Omdat het om een behoefte uit de kindertijd gaat, schiet ieder blijk van waardering tekort. Claire kan bijvoorbeeld denken dat hij het niet meent en het maar zegt om haar te manipuleren. Of ze hoort hem werkelijk niet als hij zegt hoe hij over haar denkt of ze vergeet het weer snel. Wat er ook gebeurt, ze zal altijd blijven twijfelen aan zijn waardering voor haar.

De reden waarom ligt voor de hand, maar is tegelijkertijd erg moeilijk te begrijpen als we vanuit ons kind-bewustzijn of onze afweer reageren: we kunnen een oude, onvervulde behoefte nooit vervullen, hoe vaak het er ook op lijkt. Maar omdat valse hoop ons in het heden een (weliswaar tijdelijk en vluchtig) gevoel van hoop geeft, voelen we ons goed zolang dat gevoel aanhoudt en dat is tot het moment waarop de hoop onvermijdelijk instort.

In het genoemde voorbeeld van de vrouw die als klein meisje door haar moeder in de steek is gelaten (zie p. 44), kan het mechanisme als volgt werken: hoe hard ze ook probeert van haar man liefde en zekerheid te krijgen, ze zal zich nooit echt bemind en veilig voelen, zelfs niet als hij haar liefde en veiligheid biedt, zolang ze de waarheid van haar jeugd niet onder ogen heeft gezien.

Als we in ons kind-bewustzijn zijn, zullen we de oude realiteit voelen: de pijn van de onvervulde behoefte. Niets dat in de realiteit van de volwassene gebeurt, kan iets aan dit feit veranderen, noch aan het bijbehorende gevoel. We kunnen het verleden niet veranderen, maar we kunnen wel iets doen aan de invloed die het op ons huidige leven heeft.

ONTKENNING VAN BEHOEFTEN EN VALSE MACHT[*]: IK HEB GEEN PROBLEEM/JIJ DEUGT GEWOON NIET...

En denk erom:
het is een zaak van leven of dood
daarom word ik God

Je moet mij erkennen en
respecteren

---

[*] Aangezien deze twee afweren tot voor kort gezien werden als één afweer worden ze hier nog gezamenlijk besproken. In *Illusies* (Bosch) worden beide afweren afzonderlijk in detail uitgewerkt.

Je moet mijn regels leren kennen

Je moet met mij willen
samenwerken

Dan zal ik – misschien –
kunnen toestaan
dat sommige regels
veranderd worden

Als je wilt overleven, dan:
– mag je niet kwetsbaar zijn
– mag je geen gevoelens hebben
– mag je geen verlangens hebben, ook geen seksuele
– moet je altijd de baas over de situatie zijn
– moet je overal op voorbereid zijn

Jeannette Meijvogel[4] (zie bijbehorende illustratie 2)

Ontkenning van behoeften is het soort gedrag dat gericht is op het vermijden van conflicten. Mensen die deze vorm van afweer hanteren, komen meestal over als aardig en gemakkelijk in de omgang, ontspannen, niet door (veel) problemen geplaagd, beheerst en zeer gelijkmoedig. Ze lijken vaak zorgeloos. Uiterlijk kunnen ze in emotionele en psychische zin goed aangepast lijken. Het enige 'verdachte' is het gebrek aan intimiteit in hun leven. Ze hebben vaak weinig goede vrienden en hebben moeite met emotionele intimiteit, ook als het om hun partner en kinderen gaat.

Vaak zijn het mannen die dit afweermechanisme hanteren. Toch moeten we niet generaliseren, want er zijn zeker veel vrouwen die hun gedrag in dit afweermechanisme zullen herkennen. We noemen deze vorm van afweer ontkenning van behoeften (OvB).

Achter ontkenning van behoeften gaat deze drang schuil: het ontkennen dat je een behoefte of een probleem hebt (en je dus kwetsbaar voelen). Ontkenning van behoeften stelt ons in staat te denken dat we geen probleem in ons leven hebben, dat het slechts de mensen om ons heen zijn die een probleem hebben en moeten veranderen. Iemand die vaak de afweer van de ontkenning van behoeften (OvB) hanteert, zal vaak kritiek krijgen op haar onvermogen zichzelf te laten zien, intiem te zijn, te zeggen wat er in haar omgaat. In de ogen van de bekritiseerde persoon toont deze kritiek echter dat het de ander is die een probleem heeft. Ze heeft niet de indruk dat er met haar of de situatie iets mis is. Dit stelt haar in staat geen pijn te voelen.

Valse macht (VM) komt heel anders over. Die wordt gekenmerkt door gedrag dat varieert van irritatie tot razernij en alles daartussen, zoals woede. Deze vorm van afweer werkt meestal tamelijk intimiderend en zorgt dat andere mensen in opstand komen of, en dat gebeurt vaker, zich schikken. We hebben allemaal weleens kennisgemaakt met gedrag dat machtswellustig, autoritair, streng, veeleisend, wraakzuchtig, en snel beoordelend en bestraffend was. We hebben misschien ouders of bazen die zich zo gedragen. Deze afweer wordt vaak door mannen gebruikt, maar ook hier moeten we ervoor waken niet te generaliseren.

Iemand die vaak de afweer van de valse macht (VM) hanteert, heeft wel het gevoel dat er iets mis is, maar niet met haarzelf. Ze geeft de mensen om zich heen de schuld en beticht ze ervan dom, nonchalant, immoreel, lui, oneerlijk, gemeen of waardeloos te zijn, haar te willen beschadigen. Met mij is niks mis, maar met jou (en de rest van de wereld) is van alles aan de hand, als jij/jullie/de wereld maar zou veranderen dan zou het goed zijn, denkt zo iemand, die er meestal van overtuigd is dat haar oordelen totaal gerechtvaardigd zijn. Ze twijfelt niet aan haar ideeën over de slechtheid of het waardeloos zijn van anderen. Ze ergert zich aan anderen of wordt boos of zelfs razend op hen, maar ze probeert haar eigen kwetsbaarheid en pijn niet te voelen, kwetsbaarheid en pijn die naar boven zouden komen als ze erkent dat haar behoeften niet vervuld worden of waren. De boosheid geeft mensen die deze afweer hanteren een gevoel van macht, het gevoel sterk te zijn, sterker dan de ander (zie ook p. 165 e.v.). Deze illusie van kracht kan een heel goed gevoel geven, net zo'n goed gevoel als de illusie van de afweer van ontkenning van behoeften geeft door behoeften en problemen te ontkennen. Tot op zekere hoogte en altijd tijdelijk kan de afweer van valse macht, net als die van ontkenning van behoeften en valse hoop, ons een goed gevoel geven.

Onder de oppervlakte is er echter een gevoel van onbehagen. Degene die woede als afweer gebruikt, heeft vaak conflicten. Ze is geneigd de mensen die haar na aan het hart liggen van zich te vervreemden door hun te zeggen dat zij ze niet meer in haar leven wil hebben als ze niet meegaan met haar idee van de waarheid. Degene die niet gauw problemen heeft (ontkenning van behoeften) komt vaak tot de ontdekking dat haar leven vitale energie mist, de ware vonk ontbreekt. Ze kan ook eenzaam zijn, omdat het haar moeite kost zichzelf aan anderen te laten zien en te delen hoe ze zich voelt.

Hoewel ontkenning van behoeften en valse macht ons tijdelijk een goed gevoel kunnen geven, heelt de pijn van het kind dat we waren nooit wanneer we in het heden handelen alsof we macht over anderen hebben of alsof we geen behoeften hebben. Het is geen echte macht, het is een illusie van macht, valse macht, die slechts tijdelijk de oude pijn verzacht. De pijn komt immers telkens weer op omdat we onvermijdelijk geconfronteerd zullen worden met symbolen in de vorm van bepaalde mensen of situaties, waardoor de behoefte om ontkenning van behoeften en valse macht uit te oefenen telkens opnieuw opkomt. Het gevolg is dat onze betrekkingen met anderen gekenmerkt worden door gebrek aan echte intimiteit of vol conflicten zijn.

Neem Jan en Ingrid. Jan vindt het leuk om elke week voetbal te kijken en bij speciale gelegenheden vaker. Ingrid begrijpt niet wat hij daar aan vindt, maar ze weet dat 'de meeste mannen van dit soort dingen houden' en meent dat ze hem voetbal moet laten kijken als hij dat wil. Maar er gebeurt iets met haar wanneer hij de televisie aanzet. Ze voelt irritatie opkomen en begint vervelende opmerkingen te maken. Ze zegt dat het een stomme sport is, ze vraagt hoe het mogelijk is dat hij van zo'n Neanderthaler-activiteit geniet en of hij wel hersenen in zijn hoofd heeft. Jan heeft zich inmiddels bij haar voorspelbare gedrag neergelegd en zegt niet veel terug. Hierdoor wordt Ingrid nog bozer. Soms zelfs zo boos dat ze hem wel zou kunnen slaan.

In een therapiesessie kwam Ingrid tot de ontdekking dat ze valse macht hanteerde en ze vroeg zich af welke oude pijn het kijken van Jan naar voetbalwedstrijden (een symbolische situatie voor Ingrid) wakker maakte. Toen ze in staat was haar afweer los te laten en de oude realiteit uit haar jeugd kon ervaren, voelde ze dat de pijn die uiteindelijk naar boven kwam, de pijn was van een kind dat emotioneel verwaarloosd was. Bij haar thuis besteedde niemand veel aandacht aan haar behoeften en ging men op in zijn eigen activiteiten ten koste van haar.

Ingrid realiseert zich nu, als ze het gevoel heeft dat ze minder belangrijk is dan een activiteit die Jan in beslag neemt, dat dit de realiteit is van de pijn uit haar jeugd die naar boven komt. Ze kan de pijn nu voelen en hoeft zichzelf er niet meer tegen te beschermen door boos te worden. Ze is nu ook in staat om toe te laten dat ze wel degelijk belangrijk is voor Jan en dat zijn belangstelling voor voetbal niets afdoet aan die hedendaagse realiteit.

Totdat we in staat zijn onderscheid te maken tussen de realiteit van vroeger en die van nu, beschermen we onszelf tegen het voelen van de oude pijn telkens wanneer wij door een symbool van het volwassen-bewustzijn in het kind-bewustzijn terechtkomen en van daaruit doorgaan naar een afweer. Drie van de afweermechanismen waarmee we onszelf tegen die pijn beschermen, ontkenning van behoeften, valse macht en valse hoop, geven ons een goed gevoel, zij het tijdelijk. We kunnen een enorme energiestroom op gang voelen komen wanneer onze valse hoop aangewakkerd wordt, energie waarmee we bergen denken te kunnen verzetten, ja, zelfs het onmogelijke denken te kunnen doen. Valse macht heeft net zulke roesachtige effecten, doordat er een bedrieglijk gevoel van macht over mensen en situaties ontstaat, of een gevoelloosheid waardoor niets ons een echt probleem lijkt.

Maar de hoop stort onvermijdelijk altijd weer in, de macht brokkelt onvermijdelijk altijd weer af en de gevoelloosheid kan door een plotselinge en hevige angst aan diggelen vallen. Achter deze afweermechanismen gaat echter een ander afweermechanisme schuil waar we ons op kunnen verlaten wanneer onze hoop vervliegt en onze macht taant: de primaire afweer. Dit afweermechanisme geeft ons echter helemaal geen goed gevoel, zelfs niet tijdelijk.

DE PRIMAIRE AFWEER: IK DEUG NIET, HET IS ALLEMAAL MIJN SCHULD, IK KAN HET NIET, IK BEN SLECHT

zó smerig
stom en
slecht

voel ik mij
zó vol pijn
schaamte en
angst

zó vol verlangen
naar een uitweg

Jeannette Meijvogel[5] (zie bijbehorende illustratie 3)

De primaire afweer heet 'primair' omdat onze geest deze afweer het eerst gebruikt wanneer wij onszelf beschermen tegen de levensbedreigende pijn van onze jeugd. Dit is het eerste middel dat een kind gebruikt om zichzelf te beschermen. De primaire afweer is heel simpel en elementair en wordt door iedereen gebruikt. Bij valse hoop of valse macht bestaat er verschil in de mate waarin we geneigd zijn het een of het ander te gebruiken. Ook al gebruiken we allemaal alle vormen van afweer, ons uiterlijk gedrag wordt gekenmerkt door óf voornamelijk valse hoop, óf voornamelijk valse macht óf voornamelijk ontkenning van behoeften. Maar de primaire afweer is aanwezig onder alle uiterlijke schijn en wordt door ons allemaal (ten onrechte) ervaren als een elementair, integraal onderdeel van onze aard.

Jonge kinderen zijn per definitie hulpeloos en afhankelijk van anderen (de verzorgers) voor de vervulling van hun behoeften (eten, kleding, onderdak, liefde, zorg, veiligheid). Wanneer die behoeften niet door anderen vervuld worden, beschermt het kind zichzelf tegen deze levensbedreigende waarheid door te denken dat het die behoeften vanuit zichzelf moet kunnen vervullen. Maar het kind is hier natuurlijk nog te jong voor en het gevolg is dat het negatieve gedachten over zichzelf krijgt: Er is iets mis met mij, want ik kan niet voor mijn eigen behoeften zorgen. Het kind ontwikkelt de PA vanaf het moment dat het een zelf-bewustzijn heeft ontwikkeld, ongeveer rond 1,5 à 2 jaar. De primaire afweer kan bestaan uit gedachten als: ik zal dit nooit kunnen, ik ben slecht, ik deug gewoon niet, ik word nooit goed genoeg, ik ben schuldig, ik verknoei altijd alles, niemand geeft om me, ik ben waardeloos, ik zal altijd alleen blijven, ik moet me schamen. De primaire afweer wordt gekenmerkt door alle opvattingen, gedachten en ideeën die op een streng negatief oordeel over de eigen persoon neerkomen. Bij sommigen van ons staan hierbij vooral schuldbesef en gevoelens van onvolkomenheid centraal die uiteindelijk leiden tot afwijzing (meestal mensen met neiging tot VH). Bij anderen ligt de nadruk op een slecht mens zijn, wat vroeg of laat door anderen ontdekt zal worden, waarop ook afwijzing volgt (meestal mensen met neiging tot VM). Bij sommigen zit de primaire afweer meer aan de oppervlakte (neiging tot VH), bij anderen is hij diep weggestopt (neiging tot VM). Wat het verband tussen onze afweermechanismen ook is of hoe ver we ze ook hebben weten weg te drukken, de basisgedachte van de primaire afweer is dat er iets mis is met ons, wat zich meestal toont in gedachten als: 'ik ben slecht', 'ik ben schuldig' of 'ik kan het niet'.

De primaire afweer is een effectief afweermiddel, want als we denken dat er met ons iets mis is, hoeven we niet de verschrikkingen en de pijn van de oude, levensbedreigende realiteit te voelen waarin onze elementaire behoeften niet vervuld werden. Als we het gevoel hebben dat er aan ons iets niet deugt, dan komen we er niet achter dat er met ons als kind helemaal niets mis was. Er was iets mis met onze omgeving: de omgeving (meestal de ouders) was immers niet in staat het kind te geven wat het nodig had.

De primaire afweer is dus een effectief middel om de mensen om ons heen niet te hoeven zien zoals zij werkelijk zijn, en het geeft het kind het gevoel invloed te kunnen uitoefenen. Als het kind meent dat haar behoeften niet vervuld worden omdat er iets mis is met haar, houdt dit in dat ze iets zou kunnen doen aan de akelige situatie waarin ze zich bevindt. Ze heeft haar ellende aan zichzelf te danken, dus kan ze er misschien iets aan doen. De scheidslijn tussen de primaire afweer en valse hoop wordt hier heel dun: de primaire afweer kan gemakkelijk overgaan in valse hoop. Natuurlijk werkt dit niet, maar zo hadden we als kind in ieder geval die levensreddende illusie om mee te leven, mogelijk gemaakt door de primaire afweer.

We moeten ons realiseren dat de primaire afweer een ruim begrip is. De primaire afweer omvat ook gevoelens als 'ik kan het niet, het is me te veel' wanneer we ons voor een taak gesteld zien die op zich niet moeilijk hoeft te zijn. Dit gevoel herkennen velen van ons. Toch is het een vorm van afweer, omdat de realiteit die ontkend wordt de realiteit is dat we niet voor onze eigen behoeften hadden hoeven zorgen. Het was helemaal niet onze taak 'dat te doen' (het vervullen van onze behoeften), het was de taak van onze ouders. Het had nooit zover mogen komen dat het kind over de vervulling van haar eigen behoeften moest nadenken, iets waartoe zij natuurlijk niet in staat is (zie ook p. 177 e.v.).

Soms bestaat er verwarring over de primaire afweer. Cliënten merken op dat de meeste mensen weleens fouten maken of andere mensen onheus bejegenen en ze daarom allemaal wel ergens schuldig aan zijn. Waarom is het je-schuldig-voelen dan een afweermiddel? Het is belangrijk een onderscheid te maken tussen het gevoel 'ik ben schuldig of slecht' en 'ik heb een fout gemaakt of ik heb iets fout gedaan'. In het laatste geval is de volwassen reactie de fout openlijk toe te geven, verantwoordelijkheid te nemen, excuses aan te bieden, met de ander mee te voelen als we diens gevoelens gekwetst hebben en zo mogelijk iets te doen om de schade te herstellen. Deze reactie wordt gekenmerkt door een volwassen verantwoordelijkheidsbesef en pro-actief gedrag en is duidelijk tegengesteld aan de reactie van het je-schuldig-voelen. Wanneer we ons schuldig of slecht voelen, zijn we meestal passief of reactief en proberen we uit angst voor straf te verbergen wat we gedaan hebben in plaats van er openlijk voor uit te komen. De gedachte dat we iets kunnen ondernemen om de schade te herstellen, komt niet bij ons op, want we worden beheerst door angst. Ons echt inleven in de ander wanneer we die gekwetst hebben, is ook niet mogelijk. Je schuldig voelen is geen volwassen respons en duidt altijd op de werking van de primaire afweer. Een fout toegeven en er iets aan doen is een volwassen reactie.

Veel traditionele godsdiensten legitimeren en bevorderen de primaire afweer. Deze godsdiensten draaien om de kerngedachte dat wij mensen in wezen zondig zijn, onwaardige wezens, en dat er alleen hoop voor ons is als we de regels en rituelen van de godsdienst in acht nemen. Het is niet moeilijk te zien hoe destructief dit voor het zelfbeeld is. Met andere woorden: deze godsdienstige ideeën over onze 'ware aard' kunnen de primaire afweer sterk aanwakkeren en leiden tot intens leed, veroorzaakt door negatieve gedachten en gevoelens over onszelf. Tegelijkertijd wordt er een vrijwel ondoordringbare vesting van afweer opgetrokken.

Een voorbeeld: 'Het werd me als het ware op een presenteerblaadje aangeboden. Wat moest ik anders? Ik kon niet anders dan het aannemen, ik kon niet anders dan mij in schuldgevoel hullen. Zo hoefde ik verder niets meer te voelen, niet te voelen hoe vreselijk, vreselijk alleen ik was. Ik hoefde alleen maar schuld te voelen, ik moest schuld voelen van de kerk. Kwam dat even goed uit, dit was de oplossing, mijn redding. Ik vlucht in schuldgevoel. Daar kan ik iets mee, want de kerk zegt dat dat goed is. Niet wetend wat ik hier voor mezelf mee aanricht. Hiermee dood ik elk ander gevoel en daarmee elk stukje leven in mij. Schuldgevoel verwoest mijn gevoel. Ik houd op met leven. Alleen zo kan ik verder, kan ik overleven. Er is geen andere weg. Hoe groot moet mijn nood zijn geweest. Er was één gevoel dat ik wel mocht voelen en dat was schuld, dat moest zelfs. Waarmee ik mijzelf veroordeel, genadeloos hard, maar hiermee kan ik mijzelf redden.'

Deze vrouw werd in een christelijke traditie opgevoed die haar aanhangers leert dat de mens al bij de conceptie schuldig is; dat de mens hoewel hij door zijn zondige aard het eigenlijk niet verdient te leven, nu eenmaal leeft en dus dagelijks boete moet doen; dat het van levensbelang is te erkennen hoe zondig de mens is; dat de mens constant bevreesd voor God moet zijn; dat Jezus voor de zonden van de mens is gestorven. Niet alle christelijke tradities hanteren zulke loodzware begrippen, maar de gedachte dat de mens van nature schuldig is, is een van de grondbeginselen van het christendom.

De psychologe Aleid Schilder[6] schrijft in haar boek: 'Het christelijk scheidingsdenken heeft niet alleen een beeld van God gecreëerd dat vol problemen zit – het mensbeeld dat eruit voortvloeit, is niet minder gecompliceerd. Daar kunnen mensen angstig, onzeker en depressief van worden. Want wat staat er tegenover God, goed en macht? Mens, kwaad en onmacht. De mens die slecht en onmachtig is, schuldig en hulpeloos. Niet in staat tot enig goed, maar geneigd tot alle kwaad... De almachtige en algoede God heeft als tegenhanger de zondige, schuldige en onmachtige mens geschapen.'

In de eeuwenoude Catechismus[7] lezen wij bij Zondag 24, vraag 62:
    Vr: Maar waarom kunnen onze goede werken niet de gerechtigheid voor God of een stuk daarvan zijn?

Antw: Daarom, dat de gerechtigheid, die voor God kan bestaan, gans volkomen en der wet Gods in alle stukken gelijkvormig moet zijn, en dat ook onze beste werken in dit leven alle onvolkomen en met zonden bevlekt zijn.

In de Nederlandse Geloofsbelijdenis[8] staat in artikel 15 over de erfzonde: 'Wij geloven dat door de ongehoorzaamheid van Adam de erfzonde uitgebreid is geworden over het ganse menselijke geslacht; welke is een verdorvenheid der gehele natuur, waarmede de kleine kinderen zelfs besmet zijn in hunner moeders lichaam, en die in de mens allerlei zonden voortbrengt, zijnde in hem als een wortel daarvan; en zij is daarom zo gruwelijk voor God, dat zij genoegzaam is om het menselijke geslacht te verdoemen.'

Deze teksten zullen de meeste christenen – goddank – verouderd voorkomen. Hoe ver de gedachte gaat zondig en schuldig te zijn omdat je mens bent, wordt misschien wel het beste uitgedrukt door de christelijke gedachte dat Jezus, als de zoon van God, de zonden van de mensen op zijn schouders nam (wat aangeeft hoe zondig de mens is) door voor hen aan het kruis te sterven. Dit idee is een grondbeginsel van het christendom en is ook tegenwoordig nog springlevend.

In vergelijking met de christelijke traditie zijn we geneigd de oosterse godsdiensten te beschouwen als positiever ingesteld ten opzichte van de mens. Uiterlijke schijn kan echter bedriegen. In de oosterse traditie klinken gelijksoortige gedachten over schuld door. Het Tibetaanse boeddhisme geeft bijvoorbeeld aan hoe belangrijk het is je op de volgende punten te concentreren:

1. Het individu bestaat niet echt. Je identificeren met je behoeften is daarom een illusie en veroorzaakt hechting en leed. We moeten gaan begrijpen dat alles 'leeg' is.
2. Bij het realiseren van dit 'leeg worden' (geen ego, geen hechting, geen behoeften) hoort de nadruk te liggen op mededogen met anderen. Alles wat wordt gedaan vanuit een individuele motivatie wordt niet op 'de juiste manier' gedaan. Hoeveel goed je ook doet, als je het doet om verlichting voor jezelf te bereiken en het niet voor de mensheid doet, is dat niet wenselijk.

3. We moeten onszelf reinigen. We kunnen dat doen via rituelen, door te mediteren of door rechtstreeks de zegening te ontvangen van en toegewijd te zijn aan onze goeroe.

In eerste instantie kunnen deze woorden heel aanlokkelijk klinken. Wie verlangt er niet naar een wereld waarin weinig of geen individuele hebzucht en ellende bestaan, en die gevuld is met zuivere en medelevende mensen? Als we deze punten echter nader beschouwen, zien we een interessante gelijkenis met de afweerstructuren die in de PRI-theorie onderscheiden worden.
Zie je de parallellen tussen ontkenning van behoeften en het eerste punt? En tussen valse hoop en het tweede? En tussen de primaire afweer en het derde? (Dat reiniging nodig is impliceert dat we op de een of andere manier niet zuiver zijn.)
Als we de vele godsdiensten en spirituele leren nader bekijken, zien we vaak deze afweerneigingen: 'Ons leed wordt veroorzaakt door onze eigen onreinheid, onze schuldige en zondige aard. We moeten sterk zijn en ons best doen.' Wat er op jonge leeftijd met het kind gebeurt en wat de invloed daarvan is op onze gevoelens en ons gedrag wanneer we volwassen zijn, krijgt geen aandacht. Emotionele problemen worden vaak als 'zand in de wind' bestempeld: laat het zand los en het waait weg. Hiermee wordt ontkend dat er zoiets bestaat als emotioneel leed dat is veroorzaakt in onze jeugd doordat we niet kregen wat we nodig hadden. De oude pijn zal pas 'wegwaaien' als we hem onder ogen zien, erkennen en voelen. De gedachte dat hij vanzelf kan verdwijnen als we hem maar loslaten, is een uiting van de afweer van ontkenning van behoeften (OvB).

Het is spijtig dat het blind zijn van onze samenleving voor het leed van onze kinderen en de ernstige gevolgen hiervan op het volwassen leven wordt ondersteund door deze door de godsdienst ingegeven gedachten, of die nu uit het Oosten of het Westen komen. Steeds meer mensen lijken tegenwoordig het leven vanuit een spiritueel oogpunt te benaderen in plaats vanuit een religieus oogpunt. Een oogpunt dat de schoonheid van de ware aard van de mens benadrukt en niets minder dan liefde in de goddelijke zin van het woord als essentiële eigenschap van de mens ziet. Dit lijkt een stap weg van de om schuldbesef draaiende religies en lijkt al meer op de bood-

schap die spirituele leermeesters in de loop der eeuwen hebben gebracht. Spirituele leermeesters die niet verbonden waren aan dogmatische, starre, hiërarchische religies die steunen op machtsstructuren – structuren die hun net als ideeën over inherente zondigheid, macht over hun volgelingen geven.
Maar toch blijft ook in deze scholen de neiging bestaan om de diepgaande effecten van de jeugd over het hoofd te zien.

DE 'VALKUIL' VAN DE PRIMAIRE AFWEER: HET VERSCHIL TUSSEN ONTKENNING EN WAARHEID

De primaire afweer is iets om heel alert op te zijn wanneer je probeert de oude realiteit bloot te leggen en bij de oude pijn te komen, omdat hij heel vaak opduikt. Als je hem niet als afweer herkent, denk je waarschijnlijk – omdat de primaire afweer pijnlijk is – dat het om een gevoel uit je jeugd gaat en dat het goed voor je helingsproces is als je jezelf de kans geeft er de pijn van te voelen en erom te huilen. Maar de primaire afweer is ondanks al zijn pijn toch slechts een afweermechanisme waarmee wij voorkomen dat we iets voelen dat nóg pijnlijker en nóg moeilijker onder ogen te zien is: de pijn die wij in ons kind-bewustzijn hebben verdrongen en die is voortgevloeid uit het gegeven dat onze behoeften als kind niet vervuld zijn en nooit zouden worden.

Wanneer we pijn voelen die verband houdt met de primaire afweer gebeurt het volgende: in plaats van onszelf te helen versterken we juist de primaire afweer. De aard en het doel van iedere vorm van afweer is nu juist om de verdringing van de waarheid te verzekeren door de oude realiteit te ontkennen. Dit geldt voor de primaire afweer net zo goed als voor de andere afweren.

Zoals we reeds zagen bij ontkenning van behoeften, valse macht en valse hoop zorgt het ervaren van de ontkenning alsof die de waarheid zou zijn ervoor dat die specifieke ontkenning van wat er echt gebeurd is, versterkt wordt. Wanneer we bijvoorbeeld onze woede ervaren als legitiem, dan versterken we de ontkenning van de pijn, doordat we deze door een andere realiteit vervangen. In dit geval zou die 'realiteit' kunnen zijn: 'Hij is zo stom, hij leert het toch nooit,' of iedere an-

> AFWEER = ONTKENNING OUDE REALITEIT = OORZAAK
> EMOTIONELE PROBLEMEN
> Proberen oude, onvervulde behoeften in het heden bevredigd te
> krijgen = afweer = oorzaak emotionele problemen
>
> BEWUST OPENSTELLEN VOOR GEVOELENS UIT JEUGD =
> OUDE REALITEIT ERKENNEN = AFWEER OPHEFFEN =
> HELEN
> Pijn van oude, onvervulde behoeften voelen = inzien dat ze in het
> heden niet vervuld kunnen worden = de waarheid = heelwording

Afb. 5 Het verschil tussen afweer en oude gevoelens.

dere mening die bevestigt dat de schuld bij de ander ligt en die leidt tot ontkenning van de pijn.

Een goed voorbeeld van de primaire afweer is dat van Ellen. Nadat ze voor een baan is afgewezen, gaat ze zich heel onzeker voelen en denkt ten slotte: Ik deug niet, ik kan het gewoon niet.

Wanneer dit soort gevoelens naar boven komen, is het makkelijk om te concluderen dat het om oude gevoelens gaat die de oude realiteit weergeven. Dat is niet het geval. Deze gevoelens zijn een afweer tegen een realiteit die dieper gaat en meer pijn doet.

Voor Ellen was de realiteit dat haar ouders er niet waren om haar te steunen als zij dat nodig had. Voor het kind dat zij was, was dat te pijnlijk om te voelen. Het afweergevoel van 'ik deug niet' is minder pijnlijk *voor het kind*, omdat het dan niet de waarheid over het gedrag van de ouders onder ogen hoeft te zien. Die waarheid is dat hun gedrag niet door Ellen werd veroorzaakt, maar door hun eigen gebrek aan zorgzaamheid en liefde voor Ellen. Afweergevoelens als 'ik deug niet' verwarren met oude pijn om deze vervolgens toe te laten is de 'valkuil' van de primaire afweer.

Wees alert, want het is makkelijk in deze val te trappen en erger nog: het is heel pijnlijk en staat heelwording in de weg. We kunnen dan jarenlang pijn voelen en huilen zonder vooruit te komen. Door dit soort huilen worden de pijnlijke gevoelens zelfs versterkt en wordt de beproeving eerder verlengd dan bekort. In therapie kunnen valse hoop en valse macht nog zo effectief aangepakt zijn, maar als de primaire afweer niet onderkend wordt, blijft die functioneren en invloed uitoefenen op hoe we ons voelen. We blijven ons dan kwetsbaar en ontevreden over onszelf voelen, zonder ontkenning van behoeften, valse hoop of valse macht om het 'draaglijk' te maken – een mogelijkheid die we koste wat kost moeten vermijden.

ANGST: IK KAN NOG VLUCHTEN...

De primaire afweer, en daarna de andere afweren (VH, VM, en OvB) kunnen ontwikkeld worden als het kind beschikt over een zeker zelfbewustzijn. Dat is pas aanwezig vanaf de leeftijd van ongeveer 1,5 à 2 jaar. Een baby'tje dat huilt in de wieg kan nog niet denken: ik ben een slecht kind, daarom komt er niemand (PA). Tot die leeftijd van 1,5 à 2 jaar kan een kind zich dus niet op cognitieve wijze (door te denken) beschermen. Tot die tijd wordt het alleen bang als het niet krijgt wat het nodig heeft. Een baby die huilt produceert stresshormonen. Hoe langer het kindje huilt hoe meer stresshormonen het zal produceren, hoe angstiger het wordt. Komt er niemand, dan treedt waarschijnlijk een algehele verdoofde ofwel gedissocieerde staat in: het kind huilt niet meer, hoe hongerig, koud, bang ze ook is... Wanneer we volwassen zijn kunnen we de werking van het afweermechanisme angst herkennen aan irreële angsten die ons plotseling kunnen overvallen: niet durven spreken in het openbaar, niet naar een feestje durven, bang zijn om alleen te zijn, bang zijn om je te binden, bang zijn voor muizen en spinnen, elke confrontatie vermijden, enzovoort. De lijst van situaties waarin we angstig kunnen zijn terwijl er in het heden geen werkelijk gevaar is, is eindeloos. De lezer die meer over angst wil weten verwijs ik graag naar *Illusies*, waar dit afweermechanisme uitgebreid behandeld wordt. Voor nu is het het belangrijkst om te weten dat irreële angsten – en dat zijn verreweg de meeste angsten die ons teisteren – dienen als afweer tegen oude pijn. Zolang er angst is, is er immers de illusie dat een vlucht nog mogelijk is. Dat is een illusie omdat het kind dat we waren niet kan vluchten uit de situatie waarin het zich bevond. Zodra we dus angst voelen, terwijl er geen sprake is van een reële fysieke bedreiging in het nu, betekent dit dat een symbool oude pijn heeft geraakt die we afweren met behulp van angst. In de PRI-cirkel teken ik angst als een soort schrikdraad op de grens van het kind-bewustzijn en de eerste cognitieve afweer (PA). Het is alsof angst fungeert als een laatste schrikdraad om ervoor te zorgen dat we hard de andere kant op rennen: onze andere afweren in, in plaats van naar de oude pijn toe. Net als bij primaire afweer is het dus zaak *niet de angst zelf te gaan voelen*, denkend dat dit oude pijn is. De angst beschermt ons *tegen* de oude pijn en is het niet zelf.

AFWEERMECHANISMEN ZIJN ER OM ONS TE BESCHERMEN...

Dit kopje lijkt een open deur, maar het is een van de dingen die je gemakkelijk vergeet. Onze afweermechanismen treden uitsluitend in werking, we vertonen alleen afweergedrag, wanneer onze geest een gevaar waarneemt. Natuurlijk weten we met ons volwassen-bewustzijn dat er geen gevaar is, maar voor ons kind-bewustzijn is het gevaar heel echt. En tegen gevaar moeten wij ons wapenen.

Het is zaak te beseffen dat angst en de primaire afweer net als valse hoop, valse macht en ontkenning van behoeften alleen worden geactiveerd als een symbool de oude pijn naar boven haalt.

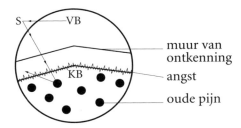

Afb. 6 Beweging die op gang komt door toedoen van een symbool: van VB naar KB naar de muur van ontkenning.

Denk aan de beweging in de cirkel die het bewustzijn voorstelt (zie afb. 6): door een symbool gaan we ons volwassen-bewustzijn uit en komen bij oude pijn van ons kind-bewustzijn, die willen we niet voelen en vervolgens wordt onze afweer geactiveerd. Dit betekent dat telkens wanneer een afweermechanisme actief wordt, er eerst oude pijn is geraakt. Met andere woorden: in het geval van de primaire afweer is het zo dat telkens wanneer er negatieve gedachten over onszelf opkomen, ook als dat willekeurig lijkt te gebeuren, er oude pijn is geraakt door een symbool.

Vooral wanneer onze primaire afweer gemakkelijk wordt geactiveerd, komen de negatieve gedachten over onszelf zo vaak op dat we gaan denken dat we nu eenmaal zo in elkaar zitten: Ik ben gewoon niet zo'n zelfverzekerd type. Als we echter aandachtiger zouden kijken naar wat er gebeurde vlak voordat die gedachten opkwamen, dan zouden we tot de ontdekking komen dat er wel degelijk iets betekenisvols plaatsvond, dat er iets was dat ons onbewust aan het verleden deed denken, iets symbolisch. Het kan zelfs iets onbeduidends als een liedje op de radio zijn dat de oude pijn losmaakte, waarna vervolgens de primaire afweer werd geactiveerd.

De primaire afweer is heel effectief, want als we denken dat het aan ons ligt, kunnen we 'begrijpen' waarom onze verzorgers niet aan onze behoeften tegemoetkomen. Door zo te handelen voorkomen we dat we ooit de verpletterende waarheid onder ogen moeten zien dat de mensen die onze opvoeding in handen hadden, op de een of andere manier niet in staat waren onze behoeften te vervullen. De primaire afweer is niet alleen erg effectief, hij is ook zeer pijnlijk. Mensen die lijden onder een klinische depressie lijken bijna uitsluitend dit ene afweermechanisme te hanteren, vaak in combinatie met de afweer van angst. Het lijkt of ze niet kunnen ontsnappen uit een allesoverheersend gevoel van: ik kan niets, niets zal mij ooit lukken, ik ben totaal waardeloos, noch aan paniekgevoelens.

Er is een grote correlatie tussen angst en depressie en zelfmoord. Zoals uit de gegevens over de geestestoestand van mensen vóór zelfmoord of een poging tot zelfmoord blijkt, zijn deze mensen sterk geneigd zich schuldig te voelen tegenover degenen die hun na staan; ze voelen dat ze tekort zijn geschoten, dat ze dat niet goed kunnen maken en het niet waard zijn te leven. In *Night Falls Fast, Understanding Suicide* van Kay Jamison[9]* treffen we veel gegevens en verwijzingen naar onderzoek aan en krijgen we een beeld van de motieven voor zelfmoord of een poging daartoe.

* De gedachte van 'geestesziekte' zoals die naar voren komt in de boeken van Kay Jamison druist tegen die van PRI in. Jamison beschrijft emotioneel leed als het gevolg van ziekten die zich heel onverwacht voordoen in het leven van vaak getalenteerde en gelukkige jonge mensen, die meestal een 'warme

In een van de vele gedetailleerde verslagen vertelt zij over een jongeman van in de twintig, door velen gewaardeerd en bewonderd, die zelfmoord pleegt: 'Zijn geschriften zijn vervuld van het gevoel geen greep op de wereld en op zichzelf te hebben en van hoop die totaal vervlogen is. Hij voelt zich schuldig om de pijn die hij bij anderen denkt te hebben veroorzaakt, vooral bij zijn familie, en hij somt uitgebreid de problemen op waarvoor hij zich geplaatst ziet: hij moet zijn schulden afbetalen, hij is zijn vriendin kwijtgeraakt, hij moet medicijnen nemen en hij moet naar de dokter.'

En over een jong meisje: 'Een meisje van zes dat zich uit een rijdende auto wilde werpen, zei toen ze naar een psychiatrische inrichting werd gebracht alleen maar: "Ik heb altijd veel trek. Ik bijt mensen en ik probeer ze op te eten. Ik ben een slecht meisje en ik moet dood."'

In veel gevallen zijn gevoelens die op de primaire afweer lijken al dan niet in combinatie uit angst duidelijk het motief voor zelfmoord. Hoewel dit niet inhoudt dat mensen geen andere redenen voor zelfmoord hebben, is de correlatie tussen zelfmoord(pogingen) en gevoelens die in PRI als primaire afweer worden gezien, niettemin opmerkelijk. Het is een afschuwelijke gedachte dat het immense leed dat mensen doorstaan voordat ze zelfmoord (proberen te) plegen mogelijk te wijten is aan het functioneren van een afweermechanisme dat bescherming tracht te bieden tegen iets wat lang geleden gebeurd is. In deze zin kan zelfmoord beschouwd worden als de allerlaatste wanhopige poging van onze afweermechanismen om het voelen van de oude pijn te voorkomen.

Uit onderzoek waar Jamison naar verwijst, blijkt dat vrouwen tweemaal zo vaak aan een depressie lijden als mannen en driemaal zo vaak een zelfmoordpoging doen als mannen. Mannen plegen echter weer viermaal zoveel zelfmoord als vrouwen. Bezien in het theoretische raamwerk van PRI sluiten deze cijfers aan bij het feit dat vrouwen zich vaker identificeren met de afweer van valse hoop. Dit betekent meestal dat zij openhartiger zijn over hun primaire afweer en die gemakkelijker toegeven. Dit is in overeenstemming met de cijfers over depressies, die een sterk verband tonen met het been liefdevolle jeugd' hebben gehad. PRI beschouwt emotioneel leed als het gevolg van verdrongen pijn uit de kindertijd, veroorzaakt door een omgeving die niet in de behoeften van het kind kon voorzien.

gaan van zelfmoord. Zoals we al hebben gezien identificeren mannen zich daarentegen liever met de afweer van ontkenning van behoeften en valse macht en verbergen ze hun primaire afweer. Mannen schijnen inderdaad minder vaak last van depressies te hebben dan vrouwen. Om een zelfmoordpoging echter te laten slagen komen agressievere en gewelddadigere methoden eerder in aanmerking en deze worden vaker door mannen gebruikt (ophanging, het doorsnijden van de keel). Deze gewelddadiger manieren van zelfmoord plegen lijken beter te passen bij de afweer van de valse macht.

HOE DE AFWEERMECHANISMEN OP ELKAAR INWERKEN EN ELKAAR ONDERSTEUNEN

De primaire afweer en angst helpen ons heel goed om de waarheid te ontkennen. Ook al zijn deze afweren effectief, ze zijn zoals we hebben gezien ook heel pijnlijk. Zelfs te pijnlijk om voortdurend mee te leven. De pijn die door de primaire afweer en angst veroorzaakt wordt, kan zo groot zijn dat als we er steeds mee zouden moeten leven we zouden overwegen of we nog wel willen doorleven. Zoals al gezegd is er een sterke correlatie tussen zelfmoord en depressie – bestaande uit gevoelens die door de PRI-therapie worden beschouwd als die gevoelens waaruit de primaire afweer bestaat. Om deze negatieve toestand te mijden, moeten we de pijn van de primaire afweer draaglijker maken. Hiertoe stapelen we twee afweerblokken op de primaire afweer, die omschreven kunnen worden als afweermechanismen die ons moeten beschermen tegen angst en de primaire afweer: valse hoop en valse macht. Hierboven ligt weer de OvB-laag, die zelfs de gevoelens van VH en VM afdekt.

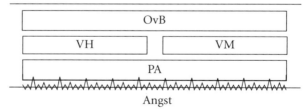

Afb. 7 Structuur van de muur van ontkenning: ontkenning van behoeften, valse hoop, valse macht, primaire afweer, angst.

De ontkenning van behoeften, valse hoop en valse macht zijn de niveaus van afweer waarmee we ons willen identificeren. We willen die vreselijke primaire-afweergedachten over onszelf net als onze angsten wegstoppen en ons met iets positievers identificeren. Ontkenning van behoeften, valse hoop en valse macht kunnen het leven 'in de afweerstand' gemakkelijker te dragen maken en dus functioneren we bijna onafgebroken in die standen, zelfs zo sterk dat we (ten onrechte) denken dat dit bij onze aard hoort. De persoon die zich met valse macht of ontkenning van behoeften identificeert, denkt: Ik ben echt heel sterk, ik kan veel, ik ben gehard. De persoon die zich daarentegen met valse hoop identificeert, denkt: Ik ben nu eenmaal zo, ik vind het leuk om mensen te helpen, inschikkelijk te zijn. Het is van vitaal belang dat we inzien dat veel van wat we als de essentie van onze persoonlijkheid beschouwen, eigenlijk een afweermechanisme is dat bijna continu actief is. Wat onze afweerstrategie op een gegeven moment ook is, iedereen gebruikt alle afweermechanismen. De meesten van ons identificeren zich voornamelijk met ontkenning van behoeften, valse hoop of valse macht, maar diep in ons binnenste zijn we allen onderhevig aan de kracht van de primaire afweer en angst.

Het is interessant te onderzoeken hoe deze verschillende soorten afweer als reactie op een symbool in onderlinge samenhang in actie komen. Meestal gaan we als de ene afweer niet werkt over op een andere en zo nodig op nog een andere. We kunnen bijvoorbeeld van inschikkelijk gedrag (valse hoop) via woede (valse macht) uitkomen bij het gevoel liefde onwaardig te zijn (primaire afweer). Of we stappen van ontkennen dat we ons gekwetst voelen (OvB) over op proberen gewaardeerd te worden (VH) om uit te komen bij ons angstig en schuldig voelen (PA). Of we vervallen van pogingen niet gekwetst te zijn (OvB) in irritatie (VM) en ten slotte in het gevoel incapabel te zijn (PA). Of we stappen van het gevoel waardeloos te zijn (PA) over op woede (VM) of op pogingen te slagen (VH). Alle combinaties zijn mogelijk. Het is alsof we binnen een cirkel bewegen, we kunnen alle kanten op.

Mensen die zich meer identificeren met valse hoop tonen hun primaire afweer en angst meestal gemakkelijk. Zoals Teresa, een vrouw van

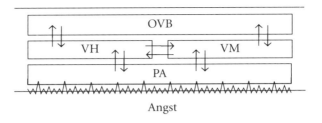

Angst

Afb. 8 De zichzelf in stand houdende afweercyclus; de beweging tussen de verschillende vormen van afweer.*

middelbare leeftijd die haar leven aan haar man, haar kinderen en haar huis heeft gewijd. Ze ziet zichzelf als een typische huisvrouw. Hoewel ze ervoor gekozen heeft om huisvrouw te zijn, is ze vaak ontevreden met haar leven. Ze probeert het de andere gezinsleden naar de zin te maken door hun wensen boven de hare te stellen (VH). Hoe hard ze ook probeert haar man en kinderen te behagen, ze voelt zich zelden door hen gewaardeerd om wat ze doet. Achter dit gebrek aan waardering schuilt een heel negatief zelfbeeld (PA). Ze ziet zichzelf als een oninteressant, saai iemand die voor niemand in deze wereld echt waarde heeft. Ze huilt vaak om haar leven en heeft dan een gevoel van uitzichtloosheid en waardeloosheid. Toch probeert ze voortdurend haar gezinsleden te behagen (VH) in een poging hun liefde te winnen, en wanneer ze geen waardering lijken te tonen, voelt ze zich waardeloos (PA) in plaats van dat ze de realiteit van het verleden onder ogen ziet die deze symbolische situatie oproept, namelijk dat ze als kind niet door haar verzorgers werd gewaardeerd. Dus stelt ze opnieuw de wensen van haar gezin boven de hare in de hoop waardering te krijgen en heeft ze nu ook steeds vaker last van paniekaanvallen.

Mensen die zich meer identificeren met ontkenning van behoeften of valse macht zijn geneigd hun primaire afweer en angst te verbergen. Deze mensen komen sterk en competent over en verbergen de angst en primaire-afweergevoelens van slecht of niet goed genoeg zijn. Een

---

* Het is natuurlijk ook mogelijk om van OvB direct naar de PA of angst te gaan. Vanwege de overzichtelijkheid van de tekening is deze mogelijkheid niet direct aangegeven.

voorbeeld is Herman, begin veertig, die een mooie carrière heeft opgebouwd: hij is nu directeur van een groot, succesvol bedrijf. Zijn stijl van leiding geven is behoorlijk autoritair. Hij toont weinig begrip voor zijn werknemers en brengt doorgaans nauwelijks tijd in hun gezelschap door. Op vergaderingen eist hij de meeste tijd op en komt hij altijd heel overtuigd van zichzelf en zijn ideeën over. Zijn werknemers hebben nog nooit een spoortje twijfel bij hem gezien. Onder dit ijzeren masker ervaart Herman echter vaak gevoelens van grote eenzaamheid, omdat hij denkt zijn twijfels over het bedrijf of over zichzelf met niemand te kunnen delen. Hij is ervan overtuigd dat het tonen van zwakte niet past bij een directeur van een bedrijf. Hij probeert zelfs al zijn twijfels en angsten zo goed mogelijk voor zichzelf te verbergen. Vaak heeft hij het gevoel dat hij een 'slecht' mens is die onsympathiek is (PA). Wanneer deze verontrustende gedachten en gevoelens bij hem opkomen, helpt het meestal als hij zich boos maakt om de prestaties van anderen (VM). Dit leidt zijn aandacht af van zijn negatieve gedachten over zichzelf (PA) en geeft hem een hernieuwd gevoel van valse macht. Totdat het weer gebeurt.

Dit kenmerkende voorbeeld toont aan dat iemand die gemakkelijk in het gebruik van ontkenning van behoeften of valse macht vervalt, de primaire afweer veel meer verbergt dan iemand die meer geneigd is valse hoop te koesteren. Het is niet waarschijnlijk dat autoritaire of 'beheerste' mensen (VM en OvB) in tranen uitbarsten en uitroepen dat ze zich waardeloos, schuldig, slecht of angstig voelen.

Daarentegen stort valse hoop gemakkelijk in en verwordt dan vaak tot primaire afweer of angst. Wat er overblijft zijn geringschattende gedachten over de eigen persoon die, anders dan bij mensen die zich identificeren met valse macht zoals Herman, gemakkelijk aan anderen getoond worden. Zoals bij Teresa. Wanneer haar hoop op de waardering van anderen weer eens instort, zakt ze weg in negatieve gedachten over zichzelf en doet ze dat op zo'n manier dat het voor de mensen om haar heen duidelijk is dat ze zichzelf niet hoog aanslaat. De mate waarin we geneigd zijn ons gebrek aan waardering voor onszelf te laten zien en de schuld op ons te nemen geeft aan met welke vorm van afweer we ons meer identificeren. Mensen die gemakkelijk hun primaire afweer laten zien, identificeren zich met valse hoop; mensen die dat niet doen, zijn meer geneigd zich te identificeren met valse macht.

Op een dieper niveau worden we echter allemaal geplaagd door de primaire afweer, los van de mate waarin deze voor anderen zichtbaar is. Zo probeert Lea meestal te doen wat door haar bazen van haar verlangd wordt (VH). Wanneer ze echter negatieve feedback krijgt, wordt ze eerst heel kwaad en maakt ruzie (VM). Wanneer dat niet tot het gewenste resultaat leidt (dat de ander zijn excuses maakt), trekt ze zich terug (OvB) totdat ze na een poos begint te twijfelen aan haar capaciteiten en het gevoel krijgt dat het haar nooit zal lukken een carrière op te bouwen (PA en angst).

Samenvattend kunnen we zeggen dat er meerdere manieren zijn waarop we ons tegen pijn uit onze kindertijd verweren door de oude realiteit te vervangen door een denkbeeldige realiteit: ontkenning van behoeften, valse hoop, valse macht, de primaire afweer en angst. Alle zijn het vormen van ontkenning, omdat hun essentie bestaat uit het ontkennen van de waarheid – de oude werkelijkheid zoals die werkelijk was. Telkens wanneer we naar een van de afweermechanismen grijpen, komt dat doordat een symbool oude pijn heeft geraakt en we onszelf tegen het voelen van die pijn beschermen door onszelf een illusie voor te houden:

VH: ik kan krijgen wat ik nodig heb als ik maar...

OvB: het kan me niet schelen/ik heb niets nodig, ik maak het best, er is niets aan de hand.

VM: het is jouw schuld, jij deugt niet, jij hebt het mis.

PA: er is iets mis met mij, ik deug niet, het is mijn schuld, ik kan het niet.

Angst: ik kan nog vluchten van het gevaar en misschien krijgen wat ik nodig heb.

Afweermechanismen gebruiken betekent daarom geloven in een illusie. We geloven in die illusie omdat we als kind niet opgewassen waren tegen de pijn van het onderkennen van de waarheid. Maar wanneer we volwassen zijn, zal het geloof in de illusie de waarheid verder achter de steeds dikker wordende muur van ontkenning duwen en heelwording steeds onwaarschijnlijker maken.

Zie *Illusies* (Bosch) voor een zeer uitgebreide behandeling van alle afweermechanismen, de illusies die zij ons voorschotelen en hoe ons te bevrijden uit de doolhof die het gevolg is.

Het herkennen van afweer is moeilijk omdat afweer voortkomt

uit *een onbewuste laag*, die we ons dus *per definitie* niet bewust zijn. De voorbeelden en praktische handvatten in *Illusies* komen aan deze moeilijkheid tegemoet.

3. Heelwording

Toekomst

Hoe zal ik kunnen zijn
hoe zal ik kunnen leven
zonder de waarheid
van mijn bestaan.

Wie ben ik
in het heden
zonder het verhaal
van mijn verleden.

Voelen van lichaam en geest
in de diepste lagen
heelheid die geneest.

Zo zal ik kunnen zijn
zo zal ik kunnen leven
de waarheid van mijn bestaan.

Ina Veldman, 1999

Hoewel het proces van het blootleggen en toelaten van de oude pijn inderdaad een belangrijke stap in ieder heelwordingsproces is, werd het echter duidelijk dat hierop door andere therapieën dikwijls te veel de nadruk is gelegd. Een pijn die veroorzaakt is in het heden kan wel overgaan door er uitsluitend om te huilen. Bij het helen van pijn die in het verleden is veroorzaakt, heeft het voelen van de pijn echter een andere functie en zijn er ook andere stappen nodig, die zowel cognitief als gedragsmatig van aard zijn.

Uit klinische waarnemingen is gebleken dat alhoewel veel cliënten in staat zijn om hun oude pijn toe te laten, dit hen niet altijd zo snel helpt als redelijkerwijs mogelijk zou moeten zijn. Soms zijn cliënten niet in staat aan de zichzelf in stand houdende cyclus van afweer te ontsnappen. In het ergste geval kan huilen telkens als er oude pijn naar boven komt zelfs een uiting zijn van onze afweer, bijvoorbeeld valse hoop, wanneer het huilen gebeurt met het expliciete doel om van de pijn af te komen, een reële valkuil bij het onjuist toepassen van PRI. In dat geval is er eigenlijk sprake van verzet tegen het volledig overgeven aan de pijn. Het voelen van de pijn op deze wijze kan dan geen heelwording opleveren. Er kan ook sprake zijn van primaire afweer als we huilen omdat er iets niet goed aan ons is of we het gevoel hebben 'het niet te kunnen' of we versterken onze angst door deze te voelen alsof het oude pijn betreft.

Om te helen is er naast het voelen van de oude pijn nog ander werk nodig. De belangrijkste inzichten over heelwording hebben te maken met de betekenis en het belang van het voelen van de pijn uit de jeugd en wat er daarna komt (zie punt 5: Toepassing op lange termijn, p. 100 e.v.). Ten opzichte van andere therapieën die net als PRI werken met het voelen van pijn uit de kindertijd onderscheidt PRI zich doordat het voelen van de pijn/het verdriet of het huilen op zich *niet als de weg naar heelwording wordt gezien*. Om te helen is het nodig om ook op het cognitieve en gedragsmatige vlak bezig te zijn, in samenhang met wat we kunnen leren van het blootleggen en toelaten van oude pijn in de *beginfasen* van ons helingsproces.

Het heelwordingsproces bestaat uit een combinatie van vijf elementen, die allemaal nodig zijn. De combinatie van deze elementen helpt ons het verleden te verwerken, de effecten daarvan op ons leven nu te helen, de huidige realiteit en het volwassen-bewustzijn vast te houden en het ware zelf te herontdekken.

De elementen waaruit het vijfdelige heelwordingsproces bestaat, zijn:

3.1 Cognitief inzicht: Het gebeurt niet nu.
3.2 Emotioneel besef: Het was echt zo erg.
3.3 Overwinnen van de angst voor het voelen: Het is veel, maar niet te veel.
3.4 Regressie: Dat is wat er gebeurde en hoe het voelde.

3.5 Toepassing op lange termijn: nadat we veel oude pijn gevoeld hebben.

3.1 COGNITIEF INZICHT: HET GEBEURT NIET NU

Dit is een uiterst belangrijk aspect van het heelwordingsproces. We zijn geneigd te denken dat alles wat we voelen uitsluitend het gevolg is van gebeurtenissen in het hier en nu. We zijn er bijvoorbeeld van overtuigd dat we boos en van streek zijn door iets wat iemand ons in het heden heeft aangedaan, of dat we ons zelfrespect kwijtraken omdat ons leven op dit moment zo'n puinhoop is, of dat we bang zijn voor iets in de toekomst als gevolg van de huidige omstandigheden. De meesten van ons zijn zo gewend om te geloven dat wat we zien en voelen nú waar is (omdat onze afweer ons 'beschermt' tegen de waarheid van de oude realiteit) dat we totaal niet beseffen dat onze gevoelens en waarnemingen dikwijls niet met het heden hebben te maken. Zoals in hoofdstuk 1 is besproken, schijnt dit 'verkeerde interpreteren' veroorzaakt te worden door de amygdala, een deel van de hersenen waar de huidige gebeurtenissen op een associatieve en grotendeels onbewuste wijze met het verleden worden vergeleken om vervolgens gebaseerd op dat niet erg precieze proces, bepaalde reacties te genereren. Met andere woorden: doordat de amygdala onnauwkeurig werkt, denken we het heden waar te nemen, terwijl we eigenlijk grotendeels het verleden ervaren.

Kijk eens of je in het volgende voorbeeld kunt onderscheiden wat de waarheid van nu is en wat een afweer tegen het voelen van de oude realiteit is.
 'Ik voel me hartstikke waardeloos nu ik ontslagen ben. Zo zou iedereen zich toch voelen. Het gebeurt nu. Ik haat mijn werkgever omdat hij me dit aandoet. Ik verdien het niet om zo behandeld te worden na zoveel jaren zo hard te hebben gewerkt voor dat bedrijf.'

Dat de gebeurtenis in het heden plaatsvindt wil nog niet zeggen dat wat we voelen een volwassen gevoel is dat in het heden thuishoort. Ook al is het ontslag in dit voorbeeld iets van nu, toch is het een symbolische situatie, omdat de reactie van de cliënt zowel de primaire afweer laat zien (zich waardeloos voelen) als valse macht in de vorm van woede (ik verdien dit niet). En telkens als er een afweermechanisme in werking treedt, betekent dit dat we met een symbool te maken hebben, waardoor oude pijn naar boven komt en we de behoefte voelen ons tegen die oude pijn te verweren.

In dit voorbeeld wordt door het ontslag eerst de primaire afweer geactiveerd en wordt als bescherming daartegen vervolgens valse macht gebruikt. Wat de oude realiteit van deze persoon precies is, kunnen we niet uit dit beetje informatie opmaken, maar het is duidelijk dat die te maken zal hebben met afwijzing zelfs nadat hij zijn uiterste best heeft gedaan. Dit laat zijn valse hoop zien (het al die jaren zijn best doen voor zijn baas).

Nog een voorbeeld:
'Ik kan niet zonder hem leven. Hij gaat me verlaten en ik heb het gevoel dat mijn leven voorbij is. Ik red het niet zonder hem. En ik zal nooit meer zo iemand ontmoeten. Ik blijf de rest van mijn leven alleen. En dan is het leven niet de moeite waard. Mijn leven heeft geen zin meer.'

Woorden van deze strekking zijn in onze samenleving vaak te horen. Velen van ons geloven dat ze onder bepaalde omstandigheden waar zijn. Als je toepast wat je tot nu toe over kindgevoelens hebt geleerd, dan zul je beseffen dat deze woorden echter de realiteit weergeven van een kind dat door haar verzorgers is verlaten, ook al was dat tijdelijk. Het kind kon letterlijk niet in leven blijven als niemand voor haar zorgde. Dan was het leven niet meer de moeite waard. Of beter nog: het zou onmogelijk zijn geworden om te overleven.

Iemand die zich zo voelt als zij als volwassene met een (mogelijke) scheiding geconfronteerd wordt, moet als kind het verlies ervaren hebben van een of beide ouders in letterlijke of emotionele zin. Dit kan gebeurd zijn toen haar ouders met vakantie gingen en zij nog te jong was om een begrip van tijd te hebben om te begrijpen dat ze ooit terug zouden komen. Of de ervaring van verlies kan verband houden met de basisbehoefte aan voedsel en helemaal teruggaan naar haar eerste dag op deze aarde. Velen van ons hebben moeten ervaren dat we als zuigeling geen melk kregen toen we honger hadden door het foutieve en schadelijke idee dat baby's alleen op vaste tijden gevoed mogen worden en niet wanneer ze honger hebben. Deze ervaring kan ook leiden tot een acuut gevoel van scheiding en verlaten zijn, omdat we als baby niet wisten dat er uiteindelijk wel (op ons gehuil) gereageerd zou worden.

'Mijn relaties mislukken altijd. Ik krijg nooit wat iedereen wel heeft: een goede relatie en de kans om samen oud te worden. Waarom trek ik altijd aan het kortste eind en krijg ik niet wat anderen wel hebben?'
Deze persoon moet in haar jeugd vaak aan het kortste eind hebben getrokken. Vanuit het volwassen-bewustzijn is het duidelijk dat niet 'iedereen' een goede relatie heeft en samen oud wordt. In Nederland eindigt bijna een derde van de huwelijken in een scheiding en in de Verenigde Staten twee derde, en velen van ons zijn in hun leven weleens een langere of kortere tijd alleen. Iemand die de realiteit van nu zo beziet, praat over een gevoel uit haar jeugd, veroorzaakt door iets wat toen gebeurd is (ze werd waarschijnlijk buitengesloten door de andere gezinsleden, waardoor ze zich erg eenzaam voelde).

'Hoe succesvol mijn carrière ook verloopt of hoeveel geld ik ook verdien, diep vanbinnen voel ik me altijd waardeloos. Alsof ik uiteindelijk nergens voor deug. Het beeld dat de mensen van me hebben heeft alleen maar met de buitenkant te maken. Als ze bij me naar binnen konden kijken, zouden ze weten dat het niet zoveel voorstelt. Ik voel me net een lege huls.'
Dit is nog een voorbeeld van de primaire afweer. Deze persoon zal wel degelijk een aantal uitstekende vaardigheden en kwaliteiten bezitten, anders kon ze niet zo'n mooie carrière hebben. Maar hoeveel succes ze als volwassene ook heeft, ze zal de primaire afweer blijven gebruiken zolang ze de verdrongen oude pijn niet heeft verwerkt. Geen enkel succes als volwassene in het heden kan die gevoelens van nergens goed genoeg voor te zijn, werkelijk laten verdwijnen.

'Mijn dochter heeft me verteld dat ze in haar jeugd heeft geleden onder de manier waarop ik met haar omging. Ik kan er niet tegen als ze zo praat. Het is belachelijk, want ik ben altijd een fantastische moeder geweest, dat heeft ze als kind altijd tegen me gezegd. Ik ben erg kwaad, maar ik voel me ook verraden. Ik krijg gewoon het gevoel dat ik als moeder gefaald heb. En wat ben ik anders geweest dan een

moeder? Ik heb verder nooit gewerkt of iets anders betekenisvols gedaan naast het moederschap. Als ik daarin niet geslaagd ben, dan ben ik totaal waardeloos en kan ik net zo goed de sloot in rijden. Ik kan het niet uitstaan, ze maakt me gek.'
Dit voorbeeld toont hoe de feedback van de dochter enorme pijn bij haar moeder oproept. De afweer van de moeder wordt sterk geactiveerd. Eerst is er valse macht en ontkenning van behoeften, daarna volgt nog meer valse macht (de dochter wordt van verraad beschuldigd) en dan komt de primaire afweer in actie. De primaire afweer is in dit geval bijna niet sterk genoeg om de moeder tegen haar oude pijn te beschermen, wat blijkt uit haar opmerking zichzelf te willen doden en haar angst gek te worden. Uit haar verhaal kunnen we niet opmaken wat haar als kind precies is overkomen, maar het toont wel aan dat kritiek op haar functioneren als moeder heel bedreigend is, bijna alsof de wereld instort. Dit is terug te voeren op een oude realiteit. Misschien probeert deze vrouw haar jeugdbehoeften vervuld te krijgen door alles perfect te willen doen. Als ze te horen krijgt dat ze geen volmaakte moeder is geweest, vormt dat een bedreiging voor haar afweer van valse hoop, wat een bedreiging vormt voor de door haar valse hoop gewekte illusie van veiligheid, waardoor uiteindelijk zelfs haar gevoel van te kunnen overleven bedreigd kan worden.

Al deze voorbeelden laten zien hoe pijnlijke gevoelens uit het verleden en ons verzet tegen het voelen daarvan verweven kunnen raken met het heden. Het is alsof we schuin links of rechts vóór ons een spiegel ophouden. We denken dat we vooruitkijken en het heden zien, maar wat we eigenlijk zien is een weerspiegeling van het verleden. Vaak zeggen cliënten: 'Maar het voelt alsof het nu gebeurt!' En dat is ook zo: onze gevoelens voelen altijd alsof ze over het heden gaan. Onze oude pijn voelt alsof hij door het heden veroorzaakt wordt, door iets wat nu gebeurt. De eerste stap daarom is om als werkhypothese te accepteren dat misschien niet al onze gevoelens veroorzaakt worden door iets wat nu gebeurt. Ons bewustzijn van wat er over de werking van de hersenen is ontdekt – dat de amygdala onnauwkeurig op het heden reageert, alsof dat het verleden was, vanwege een inaccurate vergelijkingsmethode – kan ons helpen een vraagteken te leren zetten bij onze waarnemingen van het heden. Zo kun je je bijvoorbeeld afvragen of de ander je werkelijk wil kwetsen; misschien werkt die persoon of situatie als een symbool en is de pijn die je voelt, pijn uit je jeugd.

Natuurlijk zijn er ook gevoelens die worden veroorzaakt door het heden zonder verband met het verleden. Als iemand van wie je houdt sterft, dan zul je heel erg verdrietig zijn. Als je daarentegen je echtgenoot kwijtraakt door een scheiding na een vreselijk huwelijk en je het gevoel hebt dat het leven niet meer de moeite waard is, dan is het belangrijk in te zien dat de scheiding een symbool is, een symbool van een zeer pijnlijk verlies dat je als kind geleden hebt.

In het algemeen kun je de volgende richtlijn aanhouden: de meeste gevoelens die sterk zijn, stammen uit het verleden en worden slechts *opgeroepen*, niet veroorzaakt, door het heden. Jenson heeft het over het in proportie zijn van gevoelens tot de situatie waarin ze ontstaan. Als gevoelens niet in proportie zijn (als je onderkoeld of te emotioneel reageert), betekent dit dat de situatie symbolisch is, en is er sprake van oude pijn. Het kan echter moeilijk zijn te bepalen in hoeverre onze gevoelens in proportie zijn. Vaak wanneer we symboliseren en sterke of juist onderkoelde gevoelens hebben, zijn we ervan overtuigd dat ze in proportie zijn. Daarom stel ik voor dat je als richtlijn aanhoudt dat sterke emotionele reacties in het algemeen opgeroepen worden door situaties die symbolisch zijn en dat het om oude gevoelens gaat, ook al zijn we geneigd te denken dat ze goed in proportie staan tot wat er in het heden gebeurd is.

De eerste en zeer belangrijke stap op de weg naar heelwording is dat je dit onderscheid tussen nu en toen kunt maken, tussen volwassen realiteit en oude pijn en afweer, en tussen wat je als volwassene nodig hebt en wat je als kind nodig had maar niet kreeg.

Als we naar de hersenen kijken houdt deze eerste stap van het heelwordingsproces in dat de neocortex, de zetel van de ratio, actief getraind wordt, waardoor hij minder gemakkelijk 'gegijzeld' kan worden door de primaire en sterk emotionele reacties van de amygdala. Dit is echter alleen mogelijk wanneer wij geconfronteerd worden met situaties die geen intense emotionele reacties oproepen. In situaties die wel alarmsignalen oproepen reageert de amygdala immers voordat de neocortex in staat is volledig te beseffen wat er gebeurt. Puur verstandelijk inzicht in wat er gebeurt, ís in die situaties heel belangrijk en de eerste stap op de weg naar heelwording, maar kan geen blijvende verandering brengen in onze manier van voelen en reageren. Daarvoor hebben we naast het werken met ons afweergedrag ook het instrument regressie nodig, iets dat later in dit hoofdstuk besproken wordt.

Het is niet ongebruikelijk dat cliënten de behoeften van de volwassene en die van het kind moeilijk uit elkaar kunnen houden (zie ook hoofdstuk 6, punt 9). Zoals we gevoelens uit de kindertijd ervaren alsof ze bij het heden horen, ervaren we oude behoeften ook alsof ze van nu zijn. 'Ik heb dit nodig en ik heb het nu nodig of over korte tijd.' Als we een gevoel van urgentie hebben, dan hebben we meestal te maken met een oude onvervulde kinderbehoefte. Behoeften die we als kind hebben zijn dringend, we kunnen onze behoefte aan slaap, eten, veiligheid of warmte niet uitstellen. Het kind heeft geen notie van tijd, is niet in staat zijn behoefte te relativeren, kan niet voor zichzelf zorgen. De volwassene die we nu zijn, kan wél wachten. We hebben begrip van tijd, we kunnen voor onszelf zorgen. Natuurlijk hebben we eten, kleding en onderdak nodig, maar verder hebben we niet zoveel nodig om te overleven. Het is misschien niet leuk, maar het kán. Voor het kind dat we waren was het onmogelijk te overleven als onze behoeften niet vervuld werden. Dit verklaart de urgentie van de kinderbehoeften. Wanneer we dus een behoefte als urgent ervaren of het gevoel hebben dat we iets dringend moeten doen, dan hebben we waarschijnlijk te maken met een kinderbehoefte.

3.2 EMOTIONEEL BESEF: HET WAS ECHT ZO ERG

Ik ben
een klein kaal vogeltje
en ik weet niet
hoe ik mezelf tooien moet

waar ik geboren ben
hoor ik niet thuis

mijn moederland
is niet mijn vaderland

is niemandsland
daar staat mijn huis

Jeannette Meijvogel[1] (zie bijbehorende illustratie 4)

Alleen door de oude pijn bloot te leggen en toe te laten kunnen we echt te weten komen hoe diep de pijn uit de jeugd is. Hoeveel boeken we ook lezen over leed uit de kindertijd en hoe vaak we ook praten over de dingen die in onze eigen jeugd gebeurd zijn, we moeten zelf *onze* oude pijn blootleggen en ons er volledig aan overgeven voordat we de volle omvang ervan kunnen beseffen.

Veel cliënten beschrijven het als: 'Ik wist al door andere therapieën wat er met mij als kind was gebeurd en ik wíst dat mijn jeugd pijnlijk was geweest, maar dit is de eerste keer dat ik werkelijk heb gevóéld wat ik als kind heb moeten verdringen.'

Alleen door regressie (in emotioneel opzicht weer het kind worden dat we waren) worden we ons ervan bewust hoe pijnlijk en levensbedreigend die gevoelens eigenlijk zijn geweest (of zouden zijn geweest als we ze hadden gevoeld). Regressie moet echter niet verward worden met huilen om onze jeugd, waarbij we emotioneel de volwassene blijven die we nu zijn, terwijl we huilen om onze jeugd.

Tijdens mijn eigen therapie heb ik vele malen gehuild, één incident staat me echter bij als het meest helende van allemaal. Aan het eind van de laatste sessie voor de vier weken durende vakantie van mijn therapeut gebeurde het volgende. Terwijl zij zich omdraaide en van me weg liep, werd ik ineens helemaal in beslag genomen door haar elleboog die zich verwijderde. Ik werd overvallen door een intens verdriet. Op de een of andere manier had het beeld van haar elleboog een heftige reactie opgeroepen. Kennelijk werkte het voor mij als een symbool. Toen ik toegaf aan het gevoel, leek het alsof de tranen uit de diepte van mijn ziel kwamen. Het was ongelooflijk. In gedachten zag ik steeds weer haar elleboog voor me terwijl ze zich omkeerde en van me weg liep. Het diepe verdriet duurde ongeveer twintig minuten en ging toen vanzelf over.

Ik had in de therapie nog nooit op die manier gehuild. Ik weet nu dat het een spontane regressie was, opgeroepen doordat mijn therapeut met vakantie ging, iets wat mijn ouders een aantal keren deden toen ik klein was – zonder mij, wel te verstaan. Toen ik die overweldigende emotie voelde opkomen, had ik al genoeg therapie achter de rug om me te realiseren dat het niet ging om iets uit het heden. Ik vond het weliswaar niet prettig dat mijn therapeut met vakantie ging, maar ik wist ook dat de wereld desondanks gewoon doordraaide. Ik wist dat mijn gevoelens niet in proportie waren met de werkelijke gebeurtenis. Het kind dat ik was heeft waarschijnlijk haar blik op de elleboog van haar moeder gehouden terwijl ze zich omdraaide en wegliep. Dat verklaart waarom het beeld van de elleboog van mijn therapeut in die specifieke situatie zo'n enorme pijn kon oproepen. Deze ene onbedoelde regressie heeft me meer gebracht dan alle andere keren tijdens deze therapie (een rogeriaanse therapie), toen ik huilde *om* mijn leven van dat moment of *om* mijn jeugd. Door deze ene ervaring leek ik toegang te krijgen tot het domein van mijn jeugd. Ik was door deuren gegaan die tot dan toe gesloten waren gebleven en ik had even ten volle kunnen ervaren hoe het erachter was. Ik had een belangrijke waarheid uit mijn kindertijd aan het daglicht gebracht. Door deze eerste ervaring met regressie kon ik me pas realiseren op een heel diep niveau dat de pijn uit mijn jeugd erger was dan ik ooit had geweten, al had ik die pijn op een intellectueel niveau al eerder onderkend.

Het bovenstaande zal niet iedereen aanlokken. Veel cliënten melden echter dat hoewel de emotionele pijn die ze voelen als ze aan hun oude gevoelens toegeven enorm is, ze die toch kunnen verdragen en het eigenlijk niet zo erg is als ze vreesden. In zekere zin kan het zelfs goed voelen. Het lucht enorm op als je begint te begrijpen dat de waarheid je geen kwaad kan doen, dat zij bij je hoort en je bereid bent die waarheid in je leven toe te laten. Cliënten zijn meestal opgelucht als ze zich volledig kunnen overgeven aan een oud gevoel en tegelijkertijd een verbinding kunnen leggen naar het verleden waar de ware bron van het gevoel ligt.

In deze zin is het voelen van oude pijn onontbeerlijk voor het heelwordingsproces. Als we onszelf tegen oude pijn beschermen, is het niet mogelijk volledig inzicht te krijgen in de vraag welke gevoelens, gedachten of opvattingen uit onze jeugd stammen en welke bij de realiteit van vandaag horen. Daarmee zijn we terug bij het eerste element van het heelwordingsproces: het cognitieve inzicht in wat van nu en wat van toen is. Het is alsof we door het voelen van de oude pijn bewust toegang krijgen tot de plaats waar de oude emotionele herinneringen zijn opgeslagen, de amygdala, omdat het rationelere deel van onze hersenen, de neocortex, nu ook bij de ervaring betrokken is.

Onze samenleving verkeert in een staat van ontkenning over hoe het is om kind te zijn. Zoals de meesten van ons de pijn ontkennen die we als volwassene meedragen, zo ontkennen de meesten van ons ook de gevolgen van wat als een 'normale' opvoeding wordt gezien. Dries van Dantzig, de psychiater, zegt het als volgt in een interview[2] uit begin 2000: 'In de afgelopen twintig jaar is er door de publieke aandacht veel aan het licht gekomen over de verschrikkingen van extreme vormen van mishandeling, zoals seksueel misbruik en zware lichamelijke mishandeling. Alleen al in Nederland overlijden jaarlijks tachtig kinderen door lichamelijk geweld en worden er minstens 80 000 ernstig seksueel misbruikt of lichamelijk mishandeld door de mensen die voor hen zouden moeten zorgen. De bewustwording van deze afschuwelijke feiten zet mensen aan tot het zoeken naar wegen om mishandelde kinderen te helpen. Hopelijk wordt men zich meer bewust van wat zich "bij de buren" afspeelt en onderneemt men iets om het kind te beschermen. Momenteel is het echter nog zo dat wij met zijn allen nog steeds bereid zijn om de ruimte achter de voordeur niet betreedbaar te achten. Dat is het privéterrein. Privacy wordt gebruikt als politiek alibi om niets structureels aan kindermishandeling te doen. Een jongen wordt op straat doodgeslagen en het hele land is in rep en roer. Tachtig kinderen sterven anoniem thuis, het staat in de kranten en niemand reageert.'

De meeste stappen die tegen kindermishandeling worden ondernomen, lijken gericht op het helpen van het kind nadat dit het slachtoffer van de verzorgers is geworden. Nu het steeds duidelijker wordt hoe groot de invloed van kindermishandeling op individu en maatschappij is, is het niet meer dan voor de hand liggend om aandacht te schenken aan factoren die mishandeling helpen voorkomen. Dit betekent het schenken van aandacht aan iedereen die zeer waarschijnlijk zelf ooit ouder zal worden. Als we kunnen helpen voorkomen dat mogelijke daders echte daders worden, dan kan veel leed worden voorkomen. De samenleving moet blijven strijden voor de verbetering van het lot van kinderen die het slachtoffer zijn van fysiek of seksueel geweld, zowel achteraf als – nog veel belangrijker – voordat het kwaad geschied is.

Tegelijkertijd is de tijd rijp om als individu én als samenleving na te denken over de vraag hoe het leven is voor al die andere 'niet-mishandelde' kinderen. Kinderen die niet seksueel misbruikt worden, niet geslagen worden en bijvoorbeeld een vader hebben die een gerespecteerd burger is en een moeder die thuis de kinderen opvoedt en het huishouden doet. Deze kinderen worden netjes aangekleed, krijgen verjaarspartijtjes en worden niet mishandeld in de gebruikelijke zin van het woord. Het 'niet-mishandelde' kind kan echter enorm lijden onder een gebrek aan aandacht, zich bedreigd voelen door hooggespannen verwachtingen, zich afgewezen voelen omdat een zus of broer meer waardering en aandacht krijgt, zich vernederd voelen wanneer het gedwongen wordt zich beleefd te gedragen, zich doodongelukkig voelen als de ouders op vakantie gaan, bang zijn dood te gaan wanneer het alleen wordt achtergelaten in het ziekenhuis voor 'een routineoperatie' aan de amandelen, helemaal in paniek raken wanneer het alleen van en naar school moet lopen, zich uitgelachen voelen telkens als haar vader zegt: 'Kom, doe niet zo kinderachtig,' zich vreselijk eenzaam en bedreigd voelen als het wordt uitgelachen door een oudere zus of broer en de ouders niet ingrijpen. Het leed en daarom de behoefte dat leed te verdringen, is even reëel en pijnlijk voor de 'niet-mishandelde' kinderen als voor de kinderen die extreem geweld ondergingen.

Veel 'gewone' gebeurtenissen die een kind pijn en leed bezorgen, worden afgedaan als iets dat 'bij het kind-zijn hoort' en geen emotionele gevolgen voor het kind heeft. Echter veel ervaringen zijn voor het kind te pijnlijk om te voelen, en worden daarom verdrongen en ontkend. Zo ontstaat de deling in ons bewustzijn. Dit alles illustreert hoe belangrijk het is niet in de val te trappen van 'mijn jeugd viel wel mee'. Want we dragen allemaal pijn uit onze kindertijd mee, pijn die in ons volwassen leven moeilijkheden veroorzaakt.

We kunnen niet weten wat onze kinderen leed berokkent (en wat verdringing en ontkenning voor hen noodzakelijk maakt) totdat we onze eigen pijn hebben gevoeld. Zelfs ervaren therapeuten die de PRI-therapie ondergaan, voelen dikwijls pas voor het eerst de volle omvang van hun eigen oude pijn. Net als andere cliënten merken deze therapeuten, die meestal al andere vormen van therapie hebben ondergaan, vaak op: 'Ik heb nooit geweten dat het zo'n pijn heeft gedaan. De meeste dingen die gebeurd zijn, wist ik wel, maar ik heb nooit gevoeld hoe erg het nu eigenlijk was.' Meestal hebben ze al heel wat over hun jeugd gepraat en erom gehuild. Maar huilen om de jeugd is fundamenteel anders dan huilen zoals het kind dat we toen waren zou hebben gedaan als de pijn niet verdrongen had hoeven worden.

De boeken van Alice Miller kunnen helpen inzicht te krijgen in de realiteit van het kind. Miller helpt de lezer te begrijpen dat onze manier van opvoeden vaak op mishandeling neerkomt, zelfs al denken we dat we ons best doen. Zij opende mij de ogen met haar boeken *In den beginne was er opvoeding*, *Gij zult niet merken* en *Het drama van het begaafde kind*.

3.3 OVERWINNEN VAN DE ANGST* VOOR HET VOELEN: HET IS VEEL, MAAR NIET TE VEEL

Door ons open te stellen voor oude pijn en ons er niet tegen te verzetten, voelen we hoe diep die gaat. Het laat ons goed begrijpen hoe het soms is om kind te zijn. Het doet echter nog iets anders, iets wat in het helingsproces van cruciaal belang is: het neemt de angst weg die we voor hevige, pijnlijke gevoelens hebben.

Het is aannemelijk dat de circuits in de hersenen die onze emoties geleiden, opnieuw geprogrammeerd worden als we ons volledig overgeven aan het voelen van de oude pijn, waarna we kunnen gaan inzien hoe schadelijk het voelen van heel pijnlijke emoties in werkelijkheid al dan niet is. De oude pijn kan zo hevig lijken dat we – begrijpelijk – geloven dat die gevoelens ons schaden, dat we er niet tegen kunnen, dat we erdoor doodgaan of gek worden. We kennen allemaal dit soort angsten als we met pijn geconfronteerd worden. Het gevaar voelt heel werkelijk: Ik zal niet meer uit dit gevoel kunnen komen, ik zal erin wegzakken, ik zal doodgaan, in duizenden stukjes

---

* In *Illusies* wordt in een apart hoofdstuk uitgebreid ingegaan op het fenomeen angst en hoe het werkt als afweer tegen de pijn.

uiteenvallen, ik zal de kluts kwijtraken en nooit meer bij zinnen komen. Dit zijn allemaal typische reacties wanneer iemand met oude gevoelens uit de jeugd geconfronteerd wordt.

De waarheid is, en helaas schijnt dit een goed bewaard geheim te zijn, dat oude pijn ons niet kan en niet zal schaden. Al zijn ze nog zo sterk, gevoelens doen ons geen kwaad zolang we weten dat we nu veilig zijn, werkelijk veilig. Kijk om je heen: is er sprake van reëel fysiek gevaar? Zolang niemand ons kwaad dreigt te doen, er geen roofdieren om het huis sluipen en er geen financiële ramp is te verwachten, kunnen we zeggen dat we veilig zijn. Als we in gevaar verkeren door een situatie in het heden (we worden bijvoorbeeld door onze echtgenoot geslagen), dan moet dat probleem eerst worden opgelost voordat we ons kunnen gaan concentreren op het overgeven aan oude pijn. Maar als er geen echte bedreiging in het heden is, dan ben je veilig, ongeacht wat je voelt.

Pijnlijke gevoelens kunnen een vernietigend effect hebben, maar alleen als ze iets te maken hebben met een huidige situatie die we niet kunnen veranderen én waaraan we niet kunnen ontsnappen, zoals opgesloten zitten in een concentratiekamp in de Tweede Wereldoorlog. Als de gevangenen zichzelf hadden toegestaan de werkelijke situatie te voelen, dan waren ze spoedig gestorven. Ze zouden de hopeloosheid en machteloosheid door het beseffen van de waarheid niet hebben kunnen verdragen. In deze zin kunnen gevoelens werkelijk doden of ons laten ontsnappen door 'gek te worden'. Onvrijwillig opgesloten zitten in een gesloten psychiatrische afdeling zonder erachter te kunnen komen wanneer het voorbij zal zijn, is een ander voorbeeld van mogelijk levensbedreigende hulpeloosheid en machteloosheid in het heden.

Voor het kind dat we waren, geldt hetzelfde. Wanneer wij als kind de waarheid hadden gevoeld, dan waren we niet in leven gebleven. Maar de volwassenen die we nu zijn, hebben hun jeugd al doorstaan. Dankzij verdringing en ontkenning zijn we erdoorheen gekomen. We zijn buiten gevaar. Het is voorbij. Ons kind-bewustzijn 'weet' dat echter niet. Wanneer we in het kind-bewustzijn terechtkomen, hebben we immers geen duidelijk besef van tijd meer. We zijn niet in staat te begrijpen dat alle goede en slechte dingen een begin en een einde hebben. We weten niet dat wat we voelen een afspiegeling van het verleden is. Het voelt alsof het nu gebeurt en we hebben het gevoel dat we onszelf nú daartegen moeten beschermen.

Hetzelfde geldt voor de angst om toe te geven aan onze diepste gevoelens. We zijn ons er niet van bewust dat het ons overgeven aan die gevoelens niet meer gevaarlijk is. Angst is een van de doeltreffendste middelen om ons tegen het voelen van de waarheid te verzetten. Hoe kunnen we de waarheid achterhalen als we door de angst voor onze gevoelens weglopen? Een cliënt die het moeilijk vond aan haar oude gevoelens toe te geven, beschreef haar ervaring zo: 'Het is alsof ik een diepe vijver met koud, zwart water in moet gaan, alsof ik helemaal alleen ben en er bovendien eerst met mijn hoofd in moet.' Ze was er doodsbang voor. Een andere cliënt zei: 'Ik heb het gevoel dat ik gek kan worden, want als ik gek word, hoef ik de pijn niet te voelen. Maar ik heb besloten dat ik niet gek wil worden.' Deze cliënt had aan het begin van de therapie in haar eentje een belangrijke waarheid ontdekt.

We worden niet gek door het voelen van onze oude pijn – sommige mensen kunnen 'gek worden' doordat ze proberen het voelen van de pijn te vermijden. Hoe verschrikkelijk de pijn ook lijkt, zolang wij (en onze therapeut) weten dat het om oude pijn gaat die bij onze jeugd hoort, kan deze ons geen kwaad doen. Wat we ervaren is een tijdelijke terugkeer (regressie) naar het verleden. Een regressie is in emotionele zin het kind worden dat we waren. We blijven in fysieke zin volwassen, maar onze gevoelens horen bij het kind dat we waren. Zoals in het eerste hoofdstuk is uitgelegd, gebeurt dit als ons bewustzijn van het volwassen-deel naar het kinder-deel verandert.

Als we een regressie bewust ervaren (we beseffen dat we teruggaan naar het verleden), wordt het mogelijk volledig aan het gevoel toe te geven, waarna het vrij snel weer afzakt. Als wij (en onze therapeut) daarentegen niet weten dat we een regressie beleven en we oude gevoelens uit onze jeugd ervaren, dan zouden we door de hevigheid van de gevoelens in paniek kunnen raken.

Een vrij groot aantal therapeutische denkrichtingen versterkt deze angst voor gevoelens. De meeste therapeuten zien niet in dat de gedachte dat gevoelens mogelijk schadelijk zijn, eigenlijk een vorm van afweer is die we nodig hadden toen we nog kinderen waren. Er zijn uitgebreide diagnostische systemen ontwikkeld die therapeuten gebruiken om te bepalen welke cliënten wel en welke cliënten niet in staat zijn pijn te voelen en een 'onthullende' therapie te verdragen.

Hoe ernstiger de symptomen, hoe banger therapeuten meestal zijn voor desintegratie bij de cliënt (de patiënt wordt 'gek'). Door deze angst worden sommige patiënten uitsluitend geholpen met het structureren van hun dagelijkse leven. De therapeut vraagt hun zich te concentreren op het vasthouden aan een dagelijkse routine, een zinvolle activiteit te zoeken, het huis uit te gaan en sociale contacten op te bouwen. De jeugdgeschiedenis van deze 'emotioneel zwakke' mensen wordt als zo'n grote last gezien dat ze niet in staat geacht worden daarmee aan de slag te gaan zonder in te storten.

PRI-therapie beschouwt deze cliënten als mensen die vrijwel permanent in een staat van regressie leven, een staat waarvan ze bewust kunnen worden gemaakt. Deze mensen lijken volwassenen te zijn die het heden ervaren, maar in emotionele zin leven zij bijna voortdurend in de verschrikkingen van hun jeugd. Als ze zich hiervan eenmaal bewust zijn (waarvoor het wel nodig is contact te hebben met het volwassen-bewustzijn), kan het heelwordingsproces beginnen. Vanuit PRI-standpunt bezien belet de angst van de therapeut voor het onvermogen van de cliënt om haar gevoelens 'aan te kunnen' dat deze geholpen wordt te begrijpen dat er in het heden geen gevaar dreigt.

In klinische situaties heb ik vaak het tegenovergestelde meegemaakt van het vermeende gevaar van het voelen van hevige pijn. Als een cliënt met acute spanningen of heftige angsten geholpen wordt zich open te stellen voor de angst en die in een regressie te verbinden met het verleden, dan is dat altijd een enorme opluchting. Niet gevaarlijk of te belastend. Teruggaan naar het verleden en de oude pijn voelen terwijl je weet dat het om oude pijn gaat, is zelfs een effectieve methode om aan zogenaamde symptoomreductie te doen (fase één van de conventionele traumabehandeling) én tegelijkertijd het heelwordingsproces te starten. Het is het beste middel dat ik ken om mensen bij wie 'egodesintegratie' dreigt, te helpen de juiste kijk op hun situatie terug te krijgen: Wat ik ook voel, het gebeurt niet nu.

Veel therapeuten gebruiken de strategie van het creëren van een 'veilige plek'. De therapeut helpt de cliënt een plaats te verzinnen waar zij zich helemaal veilig voelt en waar ze heen kan gaan als haar gevoelens haar de baas dreigen te worden. Hoewel dit sommige lezers misschien aardig in de oren zal klinken, is het de vraag waarom we een denkbeeldige veilige plek nodig zouden hebben. We zouden zo'n plek alleen nodig hebben als we in het heden niet werkelijk veilig zouden zijn én niets aan onze situatie zouden kunnen veranderen. Dit soort denken impliceert dat onze gevoelens ons wel degelijk zouden kunnen schaden en dat onze gevoelens ons werkelijk de baas kunnen worden. Beide ideeën zijn duidelijk met het concept van de 'veilige plek' verweven. Het voorkomt dat we aan de ergste gevoelens uit onze jeugd toegeven in de wetenschap dat er geen echt gevaar dreigt en beneemt ons daarom de kans ongedeerd door de gevoelens heen te komen.

Weten dat het veilig is om wat voor oude gevoelens dan ook te ondergaan, weten dat we er niet door verslonden zullen worden, dat ze voorbijgaan en dat we ze aankunnen, is een belangrijk onderdeel van het heelwordingsproces. Het kan pijnlijk en onaangenaam zijn, maar we komen er beslist onbeschadigd uit en weer een stap dichter bij onze heelwording.

Voor veel cliënten is het beeld van een golf verhelderend.

Afb. 9 Het golfpatroon van gevoelens.

Wanneer we met een symbolische situatie geconfronteerd worden, ervaren we het eerste deel van de golf – het aanzwellen – waar de gevoelens intenser worden. Ze beginnen vrij onschuldig (punt a), maar worden al snel steeds verontrustender. Meestal denken we twee dingen tijdens dit aanzwellen:
1. Dit kan alleen maar erger worden.
2. Hoe kan ik hieraan ontkomen voordat ik er niet meer tegen kan.

Als we in deze fase van het gevoel zitten, weten we niet dat het gevoel een hoogtepunt zal bereiken en dan onvermijdelijk zal wegebben. En omdat we dat niet weten, is de situatie beangstigend. We zijn van nature geneigd uit de golf te springen voor het 'te laat' is. Mensen doen dat op talloze manieren: door medicijnen te gebruiken;

door verdringing en ontkenning (valse hoop, valse macht, de primaire afweer), bijvoorbeeld door afleiding te zoeken, door te veel te eten, door te veel te drinken, door drugs te gebruiken; door woede af te reageren of, het meest drastische, door zelfmoord te plegen. Allemaal voorbeelden van manieren waarop we proberen het voelen van de pijn te vermijden. Helaas bieden deze handelwijzen, afgezien van zelfmoord, slechts tijdelijk soelaas. Omdat we niet door de golf heen zijn gekomen (punt c) maar eruit zijn gesprongen voordat hij op zijn hoogste punt was (punt b), belanden we telkens opnieuw ergens bij het begin (punt a), om weer door de golfbeweging te worden meegenomen. En zo gaat het steeds door in het leven van vele mensen. Onnodig. Als we weten dat de golf een hoogtepunt en een einde kent, en beseffen dat wat we voelen slechts een alarmsignaal van onze amygdala is die het gevaar van het verleden met het heden verwart, dan kunnen we 'de rit uitzitten'. Als we denken dat we er echt niet meer tegen kunnen (wat overigens niet altijd gebeurt), betekent dat meestal dat we bijna op het hoogste punt van de golf van ons gevoel zijn aangekomen. We moeten echter bij dat gevoel blijven tot het vanzelf wegebt. Het kan vergeleken worden met het baren van een kind. Vrouwen hebben me vaak verteld – en ik heb het zelf tweemaal ervaren – dat op het moment dat je denkt: Nu wil ik ermee kappen, nu kan ik er echt niet meer tegen, het kind op het punt staat geboren te worden. En zo gaat het ook met pijnlijke gevoelens. Op het moment dat we denken dat we het niet meer kunnen volhouden, zitten we al dicht bij of op het hoogste punt en gaat het vandaar alleen maar neerwaarts tot we aan het einde van de golf gekomen zijn, die ons figuurlijk gesproken zachtjes op het strand werpt. Deze gewaarwording wordt vaak omschreven als een gevoel van opluchting en bevrijding. Nadat we helemaal hebben kunnen toegeven aan de pijn van een oud gevoel komt in het heden vaak een stroom van nieuwe energie en kracht op gang. Als we echter uit de golf springen voordat hij zijn hoogste punt heeft bereikt – omdat we ten onrechte hebben besloten dat we het niet aankunnen – dan houden we er waarschijnlijk hoofd- en spierpijn aan over. We zijn dan met onze heelwording maar een klein beetje verder gekomen (zie ook p. 172 e.v.).

Omkering van afweer (zie hoofdstuk 5) heeft een cruciale plaats in het PRI-helingsproces. Het vraagt veel toewijding om onze afweer consequent om te keren iedere keer als deze geactiveerd wordt. Wanneer we ons echter eenmaal realiseren dat de meeste angsten afweer zijn tegen pijnlijke gevoelens uit onze kindertijd en dat we veilig zijn in het heden, zal het steeds gemakkelijker worden om ons los te maken van ons defensieve gedrag. Het fijnvertakte en uiterst wijdverbreide web van ons misleide defensieve gedrag, zo nauw vervlochten met ons dagelijks doen en laten, zal zich meer en meer onthullen naarmate we verder vorderen op het PRI-pad. Als we volharden in het telkens weer opsporen van de werking ervan én doorgaan met het aanpakken van het gedrag waartoe het ons tracht te verleiden, zullen we er uiteindelijk in slagen ons te disidentificeren van onze afweer. Wanneer we dit punt bereiken zullen we in staat zijn onszelf te bevrijden van de ware bron van onze – onbewust gecreëerde – gevangenis.

3.4 REGRESSIE: DAT IS WAT ER GEBEURDE EN HOE HET VOELDE

Regressie is een onmisbaar onderdeel van het heelwordingsproces, omdat we in principe alleen daardoor met zekerheid kunnen voelen dat de pijn die we hier en nu voelen eigenlijk uit het verleden komt. Na regressie zullen we in staat zijn de pijn los te koppelen van de hedendaagse symbolische situatie en hem te verbinden met het verleden, waar hij veroorzaakt werd. Regressie gebruikt als therapeutische middel verschaft ons bewust toegang tot het kind-bewustzijn – dit in tegenstelling tot een toevallige regressie die zich buiten de therapie voordoet zonder dat we ons daarvan bewust zijn. Met andere worden: we krijgen toegang tot de verzameling bedreigende ervaringen die zijn opgeslagen in de amygdala terwijl de meer rationele delen gelegen in de neocortex tegelijkertijd actief zijn. Vooral de linker prefrontale kwab schijnt een belangrijke rol te spelen bij het reguleren van onaangename emoties door de alarmsignalen van de amygdala af te zwakken.

De prefrontale kwabben zijn delen van de neocortex die betrokken zijn bij het oproepen van emotionele reacties, maar zij doen dat op een veel rationelere, minder impulsieve en meer weloverwogen wijze dan de amygdala. Het zou goed kunnen zijn dat er door regressie nieuwe neurale verbindingen tussen de amygdala en de prefrontale kwabben ontstaan, waardoor het mogelijk wordt het verschil tussen het heden en verleden te herkennen, zodat op een nieuwe, gepastere wijze gereageerd kan worden. Regressie lijkt verdrongen ervaringen voor deze prefrontale kwabben toegankelijk te maken, waardoor de amygdala de volgende keer dat zich dezelfde symbolische situatie voordoet het rationele brein niet meer zo gemakkelijk en zonder dat we het ons bewust zijn 'in bezit' zal nemen. De situatie wordt dan namelijk niet meer als gelijkend op het verleden beschouwd, de amygdala zendt geen panieksignalen meer uit of deze worden als ontoepasselijk herkend, en de reactie op de situatie wordt gegenereerd door de prefrontale kwabben, wat inhoudt dat er nu een reactie op de hedendaagse situatie zal volgen die toepasselijker is.

NB: dit resultaat is in grote mate ook afhankelijk van het werken met onze afweer. Zie daarover *Illusies*. Alleen door structureel onze afweer te herkennen en om te keren is het mogelijk blijvend resultaat te boeken.

Het overkomt de meesten van ons vrij vaak dat we in ons kind-bewustzijn terechtkomen. Telkens als een symbool zich aandient, veranderen we van het volwassen-bewustzijn naar het kind-bewustzijn en de afweer. Maar we zijn ons er niet van bewust dat dit gebeurt. We denken dat wat we voelen met het heden verband houdt, ook al zijn we soms verbaasd over hoe buiten proportie onze gevoelens in de gegeven situatie zijn (we reageren te heftig of te lauw). Toch hebben we er geen idee van dat er een verschuiving in ons bewustzijn heeft plaatsgevonden.

Tijdens een regressie ervaren we die verschuiving, terwijl we tegelijkertijd beseffen dat dit gebeurt. In een regressie stellen we ons open voor onze gevoelens en geven we ons over aan de pijn, terwijl we tegelijkertijd weten dat wat we voelen met vroeger en niet met nu te maken heeft. Als we niet beseffen dat onze gevoelens uit het verleden stammen, blijven we symboliseren, waarmee we onszelf tegen de pijn beschermen. We vluchten weg zonder dat er gevaar is (angst), we zullen blijven proberen om te krijgen wat we toen niet konden krijgen (VH), ontkennen dat we behoeften hebben (OvB) of kwaad worden (VM) of ons slecht over onszelf voelen (PA). Hierdoor zal onze heelwording niet dichterbij kunnen komen. (Zie *Illusies* p. 108 over gedisidentificeerd voelen.)

Wanneer we eenmaal in staat zijn aan de pijn toe te geven, dan kan deze ons terugbrengen naar de oude realiteit, waar hij is ontstaan, en dan zullen we ons soms geheel of gedeeltelijk een specifieke gebeurtenis kunnen herinneren die in ons leven plaatsvond.

Een voorbeeld van een specifieke gebeurtenis is de moeder die een keer vergeet haar vijfjarige zoontje van school te halen. Hij zal erg bang en ongerust geweest zijn en heeft die gevoelens waarschijnlijk verdrongen.

Dikwijls is het niet mogelijk de specifieke feiten van een bepaalde situatie te achterhalen, omdat de pijn werd toegebracht in een tijd dat onze hippocampus nog niet volledig ontwikkeld was. Dit is het deel van de hersenen dat een cruciale rol speelt bij het opslaan van feitelijke informatie en dat los functioneert van de amygdala, waarin emotionele informatie wordt opgeslagen. In een regressie is het niettemin mogelijk bij die vroege gevoelens te komen en op een diep niveau te beseffen dat ze uit een vroege fase van onze kindertijd stammen.

Het is ook mogelijk dat de pijn veroorzaakt is door omstandigheden in het algemeen in onze jeugd. In dat geval komen misschien geen specifieke gebeurtenissen naar boven, maar kunnen we wel terughalen hoe we ons in het algemeen als kind voelden. We noemen dit een 'achtergrondgevoel'. Zoals bijvoorbeeld de vrouw die zich alleen en afgewezen voelt. Deze vrouw werd als kind doorgaans emotioneel verwaarloosd. Haar moeder was de hele dag druk bezig met het huishouden en al haar kinderen, waardoor er geen tijd was voor echte aandacht. Het kind paste zich aan door op jonge leeftijd te leren rustig alleen te spelen. De immense eenzaamheid die het kind heeft gevoeld, is verdrongen en toont zich in haar volwassen leven wanneer zij beseft dat ze de meeste dingen nog steeds alleen doet. In dit geval kan het echter moeilijk zijn om in een regressie een specifieke situatie te herinneren waarin deze eenzaamheid zich vertoont. Deze vrouw zal in contact komen met de oude realiteit, waarin zij zich doorgaans eenzaam voelde. Het was toen een dagelijkse realiteit die in een regressie nu net zo ervaren zal worden.

We weten pas zeker wat een oud gevoel veroorzaakt heeft als we een regressie met dat ene specifieke gevoel ervaren. Soms lijkt de oorzaak heel duidelijk, maar blijkt in de regressie toch heel anders te zijn.

Het kan zinnig lijken om na te denken over wat er in het verleden is gebeurd of om de situatie te analyseren aan de hand van de dingen die we al over onze jeugd weten, maar met denken en analyseren kun je gemakkelijk op het verkeerde spoor komen. Als we rationeel denken, dat wil zeggen met onze neocortex informatie verwerken – dat doen we als we praten over wat we ons bewust van onze jeugd herinneren en dat analyseren –, dan krijgen we geen toegang tot de informatie die in de amygdala (emoties) is opgeslagen. En als we verkeerd interpreteren waar de oorzaak ligt van het gevoel, kunnen we het heelwordingsproces onbedoeld belemmeren. Hiervoor is het immers van belang te beseffen waar een gevoel vandaan komt (een algemene of een specifieke situatie) doordat we onszelf dat hebben laten voelen.

In de PRI-therapie vindt de cliënt daarom altijd haar eigen antwoord op de vraag wat haar leven moeilijker maakt dan nodig is; de therapeut kan de cliënt geen inzichten en analyses voorhouden en doet dat ook niet.

Therapieën waarin regressie als methode wordt gebruikt – bijvoorbeeld neurolinguïstisch programmeren (NLP), regressietherapie, inner-child work en Pesso-therapie – moedigen de cliënt vaak aan zich in een regressie voor te stellen dat ze nu wel kan krijgen of doen wat toen niet mogelijk was. De cliënt krijgt bijvoorbeeld de volgende instructie: 'Laat je volwassen zelf het kind dat je was bij de hand nemen en tegen je vader beschermen.' Of: 'Stel je voor dat je moeder naar je toe komt, je pijn opmerkt, liefdevol naar je kijkt en je omhelst.' Of: 'Je kunt nu boos worden op je moeder en haar laten ophouden met schreeuwen.'

Zulke regressies slagen er vaak in de cliënt bij de oude pijn te brengen, maar het helende effect van het toegeven aan de oude pijn wordt vroegtijdig afgebroken doordat de pijn wordt weggenomen. De pijn wordt weggenomen door de cliënt zich te laten voorstellen dat ze nu wel kan krijgen of doen wat ze toen niet kon krijgen of doen. Vanuit PRI bezien zal dit het heelwordingsproces ondermijnen, ook al ervaart de cliënt op de korte termijn een gevoel van opluchting. De reden hiervan is waarschijnlijk dat we de 'amygdalagolf' van verontrustende gevoelens helemaal over ons heen moeten laten komen en 'uitzitten', in combinatie met structurele omkering van afweer voordat mogelijk nieuwe neurale verbindingen tot stand komen. De cortex zal hierdoor in toenemende mate in staat zijn het verwerken van een gelijksoortige situatie over te nemen.

Een voorbeeld van hoe een PRI-regressie de waarheid kan onthullen en heelwording stimuleren is wat Charlotte meemaakte. Ze had haar hele leven al veel angst gevoeld. Toen ze de eerste keer voor therapie kwam, stelde ze die angst niet eens aan de orde, omdat ze er zo aan gewend was en die, zoals ze later uitlegde, als een inherent onderdeel van haar persoonlijkheid was gaan beschouwen. Na enige tijd bracht Charlotte de angst echter ter sprake, omdat ze kort daarvoor naar aanleiding van de begrafenis van een bloedverwant hevige angstgevoelens had gekregen. Voor het eerst realiseerde zij zich dat haar angst met iets van vroeger in verband moest staan en niet een elementair onderdeel van haar persoonlijkheid was. Ze zag duidelijk in dat haar gevoelens te hevig waren om door de dood van deze bloedverwant veroorzaakt te zijn. Ze besefte dat ze overreageerde.

Toen we in de therapie over deze gebeurtenis praatten, nam haar angst nog verder toe. 'Waar komt dit toch vandaan?' vroeg ze zich af. 'Welke verschrikkelijke situatie uit het verleden heeft deze enorme angst veroorzaakt? Wat voor afschuwelijks heb ik als kind meegemaakt?' Ze kon niets bedenken dat haar als kind was overkomen om deze vreselijke angstaanvallen te rechtvaardigen. Ik raadde haar met klem aan juist die dingen te doen die haar de meeste angst inboezemden te doen, en aan die angst toe te geven omdat dat het gevoel en de erbij behorende oude realiteit naar boven zou kunnen brengen.

's Avonds zat ze terwijl ze met haar man aan het praten was, met haar rug naar de open ruimte van de keuken. Hij merkte dit op, omdat hij wist hoe bang het haar meestal maakte. Eerst werd ze boos op hem (VM). Toen haar angst snel toenam, beschuldigde ze hem ervan dat hij haar over de rand van de afgrond aan het duwen was (VM) – de alarmsignalen van de amygdala leken hun hoogtepunt te bereiken. Toen herinnerde ze zich dat er geen rand van een afgrond was, niet meer, waar ze overheen geduwd kon worden, ook al voelde dat wel zo, en gaf ze bewust aan haar angst toe door te doen waar ze zo bang voor was, namelijk te blijven zitten met haar rug naar de donkere open keukenruimte toe – haar neocortex nam het roer over

*Morgen, morgen
gaan ze van me houden
... (blz. 53-54)*

En denk erom:
het is een zaak van leven of dood
... (blz. 55-56)

2

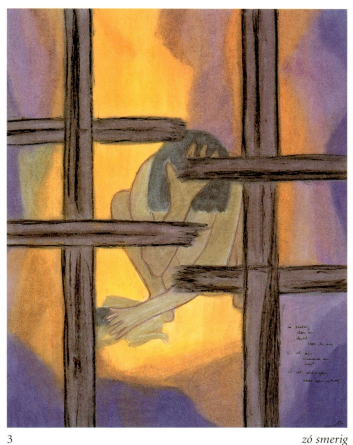

zó smerig
stom en
slecht
(blz. 59-60) ...

*Ik ben
een klein kaal vogeltje
... (blz. 83-84)*

*soms vergeet ik
dat het goede
... (blz. 113)*

van de amygdala. Ze werd overspoeld door het gevoel afscheid te moeten nemen van haar man en kinderen, alsof ze voor altijd van hen gescheiden zou worden. Het voelde alsof ze snel door iemand werd opgepakt en weggedragen. Tijdens die snelle beweging voelde ze zich gedwongen alle mensen van wie ze hield achter te laten. Charlotte had haar gevoelens van pijn volledig toegelaten en dit bracht haar bewust terug in het verleden. In die regressie ervoer ze hoe vreselijk traumatiserend het voor haar als kind was geweest door iemand (waarschijnlijk de buurvrouw) te worden meegenomen, omdat haar ouders met vakantie gingen. De buurvrouw dacht waarschijnlijk dat het het beste was haar plotseling en snel weg te dragen om een pijnlijk afscheid te vermijden. Het gevolg was een levenslang gevoel van onveiligheid, het gevoel ieder moment door iemand meegenomen te kunnen worden en iedereen van wie ze hield te moeten achterlaten. Toen in haar regressie de angst afnam, werd ze overspoeld door een intens gevoel van verdriet en van een groot gemis. Ze liet dat gevoel toe tot ook dat wegging. Ze had aan het gevoel toegegeven, zich door de golf laten meenemen en hem 'uitgezeten' en was er aan de andere kant uitgekomen.

In onze volgende sessie beschreef Charlotte hoe anders ze zich voelde. Ze voelde nog steeds de pijn van het gemis, maar haar angst was verdwenen. De allesoverheersende angst, die ruim dertig jaar deel van haar leven had uitgemaakt, was verdwenen. Het duurde even om hieraan te wennen. Ze beschreef de angst als een donkere wolk die altijd bij haar was geweest en nu weg was. Ze bleef om zich heen kijken waar hij gebleven was, maar ze kon hem nergens meer vinden. Het effect op haar leven was ingrijpend. Ze kon zich voor het eerst voor langere tijd achtereen concentreren, of ze nu met haar man vrijde, studeerde of met de kinderen speelde. Ze had niet meer de behoefte de hele tijd waakzaam te zijn uit angst dat er 'ieder moment iets rampzaligs zou kunnen gebeuren'.

Charlottes ervaring laat zien wat er kan gebeuren als we de angst om te voelen overwinnen. En haar ervaring illustreert hoe we via regressie inzicht kunnen krijgen in de oorsprong van onze gevoelens terwijl we die voelen zoals het kind dat we waren zou hebben gedaan als het de pijn niet had hoeven te verdringen.

We kunnen niet verwachten dat iedere regressie zo'n grote invloed op ons leven zal hebben als bij Charlotte. In sommige gevallen zijn er vele regressies nodig voordat we in staat zijn het diepste niveau van een bepaalde oude pijn te bereiken. Pas als we dat niveau hebben bereikt en onze afweer structureel omkeren, kunnen regressies zo'n opmerkelijk effect geven.

Nog een voorbeeld van de kracht van regressie is het verhaal van Lisa, een therapeut. Een cliënt die al een tijd op Lisa's wachtlijst stond, belde op om te vragen hoe lang ze nog op therapie moest wachten. De cliënt voelde zich vreselijk slecht en maakte enorme ruzies met de mensen om haar heen. Lisa maakte een afspraak met haar om te bekijken hoe acuut haar problemen waren. Het werd snel duidelijk dat deze vrouw van middelbare leeftijd wanhopig was en onmiddellijk geholpen moest worden. Lisa kreeg het gevoel dat de situatie zeer ernstig was, omdat de cliënt zich tot niemand kon wenden en niemand had die haar steunde. Haar huisarts wilde haar medicijnen geven – die de cliënt niet wilde – en daarbij had ze ook nog ernstige financiële problemen. Lisa meende dat de cliënt zich iets aan zou doen als ze haar niet hielp de enorme pijn uit haar jeugd, die ze haar hele leven verdrongen had, te verwerken.

Het kostte Lisa een paar dagen (en een paar nachten) om te beseffen dat deze cliënt voor haar een symboolwerking had. Vervolgens stelde ze zich open voor de pijn en ervoer een regressie. In deze regressie stuitte ze eerst op haar valse hoop. Ze voelde een intense behoefte deze vrouw met haar problemen te helpen. Deze behoefte was zo sterk dat ze zelfs het gevoel had dat de cliënt het niet zou overleven als ze haar niet hielp. Toen verviel Lisa in de primaire afweer. Ze kreeg het gevoel dat er iets met haar mis was, dat ze niet sterk genoeg was om te doen wat ze moest doen. Lisa voelde een enorme pijn toen ze zichzelf bekende dat ze deze vrouw niet kon helpen. Ze had het gevoel dat ze haar moest helpen – er stond veel op het spel en zij was de enige die de capaciteit ervoor had – maar ze kon het niet. De pijn waarmee deze afweer gepaard ging, was heel intens.

Eindelijk kwam Lisa bij de oude realiteit en de oude behoefte. De oude behoefte was dat iemand het van haar overnam of haar in ieder geval hielp, omdat ze het alleen niet redde. De oude realiteit die haar toen duidelijk werd, was dat haar ouders haar het liefst zagen als het getalenteerde kind dat alles zelf kon en haar behoefte aan hun hulp niet wilden zien. Ze 'hielden van' haar als ze getalenteerd, begaafd en sterk was, dus ontkende Lisa al haar behoeften, en zo ontwikkelde ze een vals zelf dat altijd capabel en sterk was en nooit behoeftig. Als volwassene ervaart ze deze oude, ontkende behoefte soms als een sterk verlangen dat anderen opmerken dat ook zij hulp nodig heeft om haar die vervolgens te geven. Toen Lisa de dag na deze regressie laat thuiskwam, vond ze een boodschap van haar secretaresse. Haar nieuwe cliënt had gebeld. Ze had heel overstuur geklonken en wilde dat Lisa haar zo snel mogelijk terugbelde. Vóór haar regressie zou deze situatie voor Lisa zeker als een symbool gewerkt hebben. Maar in plaats van de angstige urgentie die ze eerder had gevoeld, bleef ze nu kalm terwijl ze meelevend naar de wanhopige vrouw luisterde. Toen veranderde ook de cliënt. In plaats van Lisa te smeken om haar te helpen, stelde ze zinnige vragen over hoe ze met de situatie om moest gaan. Het telefoongesprek was zeer constructief, duurde slechts vijf minuten en toen ze ophingen was de cliënt niet langer wanhopig. Lisa voelde zich kalm, sliep goed en de volgende keer dat ze haar cliënt zag, merkte ze dat deze veel sterker en zelfverzekerder leek dan daarvoor.

Lisa's ervaring toont net als die van Charlotte aan hoe krachtig de gevolgen van regressie kunnen zijn als we eenmaal een bepaald stadium hebben bereikt. Het stadium waarin we in staat zijn tot een zogenaamd duaal-bewustzijn: de realiteit van dat moment én de pijn uit het verleden kunnen gelijktijdig worden ervaren (ons meer rationele brein is in staat om de signalen van de amygdala te interpreteren voor wat ze meestal zijn, namelijk reacties op oud gevaar, terwijl we de situatie van dat moment tegelijkertijd juist waarnemen). Wanneer we dit stadium bereiken, hebben we alle eerdere stappen al gezet: we zien ten volle in dat we symboliseren, we staan open voor het voelen van wat voor oude pijn dan ook, we kunnen geheel toegeven aan de pijn die naar boven komt omdat we weten dat dit ons niet kan deren, we zijn bereid aan onszelf toe te geven dat we als kind werkelijk geleden hebben en we blijven onze afkeer structureel omkeren. Als we deze fase in het PRI-werk bereikt hebben, zijn we toe aan de laatste stap van het heelwordingsproces.

Tot slot, eerst nog een woord van relativering. Regressie is *geen* wondermiddel en het voelen van oude pijn is *niet* het doel van PRI. Het doel van PRI is om het heden te kunnen beleven voor wat het werkelijk is, zonder de gevangene te zijn van illusies die ons telkens op het verkeerde been zetten. Illusies die onze gedachten, gevoelens en gedrag sturen zonder dat we dat weten en onze geest vertroebelen. Met een heldere geest het nu kunnen zien voor wat het werkelijk is, dat is waar het in PRI om gaat. Het voelen van oude pijn is niet meer dan één van de middelen, hoe belangrijk ook, hiertoe. De werking van regressies is onlosmakelijk verbonden met het werken met onze afweer. Doen we dit laatste niet of niet voldoende, dan zal er helaas weinig veranderen, *hoeveel diepe regressies we ook doen*.

3.5 TOEPASSING OP LANGE TERMIJN: NADAT WE VEEL OUDE PIJN GEVOELD HEBBEN – HET DUAAL-BEWUSTZIJN

Zoals al gezegd, kunnen we ons niet 'door onze pijn heen huilen' totdat we geheeld zijn. Er zijn te veel pijnlijke voorvallen die we als kind hebben meegemaakt om het alleen al in praktische zin mogelijk te maken je er 'doorheen te huilen'. Het idee dat je de pijn uit je lichaam kunt huilen, is een voorbeeld van valse hoop. Het voornaamste resultaat ervan zal meestal zijn dat je jezelf conditioneert om al bij kleine aanleidingen in tranen uit te barsten. Als kind hadden we er behoefte aan om te huilen. Het is niet mogelijk door nu te huilen ongedaan te maken wat ons in het verleden is overkomen. In zekere zin komt dat neer op geloven dat we het verleden kunnen veranderen. Dat is een onmogelijke opdracht en een waarmee we ons al te vaak vergeefs bezighouden.

De pijn voelen is echter een van de essentiële middelen in het heelwordingsproces en heeft een zeer specifiek doel:

– door de oude pijn te voelen, leren we *onderscheid* te maken tussen tegenwoordige en vroegere pijn;
– door de oude pijn te voelen is het mogelijk de *omvang* van de pijn uit onze jeugd volledig te beseffen;
– door regressie is het mogelijk de oude pijn volledig te voelen en dat gevoel met het verleden *te verbinden*;
– door ons volledig over te geven aan de pijn uit onze jeugd leren we

dat dit proces ons geen schade toebrengt en raken we onze angst voor het ondergaan van sterke gevoelens kwijt.
- hierdoor kunnen we onze afweer structureel omkeren, hoe moeilijk dat soms ook is.

Als we bepaalde oude gevoelens hebben gevoeld en ze met het verleden hebben verbonden, is het belangrijk er ook op een cognitieve manier mee aan de slag te blijven. Wat wil dat zeggen? Stel dat het kind dat je was vaak werd terechtgewezen en bekritiseerd. Het gevolg hiervan kan zijn dat je telkens wanneer je je in het heden bekritiseerd voelt, begint te symboliseren. Je gaat van je volwassen-bewustzijn naar je kind-bewustzijn en je valse hoop komt in werking. Je stelt alles in het werk om de persoon door wie jij je bekritiseerd voelt te behagen. Omdat dit nooit kan lukken, zul je je uiteindelijk bekritiseerd blijven voelen. Je valse hoop stort in en nu wordt je valse macht misschien actief. Je wordt wellicht heel boos op de ander: 'Ik verdien het niet om zo behandeld te worden, wat ik ook doe, het is nooit goed genoeg voor jou, het doet me zo'n pijn dat dit telkens gebeurt, als je er niet mee ophoudt, kunnen we elkaar niet meer zien.' Je bent misschien zelfs zo kwaad dat je dreigt de relatie te beëindigen omdat je het gevoel hebt er niet meer tegen te kunnen.

Zelfs als we beseffen dat we symboliseren doordat we al diverse malen de oude pijn hebben toegelaten en weten waar deze vandaan komt, dan is dat soms toch nog niet voldoende om het te voorkomen dat we symboliseren. Op de een of andere manier blijven we geïdentificeerd met de symboolwerking, wat betekent (zoals in het voorgaande voorbeeld) dat we denken dat het waar is dat we nu bekritiseerd worden én dat we er niet tegen kunnen. Op de een of andere manier zijn we tijdelijk 'vergeten' wat we hebben geleerd van ons werk met onze gevoelens en worden we overmand door gevoelens uit onze jeugd waardoor we denken en voelen dat ze over de hedendaagse symbolische situatie gaan.

In dat geval is het niet productief als we nog meer huilen en deze specifieke oude pijn voelen. Wat we moeten doen is een manier zoeken om in te zien dat het om een situatie gaat die symbolisch voor ons is zodat we kunnen voorkomen dat we ons ermee identificeren. Soms helpt het om de inzichten over bepaalde symbolen op te schrijven en die aantekeningen vaak te lezen. Het kan ook helpen om een paar woorden of een tekeningetje van de symboolsituatie op een plakbriefje te zetten en dat op een strategische plaats in huis te hangen of dagelijks op dat specifieke gevoel te mediteren.

Bedenk dat de eerste stap bestaat uit het inzien dat we symboliseren. Als we dat tamelijk goed onder de knie hebben, kunnen we als het gebeurt de pijn zien voor wat het is – oude pijn. Dan kunnen we in plaats van in de pijn op te gaan hem opmerken, beseffen dat hij oud is, weten uit welke realiteit van vroeger hij voortkomt en het gevoel als het ware 'door ons heen laten gaan' – terwijl we onze afweer omkeren, telkens weer. Vervolgens merken we het gevoel uitsluitend op en staan het toe door ons lichaam te gaan. Gevoelens uiten zich in ons lichaam op specifieke manieren en op specifieke plaatsen. Merk op waar het gevoel zit, hoe het voelt, maar ga er niet in. Onderdruk het ook niet, laat het gaan terwijl je je bewust bent wat er in het heden waar is. Dit is wat het toepassen van het duaal-bewustzijn is.

Anna's verhaal is een goed voorbeeld van hoe dit werkt. Als kind heeft Anna veel agressie van haar moeder over zich heen gekregen. Haar moeder had zo nu en dan woedeaanvallen waarin ze tegen Anna schreeuwde terwijl ze tegelijkertijd allerlei hysterische bewegingen met haar armen en benen maakte. Het hoeft geen betoog dat Anna dit doodeng vond. Haar jeugd werd getekend door dit explosieve, opvliegende temperament van haar moeder.

In het heden komt Anna snel in de verleiding allerlei mensen als een symbool te ervaren: haar man, haar collega's, haar vrienden en haar broers en zussen. Ze heeft heel gauw het gevoel dat de ander, wie dat ook is, haar aanvalt, ook als die persoon het slechts met haar oneens is. Daarbij ervaart zij hun 'woede' als een potentiële fysieke bedreiging.

Na een aantal regressies was Anna in staat haar gevoelens met hun werkelijke oorzaak te verbinden: haar moeders woedeaanvallen. Als ze tegenwoordig dit soort gevoelens heeft, is ze in staat te beseffen dat ze symboliseert en observeert ze vervolgens de gevoelens die opkomen. Ze merkt hoe ze door haar lichaam gaan, identificeert zich er niet mee en herinnert zich zelf aan wat de realiteit van nu is: dat ze niet bedreigd wordt. Ze merkt meestal een zwak gevoel in haar maag/zonnevlecht op dat steeds intenser wordt, waarna in haar borstkas en keel een gevoel van misselijkheid opwelt. Vervolgens onderneemt ze niets terwijl ze die gevoelens observeert. Ze probeert ze niet sterker te maken of weg te laten gaan. Ze zegt tegen zichzelf: Dat was toen, deze mensen doen me niets, ik hoef niet bang te zijn, het is voorbij. En al snel trekken de gevoelens vanzelf weg.

Het hierna volgende relaas van Maria illustreert ook hoe je je gevoelens kunt toelaten zonder er helemaal in op te gaan.

'Ik was met mijn man over iets aan het praten dat in emotioneel opzicht voor mij belangrijk was. Er was op kantoor iets vervelends gebeurd dat mij van streek had gemaakt. Toen ik hem erover vertelde, kreeg ik echter het gevoel dat hij niet echt geïnteresseerd was. Ik ging me hierdoor heel ongemakkelijk voelen en vroeg hem of het hem überhaupt wel interesseerde. Hij zei dat dit wel zo was, maar zo kwam het totaal niet over. Ik begon ruzie met hem te maken. Ik vroeg hem waarom hij zo verveeld keek als hij geïnteresseerd was. En waarom hij nauwelijks gereageerd had nadat ik was gaan praten. Daaruit bleek toch overduidelijk dat hij niet geïnteresseerd was? Hij bleef echter ontkennen dat hij niet geïnteresseerd was. Toen voelde ik me verraden: hij was niet alleen niet geïnteresseerd in iets wat zo belangrijk voor mij was, maar hij ontkende ook nog dat hij niet geïnteresseerd was. En hij ontkende dat hij het ontkende.

Ik werd steeds kwader op hem totdat er plotseling iets opmerkelijks gebeurde. Dwars door wat ik alleen kan omschrijven als "de sluier van mijn woede" zag ik opeens zijn ware gezicht. Ik zag hoe slecht op zijn gemak en onzeker hij eruitzag en dat hij niet meer wist wat hij moest zeggen of doen. In een fractie van een seconde verdween mijn woede. Ik besefte dat hij symbolisch voor me was geweest en ik kon mijn afweer van valse macht loslaten en naar de realiteit van dat moment terugkeren. Ik ken de bron van deze gevoelens over gebrek aan interesse en oneerlijkheid en toen ik besefte dat het niet nu gebeurde, verdween het gevoel uit mijn lichaam. Ik verontschuldigde me tegenover mijn man, de arme stakker.'

Toen Maria dit meemaakte, had zij al heel veel met haar oude pijn gewerkt. Ze weet waar haar gevoelens uit voortkomen en is in staat de realiteit van het moment waar te nemen terwijl ze nog enigszins symboliseert. Wanneer ze dit doet, verdwijnen zowel de oude gevoelens als de afweer van valse macht als vanzelf.

We kunnen niet verwachten dat we in staat zijn het duaal-bewustzijn toe te passen in de beginfasen van dit werk. Eerst moeten we meerdere regressies ervaren, zodat we kunnen weten waar bepaalde gevoelens vandaan komen.

De realiteit van het moment kunnen waarnemen terwijl je nog enigszins aan het symboliseren bent, – het toepassen van het duaal-bewustzijn – moet niet in het begin van de PRI-therapie geprobeerd worden. Het gevaar bestaat dat zulke pogingen als afweer worden gebruikt. We zeggen dan tegen onszelf: Dit is oud, dus hoef ik het niet te voelen. Er kunnen weliswaar op deze wijze snel bepaalde veranderingen komen, maar die zullen niet blijvend zijn. Vroeg of laat zal de verdrongen pijn met nog meer kracht naar boven komen waardoor de pas verworven ideeën over het oud zijn van een gevoel geen stand zullen houden. De pijn zal er dwars doorheen dringen, want door een gebrek aan regressies en door het gebruik van afweer ('dit is oud en dit hoef ik dus niet te voelen') in plaats van omkering daarvan zijn tussen de amygdala en de prefrontale kwabben waarschijnlijk nog geen nieuwe verbindingen tot stand gekomen waardoor de amygdala weer de overhand krijgt op het rationelere deel van de hersenen.

Het werkt niet helend wanneer we onszelf wijsmaken dat we een gevoel niet hoeven te voelen als het oud is. Dat is louter een cognitief afweermechanisme om ons te handhaven. Het helpt ons slechts tot op zekere hoogte. Als we zo denken, zullen we de oude pijn immers niet integreren, maar onderdrukken we hem alleen maar.

Als we echter zover zijn dat we weten hoe hevig de pijn uit onze jeugd was en waardoor hij veroorzaakt is, dan zijn we in staat te herkennen dat onze gevoelens uit het verleden stammen, en kunnen we ons verzet opgeven (de gevoelens laten zijn) en ons disidentificeren van de pijn.

De beschreven vijf elementen vormen samen het heelwordingsproces. Het is van groot belang dat we inzien dat wat er gebeuren moet om te helen afhangt van de hoeveelheid werk die we al hebben gestoken in het blootleggen en toelaten van oude gevoelens én het blijvend structureel omkeren van onze afweer. Als we eenmaal weten waardoor onze gevoelens in het verleden zijn veroorzaakt en de pijn hiervan hebben gevoeld, is het meestal niet wenselijk de pijn telkens opnieuw zo diep mogelijk te ervaren. Zoals gezegd leidt dit voornamelijk tot 'huil-conditionering'.

Als je het gevoel hebt dat je telkens dezelfde oude pijn naar boven haalt zonder noemenswaardige positieve veranderingen in je leven te ervaren (situaties en mensen zijn niet langer symbolisch voor je), dan kan het zinvol zijn je af te vragen of wat je voelt geen oud gevoel is, maar afweer tegen een oud gevoel: de primaire afweer. Deze afweer is zo pijnlijk dat hij je met gemak jaren kan laten huilen. Mocht je dit herkennen, stop jezelf dan en concentreer je op wat de oude realiteit was. Voel de pijn van die oude realiteit tot je kunt doorgaan naar de volgende stap, waarbij je je gevoelens slechts observeert terwijl ze door je lichaam gaan (duaal-bewustzijn). Misschien gebruik je de afweer van valse hoop en denk je dat je met huilen van de pijn afkomt. Dit betekent dat je nog niet volledig toegeeft aan het voelen van de oude pijn en je jezelf er nog steeds tegen beschermt door valse hoop te gebruiken (als ik huil, gaat het wel beter).

Als je daarentegen nog niet veel oude pijn hebt ervaren en nog niet veel ervaring hebt met het blootleggen en toelaten van oude gevoelens en het je overgeven aan de pijn uit je jeugd, leg dan juist daar de nadruk op. Wees voorzichtig niet te snel te concluderen dat je aan de vijfde stap, de toepassing op de lange termijn, toe bent. Leg je allereerst toe op de elementen 1, 2, 3 en 4. Gun jezelf de kans om werkelijk aan je heelwording te werken. Te vroeg in het proces vermijden je gevoelens zo diep mogelijk te voelen, zal je die kans ontnemen.

NB. Heelwording is gebouwd op drie pijlers, elk van even groot belang: de cognitie (herkennen van symbolen, afweer, KB en VB), gedrag (omkeren van afweer zodat je jezelf niet meer beschermt tegen iets wat in het heden geen gevaar vormt) en gevoel (toelaten van oude pijn door middel van regressies). Het over- of onderschatten van een van deze pijlers zal een remmende werking uitoefenen op je helingsproces (zie ook bijlage 8).

HEELWORDING: INTEGRATIE VAN DE OUDE PIJN IN HET VOLWASSEN-BEWUSTZIJN

De naam van deze therapie verwijst naar het heelwordingsprincipe dat eraan ten grondslag ligt: Past Reality Integration (integratie van de realiteit van het verleden).

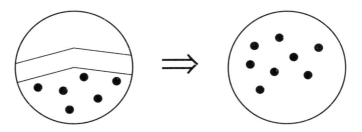

Afb. 10 Integratie van de realiteit van het verleden: van de eerste bewustzijnscirkel, met de muur van ontkenning, gaan we naar de tweede cirkel, zonder muur van ontkenning.

Beide cirkels stellen ons bewustzijn voor. In de eerste cirkel zien we de muur van ontkenning die het volwassen-bewustzijn (VB) scheidt van het kind-bewustzijn (KB). In het kind-bewustzijn bevindt zich de oude verdrongen pijn. Er is geen contact tussen het volwassen-bewustzijn en de oude verdrongen pijn. Het doel van de PRI-therapie is de oude verdrongen pijn te integreren in het volwassen-bewustzijn, zodat we het heden kunnen ervaren voor wat het werkelijk is. *Als verdringing en ontkenning (afweer) stap voor stap opgeheven worden*, kan de inhoud van het kind-bewustzijn ons volwassen-bewustzijn binnengaan. Dat betekent niet dat we continu pijn zullen voelen. Het betekent dat we als volwassene weten dat we pijnlijke herinneringen uit onze jeugd bij ons dragen. Dat is alles, pijnlijke herinneringen. We hebben de pijn gevoeld (voelen), ons de waarheid herinnerd die we zo lang ontkend hebben (cognitie), blijven onze afweer zolang dat nodig is ontmantelen (gedrag) en zijn steeds meer in staat in het heden te leven. De oude wonden zijn veranderd in littekens en we kunnen met ons leven verdergaan als de volwassenen die we werkelijk zijn. Het ware zelf is weer binnen ons bereik.

In de jaren dat ik met deze therapie heb gewerkt heeft het me dikwijls getroffen hoe effectief deze methode kan zijn. Steeds weer worden er door de PRI-therapie blijvende veranderingen bewerkstelligd in hoe we ons voelen en hoe we ons leven leiden, en dit bij veel verschillende mensen met veel verschillende problemen, zoals relatieproblemen, gevoelens van minderwaardigheid, angstgevoelens en daarmee verband houdende problemen, depressiviteit, dwangneurosen en zelfmoordneigingen. Indrukwekkende veranderingen vinden plaats wanneer we in staat zijn om:

– toe te geven dat onze jeugd diepe sporen in ons emotionele leven heeft achtergelaten (die vaak ook invloed hebben op onze lichamelijke gezondheid);
– verantwoordelijkheid te nemen voor onze eigen gevoelens en ophouden anderen de schuld te geven;
– de angst los te laten om ons over te geven aan de ergste pijn.
– blijven werken aan onze afweer: hem herkennen en omkeren.

Er zijn echter bepaalde factoren die het heelwordingsproces remmen. Ze versterken de muur van ontkenning nog verder. Sommigen vinden het daarom moeilijk hun oude pijn naar boven te halen, omdat ze zichzelf er goed tegen beschermd hebben. Laten we deze factoren eens bekijken.

Rokers en (zware) drinkers hebben moeite met toepassing van de PRI-therapie. Zowel roken als drinken is heel effectief om gevoelens te onderdrukken en met therapie is het moeilijk deze invloed teniet te doen. Serieus met deze therapie aan de gang willen gaan, zal dan ook inhouden dat je moet stoppen met roken en zwaar drinken (zie voor meer informatie hoofdstuk 6, punt 1) en andere activiteiten die gevoelens onderdrukken.

In de PRI-therapie worden oude geheugensporen geopend die gevoelens, gewaarwordingen en vaak beelden, klanken en zelfs geuren die bij een bepaalde situatie horen bevatten. Hierdoor worden deze oude herinneringen toegankelijk, waardoor het mogelijk wordt ze op een rationele wijze te verwerken, iets wat we als kind niet konden. De dingen die we als kind niet konden verwerken, zijn opgeslagen in onze hersenen (de amygdala slaat emotionele herinneringen op, de hippocampus feitelijke herinneringen) en ons lichaam (het geheugen voor lichamelijke gewaarwordingen). Deze waarheden blijven echter voor ons verborgen, en slechts delen van de herinneringen (lichamelijke gewaarwordingen en emoties) komen te voorschijn wanneer we volwassen zijn en met een symbool geconfronteerd worden. Het cognitieve, feitelijke deel van de herinnering (wat er gebeurd is, hoe het gebeurde, wie wat deed) blijft echter meestal voor het bewustzijn verborgen. Immers, als dat feitelijke deel van een herinnering ook naar boven zou komen, zouden we direct beseffen dat we iets voelden uit het verleden. Helaas gebeurt dat niet, want zoals we al zagen, zijn de hippocampus en de amygdala onderdeel van gescheiden geheugensystemen, en zijn opgeslagen pijnlijke herinneringen uit onze jeugd niet beschikbaar om rationeel verwerkt te worden.

In een regressie kan de volledige herinnering echter naar boven komen. Dan zijn alle elementen aanwezig: gevoelens, lichamelijke gewaarwordingen, alsook een besef van de oorzaak van de gevoelens en vaak levensechte beelden, klanken en geuren, die horen bij wat zich twintig, dertig of veertig jaar geleden heeft afgespeeld. Als we bewust toegang tot het verleden krijgen (al dan niet met beelden, klanken, etc.), kunnen we het verwerken door te beseffen wat er toen gebeurde en hoe dat voelt, en wat er nu gebeurt en hoe dat voelt. Er wordt dus nieuwe informatie verwerkt die met de oorspronkelijke, traumatiserende ervaring wordt verbonden. De beleving die we hebben bij de traumatische ervaring verandert van 'dit is te pijnlijk, dit moet ik vermijden' in 'dit is niet te pijnlijk, het is nu voorbij en eraan toegeven zal me helpen te helen'. Wanneer dit punt is bereikt, kan de oude, traumatiserende gebeurtenis correct in het geheugen opgeslagen worden. Een deel van het kind-bewustzijn (een deel van onze oude pijn) is in het volwassen-bewustzijn geïntegreerd, mits we ook onze afweer ontmantelen.

Wat er voor en na het integreren van de traumatische ervaring gebeurt is, zoals we hebben gezien, terug te voeren op de werking van onze hersenen. Een onderzoek van Joseph LeDoux[3] heeft aangetoond hoe het verwerkingsproces in onze hersenen een verkorte route neemt als er mogelijk gevaar dreigt. Voor de duidelijkheid en omdat deze recente bevindingen zo verhelderend zijn voor ons emotionele bestaan, en de PRI-therapie en -methode op het neurologische vlak verduidelijken, wil ik de werking van het emotionele en rationele deel van de hersenen samenvatten. In niet-bedreigende situaties beoordeelt de neocortex de betekenis van een bepaalde situatie. De neocortex is dat deel van de hersenen dat verantwoordelijk wordt geacht voor het rationele denken en het logisch redeneren. Bij gevaarlijke situaties wordt dit meer ontwikkelde deel van de hersenen echter overgeslagen en gaat de hersenactiviteit rechtstreeks naar de amygdala. De amygdala is een minder ontwikkeld deel van onze hersenen en wordt verantwoordelijk geacht voor het intuïtieve, niet-rationele oordelen. Bij het omzeilen van de neocortex kan er geen profijt worden getrokken van de logische, rationele verwerking door de cortex.

Als we ons, al dan niet terecht, bedreigd voelen, gaan we af op de (instinctieve) bevindingen van de amygdala en niet op die van de cortex. We denken bijvoorbeeld: Ik moet met deze persoon de strijd aanbinden, want anders word ik aangevallen. Als we in staat zouden zijn niet de verkorte route te nemen en de informatie met onze neocortex te verwerken, zouden we bijvoorbeeld kunnen denken: Dit gevoel hoort bij iets dat lang geleden is gebeurd en ik hoef er op dit moment niet bang voor te zijn.

Het hersenonderzoek van LeDoux impliceert dat therapieën die alleen op het rationeel-cognitieve niveau zijn gericht onze elementaire manier van reageren op emotioneel bedreigende prikkels niet zullen kunnen veranderen. De verwerking van signalen zal in die gevallen gewoon de cortex omzeilen, waar het logische redeneervermogen zetelt, en onze reactie zal zich laten leiden door de alarmreactie van de amygdala.

Alle gebeurtenissen die we als kind hebben moeten verdringen, vallen in de categorie emotioneel bedreigende prikkels. Daarom zal alles wat lijkt of schijnt te lijken op deze oorspronkelijk pijnlijke gebeurtenissen, dus alles wat als een symbool werkt, als een bedreiging worden waargenomen (door de amygdala). De resultaten van het hersenonderzoek van LeDoux geven aan dat we als we symboliseren, het verwerkingsproces in de cortex overslaan en instinctief en onmiddellijk afwerend gedrag gaan vertonen. We kunnen de destructieve cyclus van afweergedrag niet doorbreken, omdat we de 'gevangene' van de amygdala blijven, die ons wijsmaakt dat we gevaar lopen en onszelf moeten beschermen.

Door middel van regressie in combinatie met structurele omkering van afweer lijkt echter iets fundamenteels te veranderen in het neurale netwerk dat gebeurtenissen verwerkt. Regressie lijkt het mogelijk te maken toegang te krijgen tot de neurale verbindingen in dat deel van onze hersenen waar verdrongen pijn schuilt die niet rationeel verwerkt is, waardoor deze vervolgens kunnen veranderen. Veel mensen die echte regressies hebben ondergaan (in tegenstelling tot het huilen om hun jeugd), bevestigen hoe elementaire emotionele reactiepatronen veranderen – zonder daar bewust moeite voor te doen of nadat verdrongen waarheden zijn achterhaald.

Om op dit punt te komen is echter veel bewuste inspanning nodig en een oprechte bereidheid de confrontatie met de oude pijn aan te gaan door de afweer om te keren, telkens weer. Het vermogen de huidige realiteit te zien zoals die is, schijnt echter bijna automatisch in werking te treden (zonder veel moeite te hoeven doen) als we er eenmaal goed van doordrongen zijn dat onze oude pijn niet door het heden veroorzaakt wordt én dat veel van onze gedachten, gevoelens en gedrag voortkomen uit onze onbewuste afweer tegen die oude pijn.

Elsa verwoordt het als volgt: 'Ik heb heel veel gehad aan deze therapie. Het is voor mij echt alsof het "vage destructieve geheim" van mijn leven is opgelost. Dat ik nu eindelijk kan beginnen met het werkelijke leven. Ik vind het vaak nog knap moeilijk om de gevoelens, gedachten, afweermechanismen te herkennen. Maar door het feit dat ik nu weet dat het met vroeger te maken heeft, word ik niet meer totaal bevangen door het gevoel dat ik gedoemd ben te mislukken. En dus kan ik rustiger kijken naar wat er werkelijk aan de hand zou kunnen zijn.'

Tot slot een waarschuwing. Soms, wanneer onze valse hoop plotseling vervuld lijkt te worden (lijkt, het is immers altijd van korte duur), kan dat ons voor enige tijd plotsklaps verlossen van onze symptomen. Dit effect duurt nooit lang en moet niet verward worden met het effect van integratie. Dat laatste wordt ook altijd pas bereikt ná het voelen van veel oude pijn en het structureel ontmantelen van onze afweer. Het eerste gebeurt zonder voorafgaande noemenswaardige pijn. Gevoelens van verliefdheid hebben dikwijls een dergelijke werking.

4. De toekomst: kinderen en ouders

soms vergeet ik
dat het goede
al overal bestaat
en zich openbaart
als ik het in mezelf zie
als ik de juiste innerlijke houding heb

Jeannette Meijvogel[1] (zie bijbehorende illustratie 5)

WANNEER ONZE KINDEREN SYMBOLISCH VOOR ONS ZIJN

Als we onszelf zouden kunnen helen tot op een niveau dat ons in staat stelt zo met onze kinderen om te gaan dat ze niets uit hun kindertijd hoeven te verdringen, dan zou er veel veranderen in de wereld om ons heen en in de manier waarop we ons eigen leven ervaren.

De meesten van ons hebben echter nog redelijk wat werk te doen om te helen, waardoor onze kinderen vaak symbolisch voor ons zullen zijn. Ze zullen daardoor oude pijn naar boven brengen en onze afweer activeren. Wanneer onze afweer actief is, zijn we niet in staat de liefhebbende ouder te zijn die we willen en proberen te zijn. Veel kinderen worden berispt, geïntimideerd, gestraft, geslagen, belachelijk gemaakt, genegeerd, aangespoord zich beleefd en onzelfzuchtig te gedragen als ze daar nog veel te jong voor zijn, gedwongen zich aan de regels te houden, vernederd.... Op die manier met kinderen omgaan gebeurt wanneer ouders handelen vanuit hun eigen afweer. Afweer die actief zal blijven zolang ouders hun eigen oude pijn niet verwerkt hebben. En zo gaat de destructieve cyclus steeds door: de pijn én de afweer ertegen worden doorgegeven van de ene generatie aan de volgende.

In de PRI-therapie komen veel cliënten vroeg of laat tot het pijnlijke inzicht dat ze zonder het te weten hun kinderen hebben mishandeld. Soms is de mishandeling bedekt en subtiel van aard: emotionele druk en/of verwaarlozing. Bijvoorbeeld ouders die vanwege hun eigen behoeftigheid heel intiem met hun kind willen zijn, alles over haar willen weten, haar verstikken met hun 'zorgzaamheid'. Op het eerste gezicht kan dit overkomen als warme moederlijke of vaderlijke aandacht, maar het kan heel gemakkelijk uitdraaien op wat bekend staat als 'emotionele incest' (het kind wordt gebruikt voor het vervullen van emotionele behoeften die door een volwassen partner behoren te worden vervuld). Het kind wordt in zo'n situatie emotioneel verwaarloosd omdat de ouders niet gericht zijn op de vervulling van de behoeften van het kind, maar op die van henzelf, behoeften die binnen de context van een volwassen relatie bevredigd zouden moeten zijn.

Soms is de mishandeling openlijker, zoals het geval is bij strenge straf: 'Ga naar buiten en blijf daar tot je van plan bent je te verontschuldigen.'

Of de mishandeling nu bedekt of openlijk plaatsvindt, wanneer de cliënt zich realiseert dat ze haar kinderen niet met de nodige liefde heeft behandeld, hun behoeften niet heeft vervuld en ze heeft geschaad, is dat altijd een heel pijnlijk onderdeel van het therapieproces. De fouten die in het verleden gemaakt zijn, kunnen immers niet ongedaan gemaakt worden. Het is vreselijk voor ouders die de pijn uit hun eigen jeugd beginnen te ontdekken, om te beseffen dat ze hun eigen kinderen op net zo'n manier pijn hebben gedaan. Als dit gebeurt, is het goed om het volgende te weten:

1. Verantwoordelijkheid nemen voor onze daden

Het is waar dat we onze kinderen pijn hebben gedaan, daarvoor moeten we uitkomen en voelen hoe pijnlijk het is dat we onze kinderen pijn hebben gedaan. Helaas valt er op dit punt niets troostrijks te zeggen. Het is werkelijk afschuwelijk wat we onze kinderen kunnen aandoen wanneer ze nog klein zijn en afhankelijk van ons zijn. Zelfs schijnbaar onschuldig gedrag van ouders kan een grote uitwerking op het emotionele welzijn van kinderen hebben. De enige troost is dat het mogelijk is onszelf te helen. Dus is dat ook mogelijk voor onze kinderen. En wij kunnen hun heelwording ondersteunen door hun de waarheid te bekennen dat wij verantwoordelijk zijn voor wat hun in hun jeugd is aangedaan.

2. Onze kinderen de waarheid bekennen

Onze kinderen de waarheid bekennen is een zeer constructieve daad. 'Als mijn ouders nu maar toegaven wat ze hebben gedaan en hoeveel pijn dat heeft veroorzaakt, dat zou zoveel voor me betekenen,' is iets wat veel cliënten verzuchten. Veel cliënten die in staat zijn geweest de pijn uit hun jeugd naar boven te halen, zijn echter op de ontkenning van hun familieleden gestuit. Ouders, maar ook broers en zussen, die ontkennen wat er gebeurd is, zijn eerder regel dan uitzondering. Al is openheid over het verleden niet noodzakelijk voor heelwording, het zal de betrekkingen in het heden tussen familieleden wel veel waardevoller kunnen maken. Een helend effect op de verhoudingen in het heden kan ontstaan als er samen om het leed van het verleden en het heden kan worden gerouwd, alhoewel dit de effecten van het verleden nooit kan helen.

3. Gevoelig worden voor de pijn van onze kinderen

Wanneer we onze eigen pijn hebben onderzocht, zullen we gevoeliger worden voor wat er met onze kinderen gebeurt en beter kunnen merken wanneer ze gekwetst zijn, zodat we er meer voor hen zullen zijn. Met andere woorden: we kunnen het verleden niet veranderen, maar we kunnen ons bewust zijn van de effecten die ons gedrag nu heeft. De moeder die er streng op toezag dat haar tweejarige dochtertje zich tegenover andere kinderen goed gedroeg, haar speelgoed met hen deelde, is nu in staat haar dochter zich naar haar leeftijd te laten gedragen: nog maar twee. Een tweejarige heeft sterk de behoefte uitdrukking te geven aan haar individualiteit en een duidelijk onderscheid te maken tussen wat wel en niet van haar is. Ze wil haar speelgoed niet met andere kinderen delen. Als de moeder in staat is deze behoefte van haar kind te respecteren, zal het kind uiteindelijk het inlevingsvermogen ontwikkelen dat nodig is om echt vanuit zichzelf met anderen te delen. Deze vaardigheid manifesteert zich van nature meestal als kinderen ongeveer zes jaar zijn.

Hoeveel kinderen mogen in onze samenleving tot hun zesde jaar 'egoïstisch' zijn? De meesten van ons worden op veel jongere leeftijd al gedwongen om van alles met anderen te delen. En hoevelen van ons ontwikkelen zich tot volwassenen die werkelijk in staat zijn *vanuit hun hart* met anderen te delen? Houden de meesten van ons immers niet bij (zo niet expliciet dan wel impliciet) hoeveel ze voor anderen hebben gedaan, zodat we weten wanneer het hun beurt is om iets voor ons te doen. Hoevelen van ons doen iets voor anderen omdat we dat gewoon willen, zonder er ook maar iets voor terug te verwachten? Zelfs niet een bedankje?

De moeder die haar eigen pijn heeft blootgelegd en toegelaten van het moeten voldoen aan de gezinsnorm van eerst aan anderen denken en dan pas aan jezelf, zal haar kleine kind niet meer dwingen zich zo te gedragen. Ze zal erop vertrouwen dat haar kind zich tot een liefdevol mens ontwikkelt wanneer de tijd daar rijp voor is.

ZWANGERSCHAP EN GEBOORTE

Wat we als ongeboren kind in de schoot van onze moeder hebben ervaren en wat er tijdens onze geboorte is gebeurd, heeft zoveel invloed op ons welzijn dat ik hieraan graag expliciete aandacht wil besteden.

Wat veel moeders intuïtief zouden bevestigen, is ook wetenschappelijk bewezen: de zintuigen van een zes maanden oude foetus zijn even volledig ontwikkeld als op het moment dat het kind wordt geboren. Het ongeboren kind is een wezen dat voelt, herinneringen heeft en bewust is. Het kan proeven, horen, voelen, zien en ruiken. Het heeft een bewustzijn dat ontwikkeld is. Uit onderzoek van Dominick Purpura[2] (docent aan het Albert Einstein Medical College en hoofd van de afdeling hersenonderzoek) blijkt dat de neurale netwerken bij een 28 weken oud kind even ver ontwikkeld zijn als bij een voldragen baby van negen maanden. Dit is een van de redenen waarom de overlevingskansen van te vroeg geboren baby's aan het eind van de zesde maand sterk beginnen te stijgen.

Het ongeboren kind is in staat herinneringen te vormen. David Chamberlain[3] schrijft: 'In academische kringen begint het aloude vooroordeel over de betrouwbaarheid van het vroege geheugen (het intra-uteriene geheugen, het geheugen tijdens de geboorte en het geheugen van het jonge kind) langzaam te verdwijnen. De minst waarschijnlijke periode voor het geheugen om al te functioneren, de intra-uteriene periode, wordt door echoscopisch onderzoek steeds toegankelijker, waardoor vooruitstrevende experimentele psychologen hebben kunnen aantonen dat het geheugen en de leersystemen dan al functioneren. Baby's in de baarmoeder laten zien dat ze vertrouwd zijn geraakt met rijmpjes die vier weken lang dagelijks voor hen werden herhaald. Ook wordt meteen na de geboorte gereageerd op stemmen van de ouders, stukjes muziek, thema's uit televisieseries, klanken uit nieuwsprogramma's, klanken van de eigen taal én op smaken en geuren die in de baarmoeder zijn doorgedrongen, als op vertrouwde zaken, dat wil zeggen: ze zijn weken en maanden geleden geleerd en worden nu herinnerd.'

De foetus reageert op signalen die uit het lichaam van de moeder komen en duidelijk maken dat ze op haar gemak is (een rustige hartslag), of gespannen (stresshormonen en een moeizame of onregelmatige hartslag). Hij kan zelfs gevaar voelen aankomen. Zoals beschreven door Thomas Verny en John Kelly in hun boek *The Secret Life of the Unborn Child*,[4] blijkt uit onderzoek van Michael Lieberman[5] dat de baby van een moeder die rookt, onrustig wordt (af te lezen aan het versnellen van de hartslag) als zij overweegt een sigaret op te steken: 'Ze hoeft hem nog niet eens aan haar lippen te zetten of een lucifer af te strijken; alleen al de gedachte aan een sigaret is voldoende om hem van streek te maken. Natuurlijk kan de foetus niet weten dat zijn moeder rookt – of erover nadenkt – maar hij is intellectueel ver genoeg ontwikkeld om haar roken te associëren met de onaangename gewaarwording die dat in hem opwekt. Deze wordt veroorzaakt door de vermindering van zijn zuurstoftoevoer (roken verlaagt het zuurstofgehalte in het bloed van de moeder, dat hem via de placenta bereikt), die fysiologisch schadelijk voor hem is, maar mogelijk nog schadelijker zijn de psychologische effecten van het roken van de moeder. Hij wordt erdoor in een chronische toestand van onzekerheid en angst gebracht. Hij weet nooit wanneer die onplezierige lichamelijke gewaarwording zich weer zal voordoen. En dat is het soort situatie die het kind predisponeert voor een diepgewortelde, geconditioneerde angst.'

Het is verbazingwekkend hoe zo'n wezentje al in de baarmoeder wordt beïnvloed door de omgeving. Bij harde, onverwachte klanken rolt het zich helemaal op, bij een bittere smaak in de vloeistof om zich heen, spuugt het de vloeistof fronsend uit. Uit onderzoek van Dennis Scott[6] is gebleken dat permanente stress van de moeder het meeste effect op het kind heeft wanneer de moeder tegelijkertijd geen warme gevoelens voelt voor of uitstraalt naar haar ongeboren kind. Zware uitwendige stress in combinatie met een warm gevoel voor de foetus had weinig invloed op het welzijn van de baby na de geboorte. De baby's die deze liefde en warmte voor de geboorte echter niet hadden ervaren, gaven blijk van een veel hoger stressniveau door bijvoorbeeld veel te huilen, de moederborst niet te accepteren, een zeer hoge spierspanning, enzovoort.

Uit onderzoek van M. Lukesch[7] en ook G. Rottman[8] blijkt dat de foetus heel goed in staat is aan te voelen hoe de moeder tegenover de baby en de zwangerschap staat. Deze onderzoeken tonen aan dat de houding van de moeder (zowel bewust als onbewust) het allergrootste effect op de gezondheid van het kind had. Moeders met een negatieve of ambivalente houding hadden de zwaarste medische problemen tijdens de zwangerschap. Ook kwamen bij deze vrouwen de meeste vroeggeboorten voor, een laag geboortegewicht en emotionele stoornissen bij het kind. De kinderen van moeders die zich verheugen op het kind (zowel bewust als onbewust) waren emotioneel en fysiek veel gezonder bij de geboorte en daarna dan de nakomelingen van afwijzende, ambivalente of bewust accepterende maar onbewust afwijzende moeders.

De tweede bepalende factor voor de gezondheid van de baby (de eerste is de houding van de moeder tegenover haar ongeboren kind) is de kwaliteit van de relatie met haar partner. De onderzoekingen van Scott hebben aangetoond dat een vrouw met een problematische relatie vol conflicten 237 procent meer kans heeft op het krijgen van een psychologisch of fysiek beschadigd kind dan een vrouw met een rustige, liefdevolle relatie.

Deze bevindingen geven aan hoe ontzettend belangrijk die eerste negen maanden zijn. Ze komen nauwkeurig overeen met wat sommige cliënten in een regressie naar de baarmoeder ervaren. Zo vertelde Sofie bijvoorbeeld dat ze een totaal gebrek aan emotionele belangstelling van haar moeder voelde toen ze nog in de baarmoeder zat: 'Ze beseft niet dat ík daar zit. Ik ben een levend wezen. Voor haar ben ik een soort steen die in haar binnenste groeit. Ze maakt zich druk over wat die groeiende steen met haar figuur zal doen...'

Zowel onderzoek als regressie-ervaringen als die van Sofie illustreren dat de foetus lang voor de geboorte in staat is te voelen of de moeder een band of liefde voelt en dat deze houding een fundamenteel effect heeft op het zelfbeeld en -gevoel van het kind en de latere volwassene.

In mijn ervaringen met cliënten heb ik gemerkt dat volwassenen die geboren zijn zonder echt gepland en gewild te zijn, die dus een 'ongelukje' waren, gebukt lijken te gaan onder het gevoel 'geen bestaansrecht te hebben'. Dit verschrikkelijke gevoel kan zijn oorsprong hebben in de baarmoeder als gevolg van de waarheid dat de moeder het kind niet echt wilde.

In 1993 zijn in een intercultureel onderzoek[9] 'in Griekenland en de Verenigde Staten 107 kinderen gevolgd die al dan niet gepland waren. De onderzoekers gingen uit van de hypothese dat drie maanden oude geplande baby's vocaal gedifferentieerder op hun moeder (versus een vreemde) zouden reageren dan niet-geplande baby's. Hun voorspelling klopte: geplande kinderen gaven blijk van een groter cognitief vermogen en een grotere gehechtheid aan hun moeder dan de niet-geplande kinderen, zoals bleek uit de vocale reactie op de moeder (versus onbekende vrouwen). De geplande baby's hadden vermoedelijk zowel een eerdere als een sterkere band met hun moeder.

In een ander onderzoek naar de subtiele, maar krachtige aard van de band tussen moeder en kind werden achtduizend vrouwen verdeeld in vrouwen die gewenst en vrouwen die ongewenst zwanger waren. Alle vrouwen maakten deel uit van een bevoorrechte groep die al vroeg in de zwangerschap begeleiding kreeg als onderdeel van een uitgebreid medisch zorgprogramma. Ze waren allemaal getrouwd en de kans op een goed verlopende zwangerschap zou voor allen optimaal moeten hebben zijn. Uit de statistische gegevens over deze achtduizend vrouwen bleek echter dat ongewenste baby's tweeënhalf maal zoveel kans liepen in de eerste 28 levensdagen te overlijden als de baby's die gewenst waren.

Het is niet altijd mogelijk uitwendige spanningen tijdens de zwangerschap te vermijden, maar het is wel mogelijk om vóór een zwangerschap veel tijd en aandacht te steken in het ontwikkelen van een positieve houding ten opzichte van het stichten van een gezin, bewust én onbewust (door het blootleggen en verwerken van oude pijn).

Als de zwangerschap eenmaal een feit is, kan er veel gedaan worden om het natuurlijke proces van het krijgen van een band met het ongeboren kind verder te stimuleren. Een goede manier om de band door je ongeboren kind te versterken is met haptonomie. De haptonoom leert de ouders hoe ze contact krijgen met het ongeboren kind door de buik op een speciale manier aan te raken. Een zachte aanraking met de duidelijke bedoeling liefdevol contact te maken, zal gemakkelijk een respons van de foetus oproepen. Het is voor de ouders én het kind een heel betekenisvolle ervaring.

Zonder haptonoom is het ook effectief als je dagelijks de tijd neemt om je groeiende buik liefdevol aan te raken. Je kunt je daarbij het kind voorstellen, het via jouw aanraking je liefde overbrengen en liedjes zingen of speciale muziek laten horen. Het is natuurlijk nog beter als ook de vader hierbij betrokken is. Het lijkt echter het belangrijkste je voortdurend bewust te zijn van het wezentje dat in je binnenste groeit en het liefdevolle gedachten en gevoelens te sturen.

De zwangerschap mondt hopelijk uit in de geboorte. Er is veel geschreven over de uitwerking op het kind van deze ontzagwekkende ervaring. Verny en Kelly (zie noot 4) schrijven: 'Voor zijn moeder en voor zijn vader kan zijn geboorte een onuitwisbare herinnering zijn, de vervulling van een levenslange droom, maar voor het kind strekt deze ervaring nog veel verder: het is een gebeurtenis die diepe sporen op zijn persoonlijkheid nalaat. Hoe hij geboren wordt – of de geboorte pijnlijk of gemakkelijk, rustig of heftig verloopt – bepaalt voor een belangrijk deel wie hij wordt en hoe hij de wereld om zich heen ziet. Of hij nu vijf, tien, veertig of zeventig jaar is, een deel van hem ziet de wereld altijd door de ogen van de pasgeborene die hij ooit was. Niemand ontkomt ooit helemaal aan de kracht van de emoties die hij bij zijn geboorte heeft ondergaan.'

De geboorte is in principe de eerste langdurige emotionele en lichamelijke schok die het kind voelt. Zelfs onder de meest ideale omstandigheden komen er enorme lichamelijke krachten aan te pas. Frederic Leboyer werd heel beroemd met zijn in de jaren zeventig van de vorige eeuw ontwikkelde ideeën over de zogenaamde zachte geboorte. Met zijn werk probeerde hij het besef te kweken dat het heel belangrijk was het kind te helpen om op een zo zacht mogelijke wijze ter wereld te komen. Hij stimuleerde de ouders medische ingrepen te vermijden die niet strikt noodzakelijk zijn, de verlichting te dimmen, waardoor de baby niet verblind wordt als zij voor het eerst haar nieuwe omgeving ziet, en geluiden zo veel mogelijk te dempen, zodat het kind niet bang wordt. Leboyer wilde benadrukken hoe belangrijk het is de baby na de geboorte met liefdevolle tederheid en zorg te omringen. Hij ontraadde alle niet-noodzakelijke testen (meten van lengte en gewicht, testen van loop-, schrik- en grijpreflex, wassen en aankleden) en handelingen kort na de geboorte en was er voorstander van moeder en kind na de geboorte niet te scheiden.

Er is veel geschreven over het belang van 'bonding' na de geboorte. Hoewel inmiddels bekend is dat het eerste uur na de geboorte niet de enige mogelijkheid hiervoor is, is dat eerste uur wel van bijzonder belang. In het eerste uur na de geboorte is het kind meestal klaarwakker, kijkt haar moeder aan, voelt haar huid, zuigt aan haar borst, ruikt haar geur en luistert naar haar vertrouwde stem. Als de vader, de moeder en het kind deze tijd kunnen benutten om samen te zijn zonder de aanwezigheid van derden, dan is dat gunstig voor de ontwikkeling van hun band en het emotionele welzijn van het kind.

Het is niet ongebruikelijk dat cliënten een regressie beleven waarin ze zich na de geboorte totaal verlaten voelen. Ze worden overspoeld door een verpletterend gevoel van eenzaamheid als ze opnieuw ervaren hoe het was toen er vlak na de geboorte niemand bij hen was. Deze ervaring is vrij gewoon, omdat de meeste baby's snel na de geboorte gewassen en aangekleed worden en in een bedje gelegd, terwijl de ouders de geboorte vieren of, als er complicaties zijn geweest, medische zorg krijgen en hun aandacht richten op het bijkomen van 'de beproeving'. En zo wordt het pasgeboren kind alleen gelaten.

De geboorte is voor de baby een hele ervaring. Het kan heel traumatisch zijn dat warme, met vloeistof gevulde holletje te moeten verlaten, waar ze zich constant vastgehouden en omsloten wist door haar moeders buik, en dan ineens door een smalle, donkere tunnel te moeten reizen, waar haar lichaam ruw doorheen geperst wordt, om in een grote, fel verlichte, koude wereld terecht te moeten komen waarin ze niet voortdurend de ervaring heeft vastgehouden te worden. Uit onderzoek is gebleken dat baby's wier geboorte moeilijk verliep, veel meer gespannen waren dan kinderen die vrij gemakkelijk ter wereld kwamen.

Onderzoek van Adrian Raine[10] heeft uitgewezen dat complicaties bij de geboorte in combinatie met een sterke afwijzing door de moeder mensen predisponeert voor geweldsdelicten vanaf hun achttiende jaar. Bij 4200 mannelijke proefpersonen met beide risicofactoren was 4 procent van hen verantwoordelijk voor 18 procent van de geweldsdelicten (moord, aanranding, verkrachting, gewapende roofovervallen, illegaal wapenbezit en dreigen met geweld).

Onderzoek bij jonge dieren[11] laat zien dat dieren die vroegtijdig aan zelfs lichte stress zijn blootgesteld op latere leeftijd sneller veranderingen in de neurale netwerken (veranderingen in de hersenen die leiden tot verandering in gedrag of gevoel) ondervinden als gevolg van een trauma dan dieren die aan het begin van hun leven niet aan stress zijn blootgesteld. Dit kan verklaren waarom ook mensen later in hun leven zo verschillend op dezelfde soort traumatische gebeurtenis reageren. Sommigen lijken zich goed te handhaven na een traumatiserende ervaring, terwijl anderen ernstige psychische schade ondervinden. Ook deze bevindingen tonen weer aan hoe belangrijk de geboorte is en welk effect een moeilijke bevalling op onze gevoeligheid voor traumatiserende ervaringen later in het leven kan hebben.

Een eeuwenoude, maar slechts vrij recent herontdekte manier van bevallen is de zogenaamde waterbevalling. Bij een waterbevalling ligt de moeder in een warm (lichaamstemperatuur) bad zowel tijdens de weeën als tijdens het baren. Deze manier van bevallen heeft voor baby en moeder voordelen. Het warme water helpt de moeder zich te ontspannen, waardoor minder stresshormoon vrijkomt dat de weeën tegengaat. Haar weeën zullen sterker zijn en daardoor meer effect hebben, terwijl ze tegelijkertijd minder pijnlijk zijn. De ontspannende werking van het warme water maakt het voor de moeder makkelijker om bij het baren contact met haar kind te houden, wat de foetus merkt, zoals we zagen. Alle extra beetjes verbondenheid met de ongeborene die de moeder tijdens het geboorteproces bewust blijft ervaren, zijn van grote waarde voor het kind.

Het voordeel voor het kind om in warm water te worden geboren is nog omstreden. Sommige mensen menen dat een kind in koude lucht moet worden geboren om de overgang van baarmoeder naar buitenwereld te accentueren. Ze redeneren dat de overgang via warm water het kind niet voldoende 'aarding' geeft, omdat het verschil tussen de wereld van de baarmoeder en de buitenwereld op deze manier niet groot genoeg is. Anderen denken dat het grote voordeel van een waterbevalling juist is dat de overgang van de baarmoeder naar de buitenwereld zo klein mogelijk is. Na de lange, vermoeiende en stormachtige ervaring van weeën en geboorte ondergaat het in water geboren kind niet de schok van het in de koude lucht terechtkomen. Het wordt geboren in een omgeving die veel lijkt op die waaraan het gewend was; het grootste verschil is dat er meer licht en veel meer ruimte is dan in de moederschoot.

Mijn eigen dochter is in water geboren en het viel me op dat ze na de geboorte helemaal niet huilde. Ze was uiterst kalm, rustig en tevreden toen ik haar uit het water pakte en aan mijn borst legde.

Zoals gezegd, kan de geboorte voor het kind tot een minder pijnlijke ervaring gemaakt worden als de moeder tijdens het baren in staat is contact met haar kind te houden. Dat kan moeilijk zijn, omdat een kind baren meestal erg pijnlijk is. Toch is ieder moment waarop een vrouw contact met haar ongeboren kind kan maken, al is het alleen tussen de weeën in, van groot belang. Het ongeboren kind is immers heel gevoelig voor de mate van verbondenheid die de moeder met haar voelt.

In een regressie kunnen cliënten bewust hun eigen geboorte beleven. Vaak ervaren zij daarbij een overweldigend gevoel van alleen gelaten te worden. Het is een beangstigende en uiterst eenzame strijd voor het kind als de moeder uitsluitend op haar eigen pijn geconcentreerd is.

Wie geïnteresseerd is in het leven van het ongeboren kind, de geboorte en het wetenschappelijke onderzoek op dit terrein raad ik aan het genoemde boek *The Secret Life of the Unborn Child* van Verny en Kelly te lezen. Ook uitstekende websites[12] helpen je verder.

Tot slot zou ik iedereen die op het punt staat vader of moeder te worden, willen aanmoedigen zich al voor de geboorte te verdiepen in de emotionele behoeften en de ontwikkeling van een kind. Hoe goed en belangrijk zwangerschapscursussen ook zijn en hoe begrijpelijk ook de behoefte is om een prachtig wiegje, kamertje, enzovoort te maken voor het nieuwe kindje, het belangrijkste dat we voor haar kunnen doen is te weten komen wat ze in emotioneel opzicht nodig heeft en hoe haar psychologische en emotionele ontwikkeling in elkaar zit.

Er lijkt nog een grote leemte in de voorbereiding op de geboorte te liggen. Een leemte die met enige inspanning op te vullen is. Hier ligt een taak voor de overheid en consultatiebureaus: om zwangerschapscursussen ook in dit opzicht inhoud te geven. Inhoud die leidt tot kennis bij jonge ouders waarmee gewerkt kan worden aan de preventie van leed bij kinderen dat voortkomt uit een goedbedoelde maar tot emotionele schade leidende opvoeding.

HOE MOET IK MIJN KINDEREN OPVOEDEN?

Natuurlijk komt deze vraag tijdens ons helingsproces naar boven. Zoals gezegd, zullen de antwoorden op deze vraag in de loop van onze heelwording steeds vaker vanzelf opkomen.

1. Gevoelig zijn voor de behoeften van je kinderen
Goed ouderschap begint met gevoelig zijn voor wat je kind nodig heeft. Hiertoe zullen we allereerst onderscheid moeten maken tussen de behoeften van onze kinderen en onze eigen behoeften. Dit onderscheid zullen we alleen goed kunnen maken wanneer we onze eigen onvervulde kinderbehoeften hebben blootgelegd; als we bijvoorbeeld door onze oude onverwerkte pijn de behoefte hebben om in het heden greep op alles te houden, zullen we het kind meer structuur opleggen dan het nodig heeft (bijvoorbeeld elke dag, ongeacht de omstandigheden, op hetzelfde moment eten, in bad of slapen); of als onze oude onverwerkte pijn ons ertoe drijft onaangename dingen te ontkennen, zullen we proberen de aandacht van het kind af te leiden als het zich pijn doet of zich niet lekker voelt; of als wij als kind vaak emotioneel verwaarloosd zijn, zullen we onze kinderen misschien verstikken en hun de vrijheid benemen om de wereld te ont-

dekken terwijl zij zich in hun eigen tempo ontwikkelen. In het uitoefenen van het ouderschap worden we vaak door onze onvervulde kinderbehoeften uit het verleden gedreven en niet door de behoeften die we bij ons kind in het heden waarnemen. Het kan helpen om alles te noteren wat je opvalt in je omgang met je kinderen, en je af te vragen in hoeverre je eigen jeugdervaringen daarin worden weerspiegeld. Als je nog onbekend bent met PRI-werk, zal het erg moeilijk zijn dat onderscheid te maken. In dat geval kun je met je eigen helingsproces beginnen door de oefeningen in dit boek te doen.

2. Aan de kant van je kinderen staan

Een ander elementair opvoedingsprincipe is aan de kant van je kinderen staan. Wat ze ook doen of denken, het is van essentieel belang ze te laten voelen en zien dat je hen vertrouwt en in hen gelooft. Veel ouders zijn bang dat hun kinderen tot 'asociale wezens' zullen opgroeien als ze hen niet van jongs af aan streng aanpakken. Alice Miller beschrijft in haar boek *In den beginne was er opvoeding* hoe destructief het is dat ons denken zo doortrokken is van 'zwarte pedagogie'. Dat zoveel van ons denken besmet is met negatieve gedachten over de aard van de mens, illustreert hoe de primaire afweer werkt: diep van binnen hebben wij het gevoel dat we niet deugen, dus hoe kunnen we er werkelijk op vertrouwen dat onze kinderen van nature wel goedaardig zijn? Daarbij hebben de meeste godsdiensten ook het nodige bijgedragen aan dit destructieve paradigma, dat ons gevangenhoudt in onze gedachten met zulke pijnlijke gevolgen: tegen onze kinderen vechten in plaats van in liefde en vertrouwen aan hun kant te staan. Als we de kant van onze kinderen kiezen, kunnen we ze steunen in hún ontwikkeling in plaats van ze te dwingen te handelen volgens ónze normen en waarden. Op die manier zullen ze leren op zichzelf te vertrouwen in plaats van een sterke primaire afweer te ontwikkelen, zoals de meesten van ons deden toen we jong waren.

Als wij in staat zijn erop te vertrouwen dat onze kinderen van nature goed zijn en zo zullen blijven als we hun de kans geven, dan zal hun 'goede' gedrag een afspiegeling van hun eigen keuze zijn. Het zal een min of meer bewuste keuze zijn die zij uit vrije wil gemaakt hebben, niet onder dwang of door manipulatie, hoe subtiel ook. Op een bepaalde manier handelen omdat we dat willen – in plaats van bang te zijn voor wat anderen denken of omdat we denken dat we ons op een bepaalde manier horen te gedragen – biedt in het leven een groot voordeel: het voordeel verbonden te zijn met je ware zelf.

3. Fouten toegeven en verontschuldigen tegenover je kinderen
In de opvoeding van kinderen is het waardevol openlijk toe te geven dat je iets fout hebt gedaan en je daarvoor te verontschuldigen. Als ik bijvoorbeeld mijn geduld verlies en geïrriteerd raak, verontschuldig ik me tegenover mijn zoontje van zes. Als ik mijn dochtertje van drie met mijn gedrag (bijvoorbeeld woede) van streek maak, neem ik haar op schoot en troost ik haar door te zeggen dat het me spijt en dat het niet haar schuld is dat ik zo boos werd. Kinderen waarderen deze behandeling, die hun laat zien dat ze gerespecteerd worden en hun de zekerheid geeft dat wanneer ze onterecht behandeld worden, haar moeder haar fout zal toegeven, zich zal verontschuldigen én hen troosten. Bij volwassenen getuigt het van goede manieren om als je iets hebt gedaan dat de ander van streek heeft gemaakt, dit toe te geven en je excuses aan te bieden. Het is treurig dat we ons tegenover onze eigen kinderen zo ruw en respectloos kunnen gedragen zonder de minste noodzaak te voelen onze fouten te bekennen en ons ervoor te verontschuldigen.

4. Alle gevoelens respecteren en kinderen hun gevoelens laten uiten
Alle gevoelens die onze kinderen hebben respecteren en ze die gevoelens laten uiten, is een volgende manier waarop ouders kunnen bijdragen aan het emotionele welzijn van hun kinderen. Hier zijn geen uitzonderingen op. Als zij bijvoorbeeld pijn hebben of bang of verward zijn, is het belangrijk naar hen te luisteren, ze hun gevoelens volledig te laten uiten en dan te kijken of gezamenlijk een oplossing gevonden kan worden als het kind dat wil. Neem de tijd, zodat het kind de gelegenheid krijgt te voelen wat er te voelen is en niet wordt gestopt voordat het gevoel zijn natuurlijke beloop heeft gehad. Probeer kinderen nooit met huilen te laten ophouden! Huilen in aanwezigheid van een begrijpende volwassene werkt voor kinderen immers helend.

a. Huilen
Huilen is de enige manier waarop een pasgeborene of een klein kind zijn onlustgevoelens kan uiten. Het moet dan ook heel serieus wor-

den genomen. Het is voor het kind even erg als het klinkt. Vaak zeggen jonge ouders: 'Ach, we pakken haar wel op wanneer ze huilt, maar niet meteen. We laten haar eerst een kwartiertje huilen. Soms iets langer. We kunnen niet op elke kik reageren.' Commons en Miller, twee onderzoekers van de Harvard-universiteit, hebben aangetoond hoe desastreus dit voor het jonge kind is. De Amerikaanse journalist Alvin Powell[13] schrijft over hun onderzoek: 'In plaats van hun kind te laten huilen, zouden Amerikaanse ouders het dicht tegen zich aan moeten houden, het troosten als het huilt en het bij zich in bed nemen, waar het zich veilig voelt, volgens Michael Commons en Patrice Miller, onderzoekers van de afdeling psychiatrie van de Medical School. Het tweetal deed onderzoek naar de opvoedingspraktijk in Amerika en in andere culturen, en zij zeggen dat het algemene Amerikaanse gebruik om baby's in een eigen bedje of zelfs in een eigen kamer te leggen en niet op hun gehuil te reageren, tot hogere aantallen van posttraumatische stress en paniekstoornissen onder Amerikaanse volwassenen kan leiden. De stress die op jonge leeftijd door fysieke scheiding wordt ervaren, veroorzaakt veranderingen in de hersenen van het jonge kind, die de toekomstige volwassene gevoeliger maken voor stress in het latere leven. Ouders moeten inzien dat een baby onnodig laten huilen *het kind blijvende schade toebrengt* [cursivering van de auteur]. Het zenuwstelsel verandert erdoor, zodat het vatbaarder wordt voor toekomstige trauma's.'

De resultaten van dit onderzoek tonen hetzelfde aan als het eerder beschreven onderzoek bij dieren (zie p. 120, noot 11), waaruit bleek dat jonge dieren die slechts onder lichte stress hadden gestaan, later veel eerder veranderingen in hun neurale netwerken opliepen als gevolg van trauma's dan dieren die deze stress vroeg in hun leven niet hadden ondervonden. Beide studies laten dus zien dat vroege stress ons kwetsbaarder maakt voor traumatische gebeurtenissen later in ons leven.

Een duidelijker argument om onze baby 's nachts niet te laten huilen (en andere bronnen van vroege stress voor het kind zo veel mogelijk te vermijden), is nauwelijks denkbaar. Dus als het maar enigszins mogelijk is, pak je baby dan op als ze huilt, overdag of 's nachts, en blijf bij haar zolang ze van streek is.

b. Angst
Laat je kinderen hun zogenaamde irrationele angsten en gevoelens uiten en neem die serieus. Denk bijvoorbeeld aan angst voor het donker, alleen in de slaapkamer zijn, het trakteren op school als ze jarig zijn. Ik vind het heel naar voor mijn kinderen wanneer zij ergens bang voor zijn. Op zulke momenten hebben zij ondersteuning nodig in plaats van uitgelachen te worden of valselijk gerustgesteld te worden door hun angst te relativeren. Voor het kind is er altijd ergens een heel echte reden om bang te zijn.

c. Woede
Woede is een andere emotie die we kinderen zouden moeten toestaan te uiten. Sommige dingen zijn heel moeilijk te verdragen, vooral als je nog zo klein en machteloos bent, dus het is begrijpelijk dat kinderen af en toe boos zijn. Er is niks mis met het uiten van woede zolang anderen er geen schade van ondervinden. Het kind dat thuis openlijk haar woede mag uiten, kan gestimuleerd worden dat te doen op een manier die anderen geen schade toebrengt.

Disproportionele woede bij een kind dat haar woede mag uiten, is een teken van een dieper liggend probleem, waarmee het kind geholpen moet worden, zoals zich bedreigd voelen, oneerlijk behandeld worden, zich machteloos voelen, enzovoort.

Ouders zijn vaak verbaasd als hun kinderen zich tegen hen verzetten of boos op hen zijn. Maar zijn woede en verzet geen gezonde en begrijpelijke reacties wanneer je dag in dag uit aan allerlei regels en verwachtingen moet voldoen en zo weinig invloed op je eigen leven kunt uitoefenen?

5. Geef je kinderen 'stem'
Je kinderen 'stem' geven (*Giving Your Child 'Voice'* van Richard Grossman[14] geeft ouders verder advies. In een gastartikel op de website van het Natural Child Project schrijft hij: 'Een van de belangrijkste psychologische factoren bij het opvoeden van kinderen is hun "stem" geven. Wat is "stem"? Het refereert aan het gevoel van autonomie dat in ons allen leeft en ons het vertrouwen laat hebben dat we gehoord zullen worden en invloed op onze omgeving zullen hebben. Uitzonderlijke ouders geven hun kind zodra het ter wereld is gekomen, een stem die even groot is als die van zichzelf. En ze res-

pecteren die stem evenzeer als die van henzelf. [...] Hoe geef je jouw kind "stem"? Er zijn drie regels:

1. Ga ervan uit dat wat je kind over de wereld heeft te vertellen even belangrijk is als wat jij zelf te vertellen hebt.
2. Ga ervan uit dat je evenveel van je kinderen kunt leren als zij van jou.
3. Begeef je in hun wereld door met ze te spelen, samen dingen te doen en met ze te praten: verplicht ze niet jouw wereld binnen te gaan om contact te maken.

Het is niet makkelijk om deze "regel" toe te passen. Ouders die nog steeds pogingen doen om zelf gehoord te worden door wonden die zij in het verleden hebben opgelopen, zullen dit vaak niet zonder hulp kunnen. Ze zullen geneigd zijn hun "stem" op te leggen en van hun kinderen te eisen dat ze luisteren.

Het is belangrijk bovenstaande drie regels toe te gaan passen zodra een kind geboren wordt. Een kind ontwikkelt al vroeg een eigen "stem" en als de kritische periode voorbijgaat zonder dat het gevoel van autonomie zich heeft ontwikkeld, is het moeilijk en soms onmogelijk dat te herstellen [...]. Als ouders zich niet in de wereld van het jonge kind begeven maar juist van het kind verlangen dat het die van hen betreedt om contact te leggen, kan levenslange schade daarvan het gevolg zijn [...]. Als volwassenen zijn zulke mensen vriendelijk, gevoelig en bescheiden, onbaatzuchtig en zorgzaam, vaak betrokken bij vrijwilligerswerk voor liefdadigheidsinstellingen, bijvoorbeeld in dierenopvangcentra en dergelijke. Vaak voelen ze de pijn van anderen alsof die van henzelf is en worden ze gekweld door schuldgevoelens als ze die pijn niet op de een of andere manier kunnen verlichten. In de ogen van de meeste mensen lijken zij modelmensen. Helaas zijn deze kwaliteiten het directe gevolg van geen of weinig "stem" hebben en dit onvermogen bezorgt hun een aanzienlijke hoeveelheid pijn.'

Het idee van 'stem' hebben lijkt te helpen om in contact te blijven met ons ware zelf – het ware zelf waarmee we geboren worden, maar waarmee het contact zo makkelijk verloren kan gaan. Dat verlies leidt tot een leven waarin we onze handelingen baseren op wat anderen in onze ogen willen of op prijs stellen, in plaats van af te gaan op wat onze innerlijke stem ons te zeggen heeft.

6. Het respecteren van de lichamelijke integriteit van je kinderen
Dit lijkt vanzelfsprekend maar helaas denken sommige ouders dat ze het recht hebben het lichaam van hun kinderen aan te raken op een manier die zijzelf op bepaalde momenten en in bepaalde situaties geschikt achten. De meeste ouders, helaas niet alle, beseffen dat aanrakingen van seksuele of erotische aard onjuist zijn.

Aanrakingen die veel mensen echter nog steeds goedkeuren maar die nooit ofte nimmer juist zijn:

- Slaan of een pak op de broek geven
  Zelfs een klap op het achterste is een teken van gebrek aan respect en mag nooit gegeven worden.
- Duwen, trekken, slepen, knijpen
  Als een geïrriteerde ouder een kind een duw geeft of aan haar trekt, is dat een vernederende ervaring. In een arm of been knijpen, of erger nog in het gezicht, is in geen enkele situatie te rechtvaardigen.
- Ongewenste lichamelijke genegenheid

Soms willen kinderen niet gezoend, omhelsd, opgepakt of gestreeld worden door hun ouders of anderen. Het is belangrijk de wensen van het kind op dit punt te respecteren. Vaak heeft de volwassene zelf behoefte aan lichamelijke uitingen van genegenheid en gebruikt het kind hiervoor. Mocht het kind aangeven daar geen prijs op te stellen, dan kan de volwassene zich afgewezen voelen en boos worden op het kind. Net zoals wij de wensen op het gebied van lichamelijke intimiteit van een andere volwassene moeten respecteren, zo hebben onze kinderen recht op eenzelfde respect.

Kort samengevat: raak je kind nooit op welke manier dan ook aan als het dat niet wil. Hieronder vallen ook je eigen uitingen van genegenheid voor het kind. Als je kind niet gezoend of omhelsd wil worden, doe het dan niet. Je toont je genegenheid voor haar beter als je haar wensen respecteert.

Andere manieren waarop we inbreuk plegen op de lichamelijke integriteit van ons kind zijn:

– Het kind dwingen de ouders of anderen te omhelzen, te zoenen of andere tekenen van genegenheid te tonen
Maar al te vaak worden kinderen gedwongen papa te omhelzen, mama te zoenen of tegen oma te zeggen dat ze van haar houden. Jonge kinderen dwingen om enthousiast iemand te begroeten of gedag te zeggen als ze dit niet willen, valt hier ook onder, ook als het onder het mom van beleefd zijn gebeurt.

Een kind moet de kans krijgen te leren dat ze haar genegenheid kan uiten zoals zij dat zelf wil, tegen de mensen van haar eigen keuze en op het moment waarop zij dat wil. Een vertoon van genegenheid afdwingen is niet respectvol en schadelijk voor de mogelijkheid van het kind om in haar ontwikkeling contact met haar ware zelf te behouden.

7. Seksuele gedachten, driften en gevoelens in relatie tot onze kinderen

Ten slotte wil ik iets zeggen over seksuele gedachten die op kunnen komen wanneer wij voor onze kinderen zorgen. Het is niet ongebruikelijk dat ouders in de war raken door gedachten en gevoelens tijdens het lichamelijk contact met hun kinderen: het verwisselen van luiers, baden, vasthouden en knuffelen. Omdat we bij de verzorging van kleine kinderen zo rechtstreeks en regelmatig worden geconfronteerd met hun lichaam en geslachtsdelen, kunnen spontaan weleens seksueel getinte gedachten bij ons opkomen die waarschijnlijk niet veel betekenis hebben. Als deze gedachten echter vergezeld gaan van een aandrang – hoe vreemd en onwelkom die ook voor onze bewuste geest is – om ons kind op seksuele wijze aan te raken, te stimuleren, of als onze eigen seksuele verlangens worden opgeroepen, dan is het van groot, zelfs vitaal belang dat we ons herinneren dat zulke aanrakingen in geen enkele situatie juist zijn. Zulke neigingen en gevoelens zijn in de meeste gevallen het directe resultaat van seksueel misbruik dat wij als kind zelf ondergaan hebben. Vaak herinneren we ons dat misschien niet meer; het misbruik kan plaatsgevonden hebben toen we nog heel klein waren en 'slechts' bestaan hebben uit het aanraken of stimuleren van onze geslachtsdelen.

Als we worstelen met gedachten over het op een seksuele manier aanraken van onze kinderen, wil dat nog niet zeggen dat we kinderverkrachters zijn. Als deze gedachten in je hoofd opkomen terwijl je duidelijk het gevoel hebt dat je die helemaal niet wilt uitvoeren, dan kan het helpen als je probeert in contact te komen met wat er met jou gebeurd is toen je klein was. Het is mogelijk dat je seksueel gestimuleerd – of meer – bent door een volwassene of door een oudere broer of zuster. Als je daarentegen voelt dat je wel op de een of andere manier seksueel actief wilt zijn, zoek dan alsjeblieft zo snel mogelijk hulp. Het betekent namelijk dat je hoogstwaarschijnlijk zelf het slachtoffer van seksueel misbruik bent geweest en het is van het grootste belang dat je voorkomt dat jij ook een slachtoffer maakt! Seksueel misbruik en seksuele stimulering komen veel meer voor dan onze samenleving inziet. Velen van ons moeten onszelf eerst helen, ook van dit soort misbruik, zodat we kunnen voorkomen dat onze kinderen het slachtoffer worden van onze eigen onverwerkte pijn.

MOET IK MIJN OUDERS VERGEVEN?

Als we met onze gevoelens gaan werken, dan zal de rol die onze ouders in onze jeugd hebben vervuld, steeds duidelijker worden. Steeds meer onaangename dingen zullen bovenkomen die ze al dan niet met of voor ons hebben gedaan, en we zullen de pijn die we verdrongen hebben hiermee in verband brengen. Vaak betekent dit dat het beeld dat een cliënt van haar ouders krijgt in het begin van de therapie slechter is dan het beeld dat zij van hen had voordat zij aan de therapie begon. Sommige cliënten maken zelfs een fase van intense afkeer van hun ouders door en sommige kiezen ervoor hun ouders nooit meer te zien. Maar welke beslissing zij ook nemen, vaak komt de vraag naar boven (meestal aan het begin van de therapie) of vergeving nodig is om te kunnen helen.

Er zitten drie kanten aan deze vraag:

1. Vergeving is niet nodig om te kunnen helen
Wat nodig is, is onze oude pijn te voelen terwijl we tegelijkertijd inzien wie en wat de oorzaak ervan is. Als we ons richten op het vergeven en begrijpen van onze ouders kan dat, vooral aan het begin van de therapie, een nadelige invloed op het genezingsproces hebben. Begrip en vergeving voorkomen doorgaans dat wij de oude waarheid volledig onder ogen zien. En als wij deze niet volledig aan onszelf be-

kennen, kunnen we hem niet voelen. Onze ouders vergeven voordat we de oude realiteit hebben blootgelegd, zal dan niet helpen en kan zelfs een ernstig obstakel vormen.

2. Bij pri-therapie gaat het niet om al dan niet vergeven
Het doel van de PRI-therapie is het ontmantelen van onze afweer, zodat we de effecten van het verleden op ons huidige volwassen bestaan helen en toe groeien naar een bewustzijn dat één geheel is. De relatie die we nu met onze ouders hebben, staat los van dit proces, omdat die relatie geen invloed op het verleden kan uitoefenen en ook niet op hoe we in het heden symboliseren en onszelf beschermen tegen oude pijn. Natuurlijk is het waardevol als we erin slagen een gezonde, volwassen relatie met onze ouders op te bouwen (die gekenmerkt wordt door wederzijds respect, gelijkwaardigheid en openheid), maar deze relatie is niet iets dat we als volwassene nodig hebben. We kunnen overleven zonder die relatie, hoe betreurenswaardig dat gebrek ook mag zijn. Het is het kind dat we waren dat ouders nodig had, niet de volwassene die we nu zijn.

3. Erg boos op onze ouders blijven geeft meestal aan dat we nog iets te doen hebben met onze oude pijn
Hevige woede naar onze ouders geeft aan dat we de afweer van de valse macht aanwenden om de oude pijn niet te hoeven voelen die onze ouders blijkbaar nog steeds bij ons naar boven brengen. In dit geval is het nodig de confrontatie met de oude pijn opnieuw aan te gaan en hem te voelen. Blijvende woede betekent dat onze ouders nog steeds een symbool zijn van degenen die zij in onze jeugd waren. Dit gebeurt dikwijls en het verklaart deels waarom onze relatie met onze ouders vaak zo moeilijk is. Om te kunnen helen hoeven we onze ouders niet te vergeven, maar als we heel boos op hen zijn of ons hevig aan hen ergeren (of nog steeds hoop koesteren (VH) of onverschillig zijn (OvB)), is dat een teken dat er nog het een en ander te doen is.

In deze context is het belangrijk te beseffen dat wij zelf voor een of beide ouders ook heel goed een symbool kunnen zijn. Als je bijvoorbeeld merkt dat je moeder bij wat je ook doet het gevoel blijft houden dat je haar afwijst en zich daartegen verweert door jou van alles te verwijten, kun je je afvragen of jij voor haar misschien een symbool bent. Volwassen kinderen symboliseren voortdurend op hun ouders en ouders doen hetzelfde met hun (volwassen) kinderen. Verwacht je vader altijd dat jij de familieproblemen oplost of gaat hij laatdunkend en respectloos met je om omdat je geen indrukwekkende carrière hebt gemaakt? Al dit soort gedrag laat zien hoe ouders op hun kinderen symboliseren in een poging hun eigen oude, onvervulde behoeften te bevredigen en zichzelf tegen de pijn ervan te beschermen.

Als we onszelf helen, zal dat een grote invloed op veel aspecten van ons leven hebben en dus ook op onze toekomst als individu en in de samenleving. We zullen betere ouders worden dan we vandaag de dag zijn, ongeacht hoe hard we daar nu ook al ons best voor doen. Ons best doen terwijl we nog met veel verdrongen oude pijn en afweer rondlopen, maakt het onmogelijk gevoelig te zijn voor de ware behoeften van onze kinderen. Het verwerken van verdrongen oude pijn en de ontmanteling van onze afweren zal echter leiden tot een erkenning van de behoeften van onze kinderen, van de aard én de urgentie ervan. Ons hiervan bewust zijn en dit voelen, zal ons in staat stellen onze kinderen anders op te voeden, waardoor zij het contact met hun ware zelf zullen behouden en waardoor de destructieve cyclus van een opvoeding die onze kinderen pijn bezorgt, doorbroken kan worden.

5. Praktische oefeningen

In de 'Inleiding' raad ik de lezer aan eerst hoofdstuk 5 en 6 volledig door te lezen, alvorens aan de oefeningen te beginnen. Het lezen van dit hoofdstuk geeft een eerste inzicht in de logica van de oefeningen, waardoor zij gemakkelijker in de voorgestelde volgorde te doen zijn. Het lezen van hoofdstuk 6 geeft een indruk van de obstakels die mogelijk op je weg komen, waardoor je makkelijker uit kunt zoeken wat het probleem is als je ergens mocht vastlopen. Veel succes!

Voordat ik het over de oefeningen ga hebben, wil ik alle manieren waarop we de pijnlijke waarheid over onze jeugd ontkennen, graag samenvatten. Als je het gevoel hebt dat je de oefeningen uit dit hoofdstuk niet nodig hebt omdat je jeugd wel meeviel, kijk dan eens hoeveel van de volgende opmerkingen over je jeugd je geneigd bent te maken, zodat je erachter kunt komen in welke mate je in ontkenning van de waarheid leeft. Deze samenvatting is overgenomen uit *Een zoektocht naar het ware zelf* (p. 116-117).

Vergoelijken
Je vergoelijkt dingen wanneer je weet wat er gebeurd is, maar meent dat het minder invloed op je heeft gehad dan het geval is. Wanneer je dingen vergoelijkt, zeg je bijvoorbeeld:
'Andere mensen hebben het veel erger gehad dan ik.'
'Ik weet wel dat hij of zij (...), maar dat gebeurde maar zelden.'
'Ik heb er nooit veel aandacht aan geschonken.'
'Ik heb er niet zo'n last van gehad.'
'Ik was nooit thuis, dus heb ik er niets van gemerkt.'

Verzet
Je verzet je wanneer je weet wat er gebeurd is, maar je gelooft dat het niet van belang is voor je huidige leven. Wanneer je je verzet, zeg je dingen als:

'Dat is al zo lang geleden.'
'Dat was toen, niet nu.'
'Ik heb me er al lang geleden mee verzoend (me al lang geleden met hen verzoend).'
'Ik weet het al jaren, maar ik wil gewoon verder leven.'
'Ik heb niets met hen te maken.'
'Zo was het nu eenmaal.'

Onderdrukking, blokkering
Bij blokkering weet je alleen nog maar de leuke dingen uit je jeugd of herinner je je weinig tot niets. Wanneer je herinneringen onderdrukt, zeg je dingen als:
'Ik kan me niets meer herinneren.'
'Ik kan me niet herinneren dat er iets aan de hand was.'
'Ik heb een heerlijke jeugd gehad, we maakten regelmatig uitstapjes.'

Keerzijde zoeken
Als je voortdurend de keerzijde zoekt, weet je wel wat er gebeurd is, maar denk je dat die gebeurtenissen wegvallen tegen de 'goede' dingen. Wanneer je dit doet, zeg je bijvoorbeeld:
'Ik weet dat hij of zij (...), maar ik ben toch goed terechtgekomen.'
'Het heeft me sterker gemaakt (me goed gedaan).'
'We hebben alles gehad wat we nodig hadden.'
'Ik kon altijd bij mama (of papa) terecht.'
'Ik (wij) wist(en) dat ze van me (ons) hielden.'
'Ik heb er karakter door gekregen.'
'Het zijn geen slechte mensen.'

Excuses vinden/rechtvaardigen
Bij deze vorm van ontkenning erken je het verleden, maar rationaliseer je wat er gebeurd is. De dingen die je bij deze vorm van ontkenning zegt, zijn bijvoorbeeld:
'Ik (wij) verdiende(n) het.'
'Dat deed toen iedereen.'
'Hij of zij wist(en) niet beter.'
'We wisten dat ze van ons hielden, maar ze konden het gewoon niet tonen.'
'Ze hebben gedaan wat in hun vermogen lag.'

Heb je een of meer categorieën gevonden die jij gebruikt om de waarheid over jouw jeugd te ontkennen? Als je het ermee eens kunt zijn dat deze beweringen aantonen dat je de oude waarheid, en het effect ervan op je huidige leven, probeert te ontkennen, lees dit hoofdstuk dan verder. Als je vindt dat de bovenstaande uitspraken de waarheid weergeven en niet het feit dat je die ontkent, dan kan het nuttig zijn Jean Jensons boek nog een keer te lezen voordat je verder gaat.

VERANTWOORDELIJKHEID NEMEN VOOR ONZE GEVOELENS

Wanneer je denkt dat je het theoretische raamwerk begrijpt, dan bestaat de volgende stap uit dagelijkse zelfobservatie. Onze geest is er zo aan gewend om op een bepaalde manier te functioneren dat het in het begin veel doorzettingsvermogen en zelfdiscipline vraagt om jezelf voortdurend te observeren. We zijn niet gewend om onszelf te observeren: wat doe ik, hoe voel ik me, wat probeer ik te krijgen of te vermijden door me zo te gedragen, wanneer begon ik me zo te voelen? We leven meestal tamelijk impulsief en als er iets misgaat geven we dikwijls anderen, de wereld, het lot of in laatste instantie God de schuld.

Onderzoek van Jones en Nisbett, geciteerd door Wegner en Vallacher[1], laat zien hoe we allemaal hiertoe geneigd zijn. Mensen zijn geneigd hun daden te wijten aan externe factoren, terwijl de mensen die deze mensen zien handelen, geneigd zijn dezelfde daden toe te schrijven aan de persoonlijke aard van degene die handelt. Dit effect treedt zelfs op wanneer gedrag als positief wordt ervaren. Bijvoorbeeld een man die een cadeautje voor zijn geliefde heeft gekocht: 'Ze kan, behoorlijk onder de indruk, opmerken hoe liefdevol, warm, gul en ook kleurenblind van aard hij is. Hij kan daarentegen zeggen (maar niet tegen zijn geliefde) dat hij de roze-groen gestreepte jurk gekocht had omdat hij wist dat ze boos en gekwetst zou zijn als hij niets voor haar had meegenomen. Hij had geen tijd om naar andere winkels te gaan om iets te zoeken dat zijn geliefde mooier zou vinden [...]

Een ander voorbeeld is het Watergate-schandaal: Veel mensen die bij deze affaire betrokken waren, hielden vol dat ze slechts opdrachten uitvoerden, terwijl hoger geplaatsten beweerden dat ze hadden gehandeld uit zorg voor de nationale veiligheid. Kortom: iedereen die een aandeel had geleverd, schreef zijn handelingen toe aan externe factoren. Maar in de zomer van 1974 vonden de meeste burgers – die de zaak via de pers volgden, en dus observeerden en niet zelf handelden – de betrokkenen corrupt, machtswellustig en paranoïde. Degenen die observeerden weten het gedrag aan interne factoren [...]' Dit wordt het actor-observer-effect genoemd.

Om verder te komen met behulp van de PRI-therapie moeten we eerst deze neiging proberen kwijt te raken. *We zullen bereid moeten zijn in onszelf te zoeken naar de primaire oorzaak van ons gedrag en van onze reacties.* Ook als er dingen gebeuren die wij duidelijk niet veroorzaakt hebben – bijvoorbeeld een bus die ons met modder bespat als hij door een plas naast ons rijdt – blijft het van cruciaal belang naar binnen te kijken om de *oorzaak* van onze reactie te ontdekken.

Stel je voor dat het inderdaad gebeurt: vlak bij je rijdt een bus met hoge snelheid door een grote plas en je wordt overdekt met modderspatten. Hoe voel je je, wat doe je? Neem even de tijd, stel je de situatie voor en bedenk hoe je hoogstwaarschijnlijk zou reageren.

Woede
Sommige mensen zullen heel boos worden, ballen hun vuist (of erger) naar de buschauffeur en schreeuwen verwensingen naar zijn hoofd. Als jij ook boos zou worden, denk je waarschijnlijk dat iedereen dat zou worden wanneer zoiets gebeurt. Dat is echter niet het geval, iedereen reageert anders.

Angst
Sommige mensen zullen bang worden als ze zich zo'n situatie voorstellen. Als je gewoon je eigen gang ging, niet verwachtend dat er iets zou gebeuren en je plotseling wordt belaagd door een agressief rijdende buschauffeur, dan loop je niet meer met een veilig gevoel over straat. Je zou de buschauffeur niet je woede durven tonen, omdat hij je misschien op een onaangename manier terugpakt. Je denkt dat iedereen zich zo zou voelen in deze situatie.

Zelfverwijten
In de genoemde bus-plas-moddersituatie zullen sommige mensen zichzelf verwijten dat ze zo dicht bij de rijweg liepen. Zij hebben het gevoel dat ze de grote plassen hadden moeten zien en er rekening mee hadden moeten houden dat een auto, of erger een bus, erdoor kan rijden en hen nat zou spatten. Je kunt van een buschauffeur nu eenmaal niet verwachten dat hij op plassen en voetgangers let, hij moet immers op de weg letten!

Ontkenning
Sommige lezers hebben misschien gedacht: Wat een gedoe, het regent toch? of: Het droogt wel op, maak je toch niet zo druk, of: Maak van een mug geen olifant.

Zie je wat ik bedoel? We reageren allemaal op een bepaalde manier, maar omdat we onze eigen reacties zo logisch vinden, vergeten we dat niet iedereen in dezelfde situatie hetzelfde zal reageren als wij. We verliezen uit het oog dat onze reacties simpelweg een afspiegeling zijn van ónze manier van omgaan met de realiteit van een bepaald moment.

Om met de PRI-therapie te helen, is het nodig deze gedachte van persoonlijke verantwoordelijkheid volledig te omarmen. Als we blijven denken dat onze daden een natuurlijke reactie zijn op wat er in de realiteit van dat moment gebeurt, zal het moeilijk zijn te onderkennen wanneer we symboliseren. Iedere keer dat we iets onplezierigs ervaren, zullen we blijven geloven dat dit komt door iets wat iemand kort geleden tegen ons heeft gezegd of gedaan, of door iets wat er is gebeurd.

Als je jezelf wilt helen, geef die gedachte dan nú op! Neem verantwoordelijkheid voor je eigen gevoelens en daden. Pas dan kun je je heelwordingsproces in eigen handen nemen. Zolang je jezelf ziet als het slachtoffer van omstandigheden of van andermans gedrag, is het onmogelijk serieus aan je emotionele welzijn te werken. Als ik denk dat mijn gevoelens veroorzaakt worden door wat anderen doen, hoe kan ik dan ooit mijn eigen leven sturen?

Omdat het van zo'n groot belang is verantwoordelijkheid te nemen voor wat we voelen, is het misschien een goed idee even je ogen dicht te doen en jezelf de volgende vraag te stellen: 'Wil ik echt de verantwoordelijkheid nemen voor wat ik voel? Niet een of twee keer, maar altijd?' Let op wat er in je lichaam gebeurt als je je dit afvraagt. Als je je heel goed concentreert, zal je lichaam je laten weten hoeveel weerstand je hebt tegen dit idee. Wanneer je de bereidheid voelt om deze moeilijke stap écht te zetten, doe je ogen dan weer dicht en zeg: 'Ik ben volledig verantwoordelijk voor alles wat ik voel en dat stelt mij in staat mezelf te helen.' Neem de tijd om de kracht van deze belofte, de waarheid ervan en je eigen vastberadenheid te voelen in elke cel van je lichaam. Begin dan aan de oefeningen.

HET BASISWERK IN VIJF STAPPEN

Deze oefeningen zijn het fundament van het heelwordingsproces. Als je alle stappen hebt doorgewerkt en ze consequent op de voorgeschreven wijze blijft toepassen, zul je ontdekken dat er van alles begint te veranderen. Deze verandering ten goede komt echter alleen tot stand als je de oefeningen consequent volhoudt. De meeste mensen beginnen enthousiast aan nieuwe projecten, maar vinden het moeilijk nieuw gedrag vol te houden. Zoals geldt voor veel dingen bepaalt ook hier je volharding of je resultaten boekt. Als je doet wat hier wordt aangeraden, dan zullen er veranderingen ten goede op gang komen, die je stimuleren en aanmoedigen om door te gaan.

Stap 1: de voorbereiding
Om de tekstgedeelten met specifieke instructies voor de oefeningen snel te kunnen vinden, zijn deze gecursiveerd. Om de volgende stappen te kunnen zetten, is het nodig eerst een basaal begrip te hebben van afweerreacties in het algemeen (wat zijn afweermechanismen, hoe manifesteren zij zich?) en van afweerreacties in het bijzonder (wat zijn mijn eigen afweermechanismen, hoe manifesteren zij zich in mijn leven?). Als je hoofdstuk 2 hebt gelezen, zal dit je allemaal duidelijker zijn geworden. Om je verder te ondersteunen heb ik drie tests ontworpen waarmee je onderscheid kunt maken tussen het volwassen-bewustzijn (VB) en het kind-bewustzijn (KB) (bijlage 1), tussen ontkenning van behoeften (OvB), valse hoop (VH), valse macht (VM), de primaire afweer (PA) en angst (bijlage 2) en een test om je eigen afweer in kaart te brengen (bijlage 3).

Doe de tests in deze volgorde:
Bijlage 1: onderscheid tussen VB en KB.
Bijlage 2: onderscheid tussen OvB, VH, VM, PA en angst.
Bijlage 3: stel je persoonlijke afweerprofiel vast.

Als je laag scoort op het onderdeel onderscheid maken tussen het VB en het KB (minder dan vijftien goede antwoorden), lees dan hoofdstuk 2 nog eens door. Het is verstandig de tekst langzaam te lezen, zodat alle informatie de kans krijgt goed tot je door te dringen. Het is belangrijk dat je in staat bent om onderscheid te maken tussen de beweringen die de volwassen realiteit weergeven en de beweringen die de realiteit van het kind weergeven.

Als je laag scoort op het onderdeel onderscheid maken tussen de verschillende afweervormen (minder dan twaalf juiste antwoorden), ga dan ook terug naar hoofdstuk 2 en doe de test opnieuw. Als je daarna denkt meer inzicht in je afweermechanismen te hebben gekregen, ga dan door naar stap 2: de 'baseline'-meting. De tests voor het onderscheiden van de verschillende afweermechanismen en het vaststellen van je persoonlijke afweerprofiel helpen een beter gevoel te krijgen voor vormen van afweer in het algemeen en die van jezelf in het bijzonder.

Het is belangrijk in staat te zijn je eigen afweerreacties te herkennen voordat je aan de 'baseline'-meting begint. Als je dat nog steeds moeilijk vindt nadat je hoofdstuk 2 twee keer hebt doorgenomen, doe dan de volgende oefening voordat je verder gaat.

Bekijk op een vast moment van de dag alles wat je in Bijlage 2 en 3 hebt ingevuld. Kijk of er in de loop van die dag iets is gebeurd dat hetzelfde is als een of meer van die uitspraken of erop lijkt. 'Ik ben altijd verbaasd als ik merk dat mensen me mogen' lijkt bijvoorbeeld op 'Ik verwacht niet dat mensen me mogen' of 'Ik ben verbaasd als ik gevraagd word voor een afspraakje of de een of andere activiteit'. Blijf dit iedere dag doen totdat je in staat bent min of meer continu te herkennen wanneer je defensief gedrag vertoont.

Sommige afweermechanismen zijn zo diep ingebed in ons zelfbeeld dat we niet beseffen dat we met afweer te maken hebben. Je hebt misschien hulp van een PRI-therapeut nodig om je blinde vlekken op te sporen.

Neem bijvoorbeeld Jeanne, iemand met een zeer druk sociaal leven. Ze krijgt vaak gasten en gaat ook vaak bij anderen op bezoek, ze geeft veel feestjes en is een graag geziene gast. Haar weekends zijn altijd vol met afspraken. Zelfs door de week na een dag hard werken krijgt ze vaak visite of gaat ze nog ergens heen, en ze gaat niet zelden pas om een of twee uur 's nachts naar bed. Ze is vijfendertig en nog net zo populair en met net zo'n druk sociaal leven als toen ze een tiener was. Zo is ze nu eenmaal, ze is altijd zo geweest en ze zal altijd zo blijven.

Het zit er dik in dat Jeanne haar sociale leven niet als afweer ziet. Ze geniet ervan en haar vrienden doen dat ook. Het enige probleem is dat haar nieuwe vriendje om tien uur naar bed wil, maar dat is zijn probleem, niet het hare...

Het is echter mogelijk dat ze het afweermechanisme van valse hoop of ontkenning van behoeften gebruikt. Als ze zich in dat drukke sociale leven stort omdat ze hoopt op aandacht, warmte of intimiteit, gebruikt ze waarschijnlijk de afweer van de valse hoop. Het zou ook ontkenning van behoeften kunnen zijn als ze zo sociaal actief is om iets te ontlopen, bijvoorbeeld echte intimiteit met haar vriend of misschien het aangaan van andere verantwoordelijkheden die zij heeft.

Dit voorbeeld geeft aan hoe 'normaal' gedrag, als je dat beter bekijkt, een vorm van afweer kan blijken te zijn.

Wees bereid alles wat je doet, denkt, voelt en gelooft kritisch te bekijken want je kunt op meer afweer stuiten dan je ooit had verwacht. Wanneer je denkt of zegt: 'Zo ben ik nu eenmaal,' wees je er dan van bewust dat je te maken zou kunnen hebben met een diep ingesleten afweermechanisme.

Stap 2: de 'baseline'-meting*

Om verandering op te kunnen merken is het belangrijk eerst te bepalen hoe de zaken er nu voorstaan – voordat je probeert iets te veranderen. De eerste meting van het huidige niveau van afweergedrag heet de 'baseline'-meting.

---

* Zie *Illusies* (Bosch) voor een zeer uitgebreide beschrijving en vele voorbeelden van elke afweer.

Wees twee weken alert op elk voorval dat een van je afweerreacties oproept: ontkenning van behoeften, valse hoop, valse macht, primaire afweer of angst. Noteer om welke soort afweer het ging, waaruit het afweergedrag bestond en welk voorval de afweer opriep – het symbool.

Een aantal voorbeelden:

Mijn afweer:	Gedrag:	Symbool:
VM	Woedend voelen en schelden op mijn man.	Mijn man had zijn rotzooi niet opgeruimd.
VH	Proberen een goede indruk op mijn moeder te maken door mijn huis grondig schoon te maken.	Mijn moeder en haar kritische oog.
OvB	Doen alsof het prima met me ging, terwijl ik hulp nodig had.	Een vriendin hulp vragen met het schilderen van mijn huis en die hulp niet krijgen.
PA	Het feest verlaten terwijl ik me een stommeling voelde die door niemand leuk wordt gevonden.	De mensen op het feest die me negeerden.
VH	Mijn broer proberen te overtuigen van mijn goede bedoelingen.	Mijn broer beschuldigt me ervan egoïstisch te zijn.
PA	Niets zeggen in de vergadering omdat ik dacht niets van betekenis te kunnen toevoegen.	Mijn collega's die praten alsof ze alles weten.
VM	Schrijven van bezwaarschrift aan de gemeenteraad.	De corrupte manier waarop de gemeente beslissingen neemt.
OvB	Mijn baas niet laten weten dat ik opslag wil.	Mijn baas, die autoritair en zeer kritisch is.
angst	Mijn vriendin niet zeggen wat ik vind.	Mijn assertieve vriendin die niet van kritiek houdt.

Sommige mensen vinden het prettig een blocnoteje bij zich te hebben, zodat ze meteen kunnen opschrijven wat er gebeurt. Het kan anders moeilijk zijn je alle kleine (of grote) dingen te herinneren die in de loop van de dag gebeurd zijn. Neem deze tabel over in een schrift, zo vaak als nodig is om deze oefening twee weken te doen. Vul ook in welke dag je verslag betreft (1 t/m 14).

stap 2: de 'baseline'-meting

Dag… Afweer:	Gedrag:	Symbool:

Stap 3: omkering van de afweer*

Na twee weken consequent je afweergedrag in kaart te hebben gebracht zul je een vrij goed idee krijgen van de situaties die voor jou symbolisch zijn en dus aan de oude pijn raken (of je die nu voelt of niet) en vervolgens een afweerreactie uitlokken. Denk aan de afbeelding in hoofdstuk 2 (p. 64), die laat zien hoe een afweerreactie aangeeft dat een symbool oude pijn wakker heeft geroepen. Om te helen is het nodig dat we leren op te houden om ons tegen het voelen van oude pijn te verzetten. Dan zal de muur van ontkenning overbodig worden en kan onze oude pijn geïntegreerd worden in ons volwassen-bewustzijn. Door onze afweer om te keren kunnen we toegang krijgen tot de oude pijn en een begin maken met het cruciale proces van het ons disidentificeren van de illusie die de afweer dagelijks creëert en waarin we gevangenzitten.

Wanneer je weet wat jouw symbolen zijn en welke afweer je in reactie daarop gebruikt, bepaal dan wat de omkering van die afweer zou zijn. Laten we de voorbeelden van stap 2 nog eens bekijken om te bepalen hoe die omkering eruit zou kunnen zien. Soms zal die omkering neerkomen op niets doen, soms op datgene doen wat het tegenovergestelde is.

Een aantal voorbeelden:

Mijn afweer:	Gedrag:	Symbool:
VM	Me woedend voelen en schelden op mijn man. Omkering: *niets zeggen.*	Mijn man had zijn rotzooi niet opgeruimd.
VH	Proberen een goede indruk op mijn moeder te maken door mijn huis grondig schoon te maken. Omkering: *niets speciaal schoonmaken.*	Mijn moeder en haar kritische oog.

* Zie voor een uitgebreide beschrijving van hoe met elke afkeer om te gaan *Illusies* (Bosch). Daar wordt per afweer een gedetailleerd stappenplan beschreven.

Mijn afweer:	Gedrag:	Symbool:
OvB	Doen alsof het prima met me ging, terwijl ik hulp nodig had. Omkering: *laten zien hoe teleurgesteld ik ben.*	Een vriendin hulp vragen met het schilderen van mijn huis en die hulp niet krijgen.
PA*	Het feest verlaten terwijl ik me een stommeling voelde die door niemand leuk wordt gevonden. Omkering: *op het feest blijven.*	De mensen op het feest die me negeerden.
VH	Mijn broer proberen te overtuigen van mijn goede bedoelingen. Omkering: *mijn daden niet uitleggen.*	Mijn broer beschuldigt me ervan egoïstisch te zijn.
PA*	Niets zeggen in de vergadering omdat ik dacht niets van betekenis te kunnen toevoegen. Omkering: *toch iets zeggen.*	Mijn collega's die praten alsof ze alles weten.
VM	Schrijven van bezwaarschrift aan de gemeenteraad. Omkering: *het bezwaarschrift niet schrijven.*	De corrupte manier waarop de gemeente beslissingen neemt.
OvB	Mijn baas niet laten weten dat ik opslag wil. Omkering: *mijn baas vertellen dat ik denk dat ik opslag verdien.*	Mijn baas, die autoritair en zeer kritisch is.
angst	Mijn vriendin niet zeggen wat ik vind. Omkering: *wel zeggen wat ik vind.*	Mijn assertieve vriendin die niet van kritiek houdt.

* Wat de omkering van de PA is, bepaal je door het tegenovergestelde gedrag te vertonen van het gedrag dat je vanuit de PA geneigd bent om te vertonen.

Probeer het nu eens zelf. Kijk of het lukt gedrag te bedenken waardoor je je afweer kunt ontmantelen, waardoor je bij de oude pijn komt.

1. Ik heb tegen haar gezegd hoe stom ze is wanneer ze dat doet.
2. Ik heb niemand gebeld, ze hebben het allemaal zo druk met hun eigen leven.
3. Ik heb haar nog een e-mailtje gestuurd om er zeker van te zijn dat ik niets fout heb gedaan.
4. Ik werd boos toen mijn vriend kritiek op me had.
5. Ik ben de hele dag thuis gebleven, ik voelde me te kwetsbaar om naar buiten te gaan.
6. Ik heb het niet gehad over wat er gebeurd is, ik wil er geen aandacht aan besteden.
7. Ik blijf het vermijden om hem te vertellen wat ik voel.
8. Ik ga hem geen cadeau geven, hij geeft mij ook nooit iets.
9. Ik kan er niet tegen om alleen te zijn, ik moet ergens heen gaan of mensen bellen om ze uit te nodigen bij mij te komen.
10. Ik zeg tegen anderen altijd dat het goed gaat met me, bovendien is het hun zaak niet als ik me niet goed voel.
11. Ik moet opruimen en van alles schoonmaken, anders voel ik me niet op mijn gemak.
12. Als ik iets niet prettig vind, kruip ik in mijn schulp.

Antwoorden.
1. Niets zeggen.
2. De telefoon pakken en iemand bellen.
3. Niet communiceren, je ervan weerhouden actie te ondernemen.
4. Niets zeggen, aandachtig naar de kritiek luisteren.
5. Weggaan.
6. Erover praten.
7. Het tegen hem zeggen.
8. Een cadeautje voor hem kopen.
9. Alleen blijven, niemand bellen.
10. Tegen je vrienden zeggen hoe je je echt voelt.
11. Niets schoonmaken of opruimen.
12. Je niet terugtrekken en wel praten over wat onplezierig voor je is.

Als je denkt dat je het concept van omkering van afweer (jezelf niet meer tegen oude pijn proberen te beschermen, maar er juist bij proberen te komen) begrijpt, stel dan vast welk gedrag het tegengestelde van jouw afweer zou zijn. Maak eerst een lijst van je symbolen aan de hand van de lijst die je hebt gemaakt voor je 'baseline'-meting en comprimeer die informatie eventueel enigszins. De meeste symbolen komen meestal vaker dan één keer voor en dat geldt ook voor onze afweerreacties. Schrijf dus de belangrijkste symbolen op. Voeg dan je belangrijkste afweerreacties toe. Maak je lijst compleet door de omkeringen op te schrijven. Je kunt het formulier hieronder gebruiken. Dit zal een belangrijk formulier voor je worden om mee te werken, probeer dus zo volledig mogelijk te zijn. Je zult deze lijst waarschijnlijk vaak blijven raadplegen, ook om vast te kunnen stellen welke afweer je niet meer gebruikt.

Neem deze tabel over, zo vaak als nodig is om de instructies op te volgen.

Richtlijnen voor het omkeren van afweer

Symbool:	Afweerreactie:	Omkering:
beschuldiging broer	mijn goede bedoelingen uitleggen (VH)	rustig blijven en me niet nader verklaren

Als je hebt vastgesteld wat de omkering is, dan is de volgende stap om dit nieuwe gedrag toe te passen en jezelf goed te observeren. Let zo goed mogelijk op al je gedrag; kijk of er een nieuw symbool (persoon of situatie) opduikt, let op je spontane neiging jezelf te beschermen tegen wat het symbool oproept en keer dat gedrag om. *Maak gedurende de dag korte notities van wat je bereikt. Noteer:*

1. in welke symbolische situaties of bij welke symbolische personen je in staat bent geweest je afweer om te keren;
2. in welke gevallen of bij welke personen je dit niet kon.

Vat vervolgens iedere dag op een vast tijdstip samen wat er die dag gebeurd is. Schrijf op welke symbolen je bent tegengekomen, wat je reacties waren en of die reacties neerkomen op een omkering van je afweer (OA). Doe dit twee weken. Je kunt het formulier op de volgende bladzijde gebruiken.

NB. Het doel van omkering van afweer is om bij de oude pijn te komen, niet om nieuwe vaardigheden of copinggedrag te leren. Dit is een veelvoorkomend misverstand. Om zeker te weten of je inderdaad OA toepast, kun je jezelf de volgende vragen stellen:

– Helpt de omkering om bij mijn oude pijn te komen of ga ik me er juist beter door voelen? In dat geval ben je van de ene afweer overgestapt op de andere. Dit kan gebeuren wanneer je je gedrag omkeert en niet je afweer. Bijvoorbeeld iemand 'de waarheid zeggen' in plaats van je mond te houden als je geschoffeerd wordt, is een omkering van gedrag maar niet van afweer. Je bent dan van OvB (of VH) overgestapt op VM. *Alleen als de omkering je helpt bij de onderliggende pijn te komen, weet je zeker dat je je afweer hebt omgekeerd en niet je gedrag!*

De verwarring bij vele lezers over het onderwerp afweer – 'wat is wel/geen afweer', 'welke afweer is het' en 'wat is dan de omkering' – zijn directe aanleiding geweest voor het schrijven van een boek over deze soms lastige materie (Bosch, *Illusies*, 2003).
Neem deze tabel over, zo vaak als nodig is om de oefeningen twee weken te doen. Vul ook in welke dag je verslag betreft (1 t/m 14).

Logboek omkering afweer

Voorbeeld

Symbool:	Reactie:	OA: ja/nee:
beschuldigingen broer	uitleggen	nee
mijn baas	zeggen dat ik opslag verdien	ja
Dag ...		

Na twee weken kun je beoordelen of het lukt je afweer om te keren. Was het behoorlijk moeilijk? Waren sommige afweerreacties makkelijker om te keren dan andere? Was het eenvoudiger dan je eerst dacht of werd het gemakkelijker in de loop van de twee weken? Als je merkt dat je bepaalde afweren niet kon omkeren, hoef je niet te wanhopen. Dit werk is niet *zo eenvoudig, het vraagt geduld en inzet. Blijf doorgaan, observeer jezelf, wees eerlijk over de keren dat je jezelf beschermt en probeer nogmaals je afweer op te geven en het om te keren.*

Stap 4: het blootleggen van en openstaan voor je oude pijn
De reden om onze afweer om te keren is niet om nieuwe vaardigheden te leren of manieren te vinden om met moeilijke situaties om te gaan. PRI is niet gericht op het leren van nieuwe vaardigheden of mechanismen om je te handhaven. Als het kan, proberen we dat zelfs te vermijden, vooral aan het begin van de therapie. Dat doen we niet om het nog moeilijker te maken, maar omdat we niet willen dat de oude pijn wanneer deze naar boven komt, bedekt wordt met nieuwe vaardigheden of copingstrategieën. De gelegenheid om verder te komen dient zich pas aan als we onze afweer kunnen ontmantelen en onze oude pijn bovenkomt. Nieuwe vaardigheden en copinggedrag zouden ons die kans op heling slechts ontnemen. De pijn zal dan verdrongen blijven en wat belangrijker is omdat het destructiever is voor ons huidige leven: we blijven met afweer reageren op nieuwe symbolen. Er is gewoonweg geen manier om daaraan te ontkomen.

Laten we doen wat er gedaan moet worden om te helen en laten we het niet uitstellen. Ons leven is al veel te lang moeilijker geweest dan het hoeft te zijn. Het is altijd geweldig om te zien hoe mensen hun leven verbeteren wanneer ze met PRI aan de slag gaan. Hun relaties verbeteren, ze vinden een betere baan, gaan liefdevoller met hun kinderen om en worden energieker en zelfverzekerder.

Tom beschreef de verandering in zichzelf na PRI als: 'Ik voel me fysiek zwaarder.' Het leek alsof hij letterlijk meer aanwezig was, meer ruimte innam dan voorheen. Wat hem ook verbaasde, was dat hij door zijn collega's heel anders behandeld werd. Hij had zich op zijn werk altijd weinig gerespecteerd gevoeld, maar nu nam hij in vergaderingen het woord en merkte dat anderen zijn meningen en ideeën waardeerden. Hij had nooit bewust iets gedaan om dit effect tot stand te brengen – het gebeurde als een natuurlijke 'bijwerking' nadat hij zijn oude pijn had gevoeld en zijn afweer had opgegeven.

Stap 4: het blootleggen van de oude pijn en je ervoor openstellen kan het moeilijkste lijken. In de praktijk blijkt echter dat het herkennen van de afweren veel moeilijker is, omdat die zoals gezegd zo bij ons zijn gaan horen dat we er maar al te sterk van overtuigd zijn dat we niet met afweer te maken hebben en dat de bron van onze ellende buiten onszelf of buiten onze macht ligt.

Waarschijnlijk ben je bij het toepassen van stap 3 – het omkeren van je afweer – al meer gaan openstaan voor je gevoelens. Misschien heb je gemerkt dat je je vaker kwetsbaar voelde en meer emotionele pijn had dan je gewend bent. Onthoud dat het de muur van ontkenning is die ons van het voelen van onze oude pijn afhoudt. Door je afweer om te keren breek je die muur af en zul je onvermijdelijk de oude pijn gaan voelen.

Observeer jezelf dagelijks en let op wat je overdag voelt. Blijf je concentreren op de mensen en situaties die voor jou symbolisch zijn. Wanneer je reageert, gedraag je dan tegengesteld aan je spontane neiging en stel je vervolgens open voor alle gevoelens die opkomen. Handel niet naar deze gevoelens, maar voel ze zo diep en volledig mogelijk.

Het is heel belangrijk om te beseffen dat wat je voelt de oorspronkelijke pijn is van het kind dat je vroeger was. Wat je voelt is niet pijn die op de oude pijn lijkt of die benadert. Het is de oude pijn zelf. De pijn die het kind dat je was heeft moeten onderdrukken, en die nu door symbolen naar boven komt. De pijn voelen zolang deze nog aan een symbool verbonden is, werkt niet helend. Het bewerkstelligt het tegenovergestelde: de ontkenning van de oude realiteit wordt erdoor versterkt. Voel de pijn dus alsof die van nu is (zo voelt dat altijd), terwijl je tegelijkertijd weet dat het oud is. Doe dat ook als het tegen je intuïtie indruist of verkeerd voelt.

Vul het volgende formulier drie weken lang één keer per dag in. Bekijk in die drie weken wat je bereikt hebt en wat moeilijk voor je is. Hoe vaak zie je je afweer over het hoofd of lukt het niet hem om te keren? Hoe vaak sta je jezelf niet toe de pijn te voelen die naar boven komt? Observeer jezelf nauwlettend, maak aantekeningen en leer door te analyseren wat goed gaat en wat moeilijk voor je is.

Neem deze tabel zo vaak als nodig is over in een schrift om de oefening drie weken te doen. Vul ook in welke dag je verslag betreft (1 t/m 21).

Het blootleggen van en openstaan voor oude pijn

Voorbeeld

Symbool:	Reactie:	OA: ja/nee:	Oud gevoel:
Vriendin helpt niet met schilderen huis.	Teleurstelling tonen.	Ja	Grote eenzaamheid van het kind dat niet wordt geholpen.
Dag... Symbool:	Reactie:	OA: ja/nee:	Oud gevoel:

Als de drie weken voorbij zijn, heb je hopelijk ontdekt dat je in staat bent je voor je oude pijn open te stellen. Als het je is gelukt deze stappen te doorlopen (misschien met hulp van een PRI-therapeut), zul je vooruitgang boeken. Het kan zo nu en dan heel zwaar zijn, alhoewel een leven vanuit afweer in allerlei opzichten veel zwaarder is, maar het is de moeite waard als je weet vol te houden. Blijf ook wanneer er verbetering komt in de voornaamste problemen die je hebt, doorgaan op je afweerreacties te letten en alert te zijn op oude pijn die zo nu en dan nog naar boven kan komen.

Het is voor mij een tweede natuur geworden constant te letten op wat ik doe, waarom ik het doe, hoe ik me voel en wat ik denk, of wat er in mijn lichaam gebeurt. Hierdoor herken ik symbolische situaties (meestal) snel en kan ik mijn afweer (meestal) omkeren. Zoals je waarschijnlijk is opgevallen blijkt uit het woord 'meestal' dat het me niet altijd lukt mijn afweer onmiddellijk te herkennen en om te keren. Mijn man is bijvoorbeeld soms nog symbolisch voor me, waardoor ik kwaad kan worden of huiverig ben om bepaalde zaken aan de orde te stellen. Meestal lukt het echter te herkennen dat ik symboliseer, kan ik me van mijn afweer disidentificeren en me vervolgens constructiever gedragen. Voor mij is PRI een levenslang proces waarin mijn innerlijke waarnemer, die al mijn daden, gedachten en opvattingen observeert, wordt geoefend. Met deze zelfobservatie kan ik door de illusie heen kijken dat ik me moet verweren tegen wat er in het verleden is gebeurd en kan ik meer in het heden leven als de volwassene die ik nu ben.

Stap 5: je pijn in verband brengen met het verleden
Er is een laatste stap die je kan helpen wanneer je in staat bent:
– het te herkennen als je afweer gebruikt;
– bewust te zijn dat dit door een symbool is teweeggebracht;
– je afweer om te keren;
– je open te stellen voor je oude pijn terwijl je weet dat die oud is.

De oorzaak van onze oude pijn ligt in het verleden en kan meestal opgespoord worden. De methode waarmee we de oorsprong van een gevoel opsporen is regressie. Een PRI-regressie is het proces waarin we bewust teruggaan naar de emotionele toestand van het kind dat we waren. Met andere woorden: in gedachten worden we het kind dat we op een bepaald moment in het verleden waren. Dat betekent dat we werkelijk voelen hoe wij ons als kind hadden gevoeld als we de waarheid niet hadden hoeven verdringen. In een regressie kunnen gedetailleerde beelden van onze jeugd naar boven komen. Bijvoorbeeld hele duidelijke kleurenbeelden van het gezicht van je moeder toen zij nog jong was, of misschien zie je heel levendig de slaapkamer waarin je als kind sliep. Of er verschijnen andere beelden voor je geestesoog die te maken hebben met de emotionele herinnering waar je tijdens een bepaalde regressie toegang toe krijgt. Hetzelfde gaat op voor klanken, geuren of lichamelijke gewaarwordingen. Het is verbazend dat dingen die zo lang geleden zijn gebeurd gedurende een regressie met zoveel zintuiglijke details beleefd kunnen worden.

Dit gebeurt niet altijd, dus wees niet bezorgd als het jou niet overkomt. Sommige oude gevoelens zijn zo vaak aanwezig geweest dat het moeilijk is ze met een bepaalde situatie in verband te brengen. Het kind dat dag in dag uit emotioneel verwaarloosd werd, kan als volwassene waarschijnlijk niet goed verband leggen tussen de pijn en een specifieke gebeurtenis. Omdat het steeds gebeurde, zal er geen duidelijke gebeurtenis naar voren komen. Deze gevoelens heten 'achtergrondgevoelens'. Het geeft niet als je geen verband kunt leggen tussen een bepaald gevoel en een specifieke situatie in het verleden. Het zou niet effectief zijn naar een verband te zoeken dat er niet is. Voel in zo'n geval de oude pijn, terwijl je jezelf laat weten dat die oud is en let op wie en wat de pijn veroorzaakte. Het is belangrijk erachter te komen wie er wel of niet iets deed. Een cliënt met hevige pijn door gevoelens van eenzaamheid kan zich realiseren: 'Mijn moeder verwaarloosde me emotioneel. Ik was meestal alleen. Ze was altijd druk bezig met het huishouden.' Dit voorbeeld toont dat er een besef is van wat de pijn veroorzaakt heeft zonder dat er een verbinding met een specifieke situatie is.

In veel gevallen kunnen oude gevoelens die bij ons opkomen verbonden worden met specifieke situaties. Het helpt als je die situaties kunt terughalen.

- Wanneer je in het oude gevoel zit, concentreer je er dan op en laat jezelf door het gevoel terugvoeren in de tijd. Vraag je af: Waar heb ik dit eerder gevoeld? *Concentreer je op het gevoel,* niet op het rationele zoekproces. Anders raak je het contact met het gevoel misschien kwijt. Sommige mensen hebben er baat bij als ze gaan liggen, bijvoorbeeld in een rustige en donkere omgeving. Experimenteer en zoek uit wat jou het beste helpt om bij je gevoelens te komen.
- Terwijl je je gevoelens blootlegt en toelaat, kunnen er oude situaties, beelden of associaties bij je opkomen.
- Als dat gebeurt, sta jezelf dan toe het kind te zijn dat je toen was. Probeer je eerst het kind voor te stellen dat je in die situatie was.
- Kijk dan of je ín het lichaam van dat kind kunt zijn in plaats van naar haar te kijken.
- Wees je bewust van wat er gebeurt, wie erbij zijn, wat iedereen aan het doen is en concentreer je voortdurend op wat jij (het kind dat je was) voelt.

- Stel jezelf de vraag of je in die specifieke situatie iets nodig hebt.
- Stel jezelf de vraag van wie je dat nodig hebt. Meestal zal dat je vader of je moeder zijn.
- Sta jezelf dan toe in te zien dat je niet kreeg wat je nodig had en stel je open voor de gevoelens die daarbij naar boven komen.

Houd in gedachten dat stap 5 niet gemakkelijk is om in je eentje toe te passen. De meeste mensen hebben hulp nodig van een ervaren PRI-therapeut om bij de verbinding met het verleden te komen. Een PRI-therapeut, omdat andere therapeuten die met regressie werken, in de regressie meestal proberen 'het verleden te corrigeren', zoals het geval is bij onder andere regressietherapie, hypnose, visualisatie, 'moderne' psychoanalyse, pessotherapie en inner-child work. Tijdens deze regressies wordt de cliënt aangespoord zich te verbeelden dat ze nu krijgt wat ze toen niet kon krijgen. Er kan haar opgedragen worden zich voor te stellen dat haar moeder haar geeft wat ze nodig heeft. Of ze wordt ertoe aangezet de situatie binnen te stappen als de volwassene die ze nu is om het kind dat ze toen was te helpen.

Zoals eerder opgemerkt, ziet de PRI-therapie dit als nadelig voor het helingsproces. Niemand kan het verleden veranderen. Wat voorbij is, is voorbij en de effecten zijn daar. Ook wordt de valse hoop van de cliënt aangewakkerd als de therapeut haar in een regressie opdraagt haar behoeften te vervullen. De therapie geeft haar de illusie dat ze nu wél kan krijgen wat ze toen nodig had. Bovendien geeft de therapie haar de boodschap dat haar behoeften bij het heden horen (waarom wordt ze anders in de therapie aangespoord om zich voor te stellen dat haar behoeften nu bevredigd worden?). Dit versterkt haar ontkenning (VH: ik kan nu krijgen wat ik toen nodig had) en daarmee haar neiging tot symboliseren. Met andere woorden: de oude realiteit – dat ze toen iets nodig had en dat niet kon krijgen – wordt ontkend als de therapeut impliceert dat ze het nog steeds nodig heeft en het nu op symbolische wijze kan krijgen. Ten slotte houdt deze techniek haar af van het zo volledig mogelijk voelen van de oude pijn, wat nodig is om te helen. Je kunt je voorstellen dat je uit je pijn wordt gehaald als de therapeut je vraagt om je voor te stellen dat je moeder je vasthoudt, op het moment dat je net de pijn hebt blootgelegd die voortkomt uit het feit dat ze dat destijds niet deed.

Om te helen is een gelijktijdig bewustzijn nodig van zowel de pijn van het verleden als van wat de huidige realiteit is. Als regressie wordt toegepast zoals dat in veel therapieën gebeurt, dan wordt het voelen van de oude pijn voortijdig beëindigd en raakt de huidige realiteit vertekend (we hebben nu niet nodig wat we toen nodig hadden). Als iets zo pijnlijk is dat het verdrongen moet worden, dan kan het niet verwerkt worden op dezelfde manier als andere gebeurtenissen in ons leven. Het verandert niet van 'iets dat nu plaatsvindt' in 'iets dat in het verleden is gebeurd en voorbij is' – een herinnering – maar blijft ons daarentegen in het heden beïnvloeden. Omdat we deze invloed voelen, denken we dat het om het heden gaat. Dat is echter een vergissing. Het voelt alleen zo omdat ons bewustzijn het nog niet heeft kunnen verwerken. Hierdoor krijgt de gebeurtenis de status van een gebeurtenis uit het heden. Om de gebeurtenis goed te verwerken zodat deze de juiste status krijgt – die van een gebeurtenis die in het verleden thuishoort – is het nodig te leren met een duaalbewustzijn te ervaren wat er gebeurt. We zijn ons dan bewust van de huidige realiteit (het gebeurt niet nu, hoe het ook voelt of wat onze geest ons ook vertelt) én van de oude pijn en kunnen die tegelijkertijd ook voelen. Het komt door de heftigheid van de pijn dat de gebeurtenis niet is verwerkt toen dat had moeten gebeuren, dus moet die nu volledig ervaren worden. Door een therapie die dit proces vroegtijdig beëindigt, blijft een deel van de pijn verdrongen en niet geheeld en zal daardoor invloed blijven uitoefenen op hoe we ons in het heden voelen.

Wanneer het lukt bij de oude pijn te komen, blijf dan zo lang mogelijk bij dat gevoel. Schrijf op wat de oude realiteit is waaruit het gevoel is ontstaan, telkens wanneer je een verband kunt leggen met een specifieke gebeurtenis. Als er een verband is met een algemener iets dat vaker voorkwam, schrijf dan op wie iets deed of naliet.

Neem deze tabel over in een schrift, zo vaak als je hem nodig hebt.

Oude gevoelens in verband brengen met hun oorsprong in het verleden

Voorbeeld

Symbool:	Oud gevoel:	Oorsprong wie, wat wanneer, hoe:
Vriend die niet naar mijn zorgen luistert.	Enorme machteloosheid, gevoel dat het leven geen zin heeft.	Mijn moeder schonk geen aandacht aan mijn behoefte aan haar bescherming toen ik bang was om de eerste keer naar school te gaan.

Het is belangrijk om op te schrijven wat je over je oude realiteit ontdekt. Gevoelens en realisaties die in een regressie opkomen, kunnen naderhand makkelijk wegzakken. Het lijkt of in een regressie de verdringing tijdelijk op non-actief wordt gesteld en de opgedane ervaringen en hieruit verkregen inzichten veilig gesteld moeten worden door ze extra aandacht te geven door ze bijvoorbeeld op te schrijven. Als dat niet gebeurt, is er een goede kans dat de verdringing opnieuw de overhand krijgt en de nieuwe ervaringen en inzichten weer verloren gaan. Als je vele bladzijden hebt gevuld met de oefeningen in dit boek, ga dan door met deze goede gewoonte totdat je het niveau hebt bereikt waarop je je min of meer automatisch bewust bent van wat je voelt en waar deze gevoelens vandaan komen.

N.B. Na de verschijning van *De herontdekking van het ware zelf* heb ik het concept 'gedisidentificeerd voelen van oude pijn' ontwikkeld. In *Illusies* wordt het uitgebreid uitgelegd zodat je het zelf kunt toepassen. Kort gezegd komt gedisidentificeerd voelen van oude pijn erop neer dat we de oude pijn *alle* ruimte geven in ons lichaam (we laten de pijn zo sterk en groot mogelijk worden) terwijl we *tegelijkertijd* nauwlettend *observeren* wat er gebeurt. Door oude pijn te ervaren vanuit het perspectief van de observator ontstaat het zogenoemde gedisidentificeerde voelen. Deze manier van voelen staat tegenover het zogenoemde geïdentificeerde voelen, waarbij we ons volledig overspoeld voelen door de oude pijn, ons erdoor bedolven voelen en het perspectief van de observator verliezen. Het op gedisidentificeerde manier voelen van oude pijn maakt het mogelijk de volledige lading zonder enige weerstand toe te laten, waardoor in combinatie met structurele omkering van afweer kan worden toegewerkt naar integratie.

6. Situaties die speciale aandacht vergen

De vijf stappen in hoofdstuk 5 beschrijven hoe het basishelingsproces van de PRI-therapie van dag tot dag toegepast wordt. Deze toepassing verloopt echter niet altijd vlekkeloos. In dit hoofdstuk komt een aantal bijzondere situaties en problemen aan bod die men vaak tegenkomt, en er worden suggesties gegeven hoe daarmee om te gaan.

6.1 'IK VOEL NIKS'

Al voel je in het algemeen misschien weinig, je bent je er wel van bewust dat sommige dingen in je leven problematisch zijn, anders zou je dit boek niet lezen. Het kan helpen om je te realiseren dat je waarschijnlijk het afweermechanisme van ontkenning van behoeften (OvB) hanteert en dat je pijn achter die afweer schuilgaat. Wat je kunt doen is jezelf observeren door je vele malen per dag (om te beginnen minstens tienmaal) de vraag te stellen: 'Wat voel ik op dit moment?' Je antwoorden zijn in het begin misschien vaag, maar houd vol, want door jezelf die vraag te blijven stellen, zal steeds meer aan het licht komen van wat er nu werkelijk aan de hand is. Als je antwoord luidt: 'Ik voel nu niets,' neem dan even de tijd om dieper te peilen. Waarschijnlijk voel je wel degelijk iets, hoe subtiel dan ook. Als het regelmatig gebeurt dat je eerst denkt dat je 'niets voelt', kan het zin hebben je af te vragen hoe je je huidige gemoedstoestand op een schaal van -5 (zeer negatief) via 0 (neutraal) tot 5 (zeer positief) zou beoordelen.

Zeer negatief	neutraal	zeer positief
-5	0	5

Zo kun je een begin maken met je gevoelens te onderscheiden. Meestal zul je ontdekken dat je je altijd wel enigszins negatief of positief voelt.

Houd het in het begin simpel. Maak je geen zorgen als je alleen kunt aangeven dat je je een beetje positiever (+1) of negatiever (-1) dan neutraal voelt. Ga gewoon door met op de schaal aan te geven hoe je je voelt. Maak het niet ingewikkeld en breng jezelf niet in de war door je af te vragen waarom je je zo voelt of wat er achter een gevoel steekt. Beperk je tot het observeren van je gevoelens.

Na een poos ben je misschien al in staat meer gevoelens te onderscheiden dan alleen positief of negatief. Voorbeelden van duidelijker omschreven gevoelens zijn: blij/niet blij; gespannen/ontspannen; bang/veilig; verveeld/opgewonden; boos/rustig, enzovoort.

Vraag je in het begin minstens tien keer per dag (één keer per uur) af hoe je je voelt en schrijf je antwoord op. Als je de neiging hebt om dingen te vergeten, stel bovenstaande vraag dan op een vaste tijd en zet zonodig een wekker.

Het belang van opschrijven hoe je je voelt is dat deze taak hierdoor meer gewicht krijgt en het besef van hoe je je voelt niet zo makkelijk zal vervagen.

Bovendien is noteren hoe je je voelt een extra hulpmiddel om je aandacht op je gevoelens te richten. En hoe meer aandacht je aan iets schenkt, hoe duidelijker het zich meestal aftekent. Als je deze oefening met enige volharding blijft doen, zul je merken dat je al snel steeds beter weet wat je voelt.

In deze context raad ik je ook aan je af te vragen wat je bij bepaalde dingen voelt, voordat je ze doet. Telkens als je iets gaat doen, te beginnen met 's morgens uit bed stappen, vraag je dan af of je er zin in hebt of niet. Blijf de dingen doen die je altijd doet, maar stel jezelf deze vraag telkens als je op het punt staat iets te gaan doen. Nadat je hebt genoteerd of je wel of niet uit bed wilde komen, vraag je je bijvoorbeeld af hoe je het vindt om naar je werk te gaan, met een vriendin te gaan lunchen, of 's avonds naar een feestje te gaan, op het moment dat je die dingen gaat doen. Noteer kort je antwoord op de vraag: 'Heb ik er zin in of niet?' Het is belangrijk dit schriftelijk bij te houden om dezelfde twee redenen als bij het noteren van je gevoelens. Onthoud dat je terwijl je deze oefening doet, niets hoeft te ondernemen op grond van je toegenomen bewustzijn over je gevoelens. Dat komt later.

Mensen voor wie het erg moeilijk is om erachter te komen wat ze voelen en willen, hebben dikwijls op jonge leeftijd de verbinding tussen hun hart en hun hoofd moeten doorsnijden, omdat het bewustzijn van hun wensen en gevoelens hun meer kwaad dan goed zou hebben gedaan. Van jongs af konden ze zichzelf dat besef niet toestaan, omdat het hierdoor onmogelijk zou zijn geworden om het kind te blijven dat hun ouders wilden dat ze waren. Om de liefde, zorg en aandacht te krijgen die ze nodig hadden, moesten ze zich afsluiten voor hun eigen wensen en gevoelens. Wanneer je als volwassene die wensen en gevoelens gaat achterhalen, kan dat als een bedreiging worden ervaren, waardoor het afweermechanisme om te overleven geactiveerd wordt. Om te voorkomen dat je tijdens deze oefening door je afweer wordt beïnvloed, is het belangrijk te beseffen dat je kunt weten hoe je je voelt en wat je wel en niet wilt, zonder dat je ernaar hoeft te handelen.

Een andere factor die je ervan kan weerhouden bewust te zijn van je gevoelens is het gebruik van genotmiddelen. Als je drinkt om tijdelijk van pijnlijke gevoelens te worden verlost of om stress te bestrijden, houd daar dan mee op. Alcohol verhindert dat je met je gevoelens in contact komt.

Ook sterk remmend werkt roken, iets wat veel mensen niet beseffen. Roken is een zeer krachtige verslaving. Er zijn maar weinig mensen die in staat zijn af en toe te roken. Anders dan bij alcohol, zullen de meeste mensen aan tabak verslaafd raken wanneer ze met roken beginnen. Patricia Allison haalt in haar boek *Hooked but not Helpless: Kicking the Nicotine Addiction*[1] een uitspraak aan van dr. Hamilton Russell, onderzoeker aan het London Institute of Psychiatry: 'Je wordt veel sneller afhankelijk van sigaretten dan van alcohol of barbituraten. Er zijn maar drie of vier toevallige sigaretten in de puberteit nodig om er vrijwel zeker voor te zorgen dat iemand uiteindelijk een regelmatige en afhankelijke roker wordt.' Van alle rokers kan slechts 3 tot 4 procent als niet-verslaafd worden beschouwd, wat betekent dat zij niet elke dag willen roken. Roken is volgens sommige mensen zelfs even verslavend als heroïne. Allison schrijft: 'De voormalige Amerikaanse chirurg C. Everett Koop bevestigde wat reeds lang bekend is: het roken van sigaretten is een drugsverslaving; de nicotine in tabak is in alle opzichten even verslavend als heroïne of cocaïne.' Uit onderzoek is gebleken dat het even moeilijk is blijvend met roken te stoppen als met illegale drugs. Allison: 'Volgens Koop gebruiken mensen die aan nicotine verslaafd zijn, net als mensen die aan heroïne of cocaïne verslaafd zijn, hun drug op een dwangmatige manier, ze bouwen een steeds grotere tolerantie op en krijgen ontwenningsverschijnselen wanneer ze proberen te stoppen. Hoewel veel rokers zonder hulp met roken stoppen, beginnen ze er volgens Koop weer even vaak mee als verslaafden die met illegale drugs stoppen.'

Nicotine is een stimulerend middel. Het hoort bij dezelfde 'farmacologische familie' als cocaïne en amfetaminen. Een van de redenen waarom nicotine zo verslavend is, is dat het een tweeledige werking heeft, zowel opwekkend als dempend, waardoor het een toestand van ontspannen waakzaamheid creëert. In tegenstelling tot speed of heroïne zorgt nicotine ervoor dat we noch te opgewonden, noch te suf worden om normaal te blijven functioneren. Het effect van de drug is net krachtig genoeg om de scherpe kantjes van spanning af te halen of om op een feestje onze stemming op te krikken. Met andere woorden: nicotine wordt om dezelfde redenen gebruikt als andere drugs: om onze stemmingen te reguleren. Roken is zo enorm verslavend omdat het naast de fysiek verslavende werking ook nog een sterk verdovend effect op onze gevoelens heeft. Allison: 'We leren op sigaretten te vertrouwen om onze emoties te reguleren. Ze geven ons een veilig gevoel als we angstig zijn, we wanen ons met een sigaret minder eenzaam als we alleen zijn. Ze kalmeren ons als we geïrriteerd of boos zijn, vullen onze tijd als we ons vervelen, geven ons een oppepper als we moe zijn. Rokers zijn niet gewend om het leven met al zijn emotionele pijn, frustraties, teleurstellingen, verveling en zelfs momenten van grote vreugde tegemoet te treden zonder het kalmerende effect van nicotine.'

Allison ziet een duidelijk verband tussen roken en pijn uit de jeugd: 'Hoe sterk mensen aan roken hechten hangt van veel dingen af: jeugd en persoonlijkheid [...] en de mate waarin ze in staat zijn emotionele problemen op te lossen.' Ze vervolgt: 'Ik heb met veel vergelijkbare mensen gewerkt, wier verregaande gehechtheid aan sigaretten is terug te voeren op een traumatisch verleden [...] zulke mensen gebruiken sigaretten als een vorm van zelfmedicatie, als een manier om de pijn te verdoven.' En: 'Mensen met een gezonde opvoeding [...] vinden het vaak tamelijk makkelijk om zelf te stoppen.

Met roken stoppen is voor hen vooral een zaak van hun instelling veranderen, het is geen kwellende ervaring.' Roken is duidelijk een psychologische, emotionele én een lichamelijke verslaving. Om al deze redenen is het niet verwonderlijk dat sigaretten qua werking als emotie-onderdrukkend middel zijn vergeleken met heroïne.

Voor veel mensen is het waarschijnlijk heel verbazingwekkend om te ontdekken dat roken zo'n onderdrukkend effect op hun gevoelens heeft. Maar weinig mensen realiseren zich dit, vooral in landen buiten de Verenigde Staten. Het effect op onze gevoelens helpt te verklaren waarom de drang tot roken jaren nadat men is gestopt, nog steeds zo sterk kan blijven. Je hoort vaak dat mensen, na jaren niet gerookt te hebben, weer begonnen zijn nadat er in hun leven iets pijnlijks is gebeurd.

Als je rookt, overweeg dan of je er voor dit werk mee zou willen stoppen. Ik ben zelf vijftien jaar ernstig verslaafd geweest aan sigaretten en ik weet hoe moeilijk het kan zijn. Ik weet echter ook dat het mogelijk is en dat er – wat voor de verslaafde een hele verrassing is – in je leven niets verandert, behalve met je gezondheid, je spanningsniveau* en je vermogen je bewust te zijn van wat je voelt.

Als je wilt stoppen met roken, dan kun je het volgende doen: voel de hunkering naar nicotine. Zeg tegen jezelf dat deze hunkering niet van jou is, dat hij van een 'nicotinemonster' afkomstig is (of hoe je het ook wilt noemen) dat je in zijn greep heeft en je wil doen geloven dat jij het bent die naar nicotine smacht. Met andere woorden: disidentificeer je op cognitieve wijze van de behoefte.

Voel vervolgens de hunkering in je lichaam. Waar voel je het? Hoe lang houdt het aan? Je merkt waarschijnlijk dat het verlangen ergens in je onderlichaam begint en zich naar boven werkt, tot in je mond, vergelijkbaar met een golf. Het blijft daar een paar minuten hangen en neemt dan vanzelf af. Concentreer je op dat gevoel zolang het in je lichaam aanwezig is en realiseer je tegelijkertijd met je verstand dat

---

* Sigaretten hebben voornamelijk een stimulerende werking en niet zozeer een ontspannende, zoals veel mensen denken. Het feitelijke resultaat is dat we door te roken eerder gespannen dan ontspannen worden.[2] De gedachte dat roken een gevoel van ontspanning geeft, vloeit voort uit de oplcuhting die de verslaafde voelt op het moment dat hij/zij haar volgende 'shotje nicotine' krijgt.

dit niet jouw behoefte is, niet het verlangen van jouw lichaam. Het is iets anders, iets wat los van jou staat en waarmee je je ten onrechte hebt geïdentificeerd: een potentieel dodelijke verslaving. Sta jezelf dan toe te voelen welke gevoelens naar boven komen en ben je ervan bewust dat deze gevoelens (zoals eenzaamheid, wanhoop, of uitzichtloosheid) oude gevoelens uit je jeugd zijn. Ik wens je veel succes en hoop dat je jezelf deze kans gunt. Allisons boek kan misschien behulpzaam zijn als je met roken wilt stoppen. De methode die wordt gebruikt, sluit goed aan bij de concepten van PRI, zoals die hiervoor beschreven zijn.

Als je het gevoel hebt dat je tamelijk goed weet wat je wel en niet wilt, en meestal beseft wat je voelt, begin dan aan stap 1 van het basiswerk (zie p. 138).

6.2 'IK VOEL ME ALLEEN MAAR DEPRESSIEF, ALSOF ER EEN ZWARE DEKEN OVER ME LIGT'

PRI beschouwt depressiviteit als een afweer tegen pijnlijke gevoelens. De depressiviteit zelf is niet de pijn die gevoeld moet worden. Dit geldt zowel wanneer de depressie pas korte tijd geleden begonnen is, als wanneer zij al jaren aanhoudt. Net als woede is depressiviteit een emotie die ons ervan weerhoudt te voelen wat we eigenlijk zouden moeten voelen. Stel dat je hond door een auto wordt overreden en doodgaat. Als je daarna depressief wordt in de zin dat je je verdoofd, lusteloos en apathisch voelt en nergens in geïnteresseerd bent (dit is ook een definitie van een klinische depressie), wil dat zeggen dat je de echte gevoelens onderdrukt die anders in zo'n situatie naar boven zouden komen. Als je je daarentegen 'depressief' voelt in de zin dat je verdrietig bent en veel huilt omdat je om het verlies van je hond rouwt, dan voel je wel wat er te voelen valt. Het is belangrijk een onderscheid te maken tussen de twee verschillende betekenissen die de woorden 'ik voel me depressief' kunnen hebben. Als je het laatste voelt, sta je in contact met je gevoelens. Blijf bij je gevoelens totdat ze vanzelf verdwijnen. Als je het eerste ervaart en 'niets' voelt, pas dan op. Probeer te weten te komen wat er achter je 'depressie' schuilgaat. Welke gevoelens worden door je depressie te-

gengehouden? Probeer dit echt te doen, hoe moeilijk dat ook kan zijn als je al jaren lijdt onder depressieve gevoelens.
Stel jezelf de volgende vragen:

1. Wanneer is de 'depressie' precies begonnen?
2. Wat is er vlak daarvoor gebeurd?
3. Wat doet dat met me? Welke uitwerking heeft het op mij? Concentreer je op wat er gebeurde vlak voordat het verdoofde, musteloze gevoel begon en vraag je af welke impact het werkelijk op je had.
4. Heeft het gebeurde me:
   a. boos gemaakt?
   b. wanhopig gemaakt?
   c. me een slecht gevoel over mezelf gegeven?
   d. me veel pijn bezorgd?
5. Als wat je voelde eigenlijk woede was (VM), stel dan jezelf deze vraag: 'Waartegen bescherm ik mezelf?' Als dat niet helpt om bij het onderliggende gevoel te komen, stel jezelf dan de volgende vraag: 'Wat zou ik vanuit die woede willen zeggen?' Het antwoord op deze vraag zal je aanwijzingen geven over wat het is dat je pijn doet. Als je bijvoorbeeld zou willen zeggen: 'Stomme kerel, val me toch niet steeds lastig. Laat me met rust!' geeft dat aan dat de pijn die je voelt, te maken zou kunnen hebben met iemand die jouw grenzen niet respecteert, je misschien zelfs achtervolgt of altijd je plezier bederft. De taak is aan jou om te voelen welke oude realiteit erbij past.
6. Als wat je voelde eigenlijk wanhoop was (valse hoop die instort), vraag jezelf dan waar je op hoopte. Dit zal de onvervulde behoefte uit je jeugd blootleggen en je de richting van de pijn wijzen. Stel dat iemand zich 'depressief' voelt na weer een vruchteloze poging om met haar ouders te praten en zich realiseert dat het gevoel dat achter haar depressiviteit schuilgaat eigenlijk wanhoop is: 'Het is hopeloos, ze zullen nooit begrijpen wat ik probeer te zeggen.' Door zichzelf de vraag te stellen wat ze door met hen te praten had willen bereiken, zal ze erachter komen wat haar oude behoefte is. In dit geval zou het antwoord kunnen zijn: 'Ik hoopte dat als ze me begrepen, er een eind aan hun kritiek zou komen.' Dit onthult de pijn van het kind. De pijn van het kind had te maken met bekritiseerd en niet begrepen worden.
7. Als achter de depressie het gevoel schuilging dat je je slecht voelt

over jezelf (primaire afweer), concentreer je dan op dat gevoel en stel jezelf de vraag: 'Wat heb ik nodig als ik me zo voel?' Deze behoefte is meestal het spiegelbeeld van de primaire afweer. Als bepaalde kritiek je bijvoorbeeld het gevoel geeft dat je een waardeloos iemand bent, dan zal de behoefte die aan deze primaire afweer ten grondslag ligt zoiets zijn als 'ik heb iemand nodig die me de indruk geeft dat ik belangrijk ben, dat ik ertoe doe, van waarde ben'. Dit onthult de oude, onvervulde behoefte en de oude realiteit. Dit kind is waarschijnlijk door haar ouders behandeld alsof zij voor hen niet veel waarde had.

8. Als je veel pijn voelde, sta die dan toe en ben je bewust waar de pijn mee te maken heeft.
9. In alle gevallen geldt: als je hebt bepaald welke pijn achter de afweer van je depressiviteit schuilgaat, sta jezelf dan toe die pijn te voelen, je te concentreren op je oude, onvervulde behoefte en de bijbehorende oude realiteit die er de oorzaak van was dat je behoefte niet vervuld werd (bijvoorbeeld: mijn ouders besteedden niet veel aandacht aan me).

Als je al lange tijd lijdt onder depressieve gevoelens, dan is het waarschijnlijk moeilijk om hier zelfstandig doorheen te breken. Zoek liever de hulp van een therapeut als je merkt dat je pogingen stranden.

6.3 'IK BEN BOOS EN IK DENK DAT DAT GOED VOOR ME IS!'

Veel therapeuten beschouwen het voelen van woede in het heden over iets wat ons als kind is aangedaan als een gezonde en wenselijke emotie om te helen. De cliënt wordt gestimuleerd in contact te komen met haar woede en die in de sessie te uiten door op een kussen te slaan of te schreeuwen. Vaak wordt de cliënt gevraagd: 'Waar is je woede?' Als de cliënt geen woede voelt over wat er met haar gebeurd is, wordt verondersteld dat ze in een staat van ontkenning verkeert. Of de cliënt wordt aangemoedigd een boze brief naar haar ouders te schrijven (meestal zonder die te versturen). Op veel verschillende manieren brengen therapeuten over dat het gezond en noodzakelijk is je woede te voelen en te uiten.

Vanaf het midden van de vorige eeuw, toen psychologen de effecten van catharsis (emotionele ontlading) begonnen te onderzoeken[3], moest men telkens weer concluderen dat het ventileren van woede weinig tot niets bijdroeg aan het verwerken van gevoelens. De woede nam vaak zelfs nog toe. Woede uiten kan echter een bevredigend gevoel geven door de verleidelijke aard van woede. In tegenstelling tot verdriet kan woede energie geven en werkt het voor sommige mensen soms zelfs verkwikkend. De verleidelijke en overtuigende aard van woede (we vinden onze woede meestal zeer gerechtvaardigd) verklaart waarschijnlijk waarom zoveel mensen menen dat woede niet te beheersen is of in ieder geval niet beheerst moet worden, omdat het goed is die te uiten.

PRI beschouwt het uiten van woede daarentegen als een manier om onze ware gevoelens te ontkennen. Iedere keer, werkelijk iedere keer, dat wij ons boos (of geïrriteerd) voelen, betekent dit dat we door een symbool geraakt zijn. Het symbool haalt oude pijn naar boven en in plaats van die te voelen komt er afweer boven in de vorm van woede of irritatie (VM). Iedere keer dat we onszelf wijsmaken dat boos zijn of geïrriteerd raken een gezonde manier is om de situatie aan te pakken, zijn we in werkelijkheid bezig onze muur van ontkenning te versterken. En hoe sterker die muur is, hoe meer moeite het zal kosten om te helen. Het schaadt ons heelwordingsproces als we onszelf toestaan boos te worden op een symbool in het heden of op mensen in het verleden. Het bedekt slechts de ware gevoelens die toegelaten moeten worden.

De enige uitzondering is wanneer wij, of iemand die we willen beschermen, in het heden fysiek bedreigd worden. In zo'n geval is woede, net als angst, een toepasselijke reactie. Als ons welzijn wordt bedreigd, moeten we iets doen: vechten (woede) of vluchten (angst). Als we bijvoorbeeld een gevaarlijk dier zien wanneer we door de wildernis lopen, is het verstandig om weg te rennen (vluchten) of ons te verdedigen (vechten) als het dier aanvalt. Hetzelfde geldt voor een situatie waarin we worden aangevallen door een medemens. Als we niet kunnen ontsnappen, dan is het nodig om te vechten, om ons te verdedigen. In alle andere situaties geeft woede ons een vals gevoel van macht, waardoor wij ons tijdelijk goed zullen voelen, maar dat uiteindelijk niets oplevert. Het is moeilijk in te zien en toe te geven dat woede afweer is, omdat we meestal vinden dat we het recht hebben boos te worden. De illusie die woede voor ons schept, is een zeer krachtige. We geloven er echt in. Als een persoon of situatie ons boos 'maakt', denken we dat iedereen boos zou zijn als haar hetzelfde overkwam. We zijn vastbesloten zo'n behandeling niet te tolereren. 'Je moet het niet pikken' is een veel gegeven advies dat die illusie versterkt. Dit impliceert niet dat we vanuit een volwassen bewustzijn alles dan maar prima moeten vinden. Het betekent echter wel dat de dingen waar we negatief of afkeurend tegenover staan, geen emotionele impact op ons hebben, zoals het geval is wanneer we kwaad of geïrriteerd worden. Je zou het kunnen vergelijken met hoe je je voelt wanneer je iets vervelends moet doen, bijvoorbeeld een fikse afwas van een etentje met vrienden de avond daarvoor. Weinig mensen zullen dit leuk vinden om te doen, het zal de meeste mensen echter ook niet kwaad maken.

Een voorbeeld: stel dat je al lang in de rij staat te wachten en iemand dringt voor. De meeste mensen zouden al dan niet zichtbaar kwaad worden door dit 'onrecht'. Het gevoel dat je onrecht wordt gedaan en de erop volgende woede geven echter aan dat oude pijn wordt geraakt waartegen je jezelf beschermt met woede. Vanuit het VB zou de situatie wellicht vervelend zijn – of niet, je was toch net aan het dagdromen over je nieuwe liefde en hebt alle tijd – maar vergelijkbaar met de afwas: het zou geen emotionele impact hebben. En dan zou je, afhankelijk van je situatie op dat moment, de ander rustig kunnen laten voorgaan of haar rustig wijzen op het feit waar haar plek in de rij wel is en zo de situatie corrigeren.

De eerste stap is het loslaten van de overtuiging dat je met je woede in je recht staat. Dat is moeilijk en we voelen vaak een sterke weerstand tegen het loslaten van de gedachte dat we gelijk hebben. We zijn ervan overtuigd dat wij gelijk hebben en de ander ongelijk. Het is echter goed vraagtekens te zetten achter je manier van denken wanneer die tot woede of ergernis leidt. Vraag je in plaats daarvan af wat je zo boos maakt en voel de oude pijn die altijd direct achter de woede ligt. Als je dat eenmaal gedaan hebt, heb je veel meer kans dat je in staat bent de situatie uit het heden die je woede opriep, constructief aan te pakken. Constructief vanuit werkelijke innerlijke kracht, vrij van de illusoire gevoelens van kracht die we krijgen vanuit de afweer van valse macht.

6.4 'IK KAN ME NIETS VAN MIJN VERLEDEN HERINNEREN'

Het is niet ongewoon dat cliënten zich maar heel weinig van hun jeugd herinneren. Soms lijken alle herinneringen van voor een bepaalde leeftijd ontoegankelijk. Dit betekent meestal dat het kind veel van wat er gebeurde heeft verdrongen. Het kan ook betekenen dat het kind (en de huidige volwassene) gebruik maakte van het afweermechanisme ontkenning van behoeften (OvB). Het kind dat vaak deze vorm van afweer – deze manier van de werkelijkheid ontkennen – gebruikt, wordt meestal als een 'makkelijk kind' beschouwd. Ze kan in haar eentje spelen, voldoet makkelijk aan de eisen die aan haar gesteld worden, vraagt niet te veel en komt niet in moeilijkheden. Veel ouders zouden zo'n kind als een modelkind zien. Het beschreven gedrag verwijst echter vaak naar OvB – waarbij het kind al vroeg heeft geleerd niet te veel aandacht te vragen en zich te distantiëren van wat ze voelt en nodig heeft.

Alice Miller beschrijft deze ontwikkeling heel duidelijk in haar boek *Het drama van het begaafde kind*. Ze beschrijft hoe het kind gedwongen is een vals zelf te ontwikkelen. Als deze afweervorm actief is, is het resultaat dat er vaak heel weinig herinneringen aan de jeugd zijn. Als dit je bekend voorkomt, kan het helpen als je zo veel mogelijk opschrijft over wat je je van vroeger herinnert. Denk over de hieronder volgende onderwerpen na en schrijf op wat er bij je boven komt. Door over deze dingen na te denken, kunnen nog meer herinneringen naar boven komen, zodat je steeds meer over je jeugd te weten zult komen.

Beschrijf je ouders zoals jij je hen herinnert uit de tijd dat je nog een kind was.

- Hoe behandelden ze jou, je broers en/of zusters en elkaar? Speelden ze met je? Brachten ze je naar bed? Lazen ze verhaaltjes voor? Zongen ze liedjes voor je? Omhelsden en zoenden ze je en lieten ze je op schoot zitten?
- Hoe brachten ze hun tijd door? Hoe vaak waren ze bij de kinderen? Wie van hen bepaalde de regels? Wie van hen handhaafde ze? Dronken of rookten je ouders?
- Wie was er als je 's morgens opstond? Kleedde je je 's morgens zelf

aan? Wat at je? Hoe ging je naar school? Wie was er als je uit school kwam? Wat gebeurde er onder het avondeten? Wie waren er? Wat gebeurde er na het eten?
– Had je lievelingskleren of kleren waaraan je een hekel had? Wie bepaalde wat je aan moest? Hoe was je school? Welke onderwijzers of onderwijzeressen herinner je je uit verschillende klassen? Welke vrienden of vriendinnen had je? Wat deed je het liefst op en buiten school?
– Wanneer voelde je je gelukkig? En wanneer ongelukkig? Wat was belangrijk voor je? Wat verwachtten je ouders volgens jou van je? Wat gebeurde er in het weekend en op vakantie? Namen je ouders je mee op vakantie, korte reisjes of dagtripjes? Waarover kon je wel en niet met hen praten? Wat gebeurde er als jij je fysiek pijn had gedaan? En wat als je het emotioneel moeilijk had? Nam je vrienden of vriendinnen mee naar huis? Hoe werden zij door je ouders behandeld? Werd er thuis ruzie gemaakt? Werd er weleens bespot, belachelijk gemaakt of vernederd? Wat gebeurde er als de kinderen met elkaar kibbelden? Waren er geheimen in jullie gezin? Hadden je ouders buitenechtelijke relaties?

Probeer je zo veel mogelijk praktische details te herinneren. Je zult onder het schrijven steeds meer ontdekken. Om dingen te herinneren kan het heel behulpzaam zijn als je een tekening maakt van het huis waarin je bent opgegroeid, op de manier zoals Jean Jenson adviseert in *Een zoektocht naar het ware zelf* (hoofdstuk 9).

6.5 'IK KAN MIJN GEVOELENS NIET IN VERBAND BRENGEN MET DE OUDE REALITEIT'

Soms is het moeilijk je gevoelens te verbinden met de realiteit van vroeger, nadat je ze van het symbool hebt losgemaakt. Bij sommige cliënten verdwijnen de gevoelens als ze die hebben losgekoppeld van datgene waardoor ze werden opgeroepen. In de PRI-therapie is het belangrijk dat je de gevoelens die door een gebeurtenis in het heden worden opgeroepen, volledig voelt terwijl je weet dat deze gebeurtenis niet de oorzaak is, maar dat die in je verleden ligt. Als je merkt dat je het contact met je gevoelens kwijtraakt zodra je ze loskoppelt van het symbool, probeer dan eens de volgende techniek. Wanneer je het gevoel ervaart terwijl het nog aan het symbool is gekoppeld, schakel je over naar een beeld van vroeger waarvan je weet dat het met je gevoel verbonden is. Op het moment dat je voelt dat je gevoelens wegzakken, denk je opnieuw aan het symbool zodat het gevoel weer opkomt. Terwijl je gevoelens hierdoor weer heel sterk worden, ga je opnieuw terug naar het beeld van vroeger, bijna alsof het een plaatje is, totdat het gevoel wegebt. Dan keer je terug naar het symbool, enzovoort.

Een voorbeeld. Stel je voor dat je baas op een manier handelt waardoor je je totaal afgewezen voelt. Zodanig dat je het gevoel hebt dat er niets is dat je kunt doen om het contact met haar te herstellen. De oude realiteit waar je je van bewust bent, is dat je moeder je als kind nooit aandacht schonk. Het was een volkomen uitzichtloze situatie. Er was niets dat je kon doen om haar aandacht te krijgen. Het kind dat je was werd volkomen alleen gelaten. In dit voorbeeld is je baas het symbool dat het gevoel oproept dat je helemaal alleen bent. Beleef dit gevoel eerst terwijl het gekoppeld is aan je baas. Schuif dan het plaatje van jezelf als kind ervoor. Zittend op de grond, alleen, zonder dat er ergens mensen te bekennen zijn. Als het gevoel wegebt, denk je weer aan je baas die je afwijst, enzovoort.

Deze schakeltechniek kan goed werken als je die blijft toepassen totdat het gevoel niet meer opkomt wanneer je aan het symbool denkt.

6.6 'HOE WEET IK DAT MIJN HERINNERINGEN WAAR ZIJN?'

In bepaalde kringen is sinds enkele jaren een discussie gaande tussen degenen die geloven in de geldigheid van verdrongen herinneringen en anderen die zeggen dat ze niet waar zijn. De meeste mensen hebben weleens gehoord over incestslachtoffers die zich niets van het seksueel misbruik herinnerden tot ze in de dertig of ouder waren. Het concept van 'valse herinneringen' – een contradictio in terminis, want het woord 'herinnering' verwijst naar het in je herinnering komen van iets wat gebeurd is – heeft ertoe geleid dat veel mensen sceptisch zijn geworden over de dingen die zij zich uit hun verleden menen te herinneren.

Ons bewuste geheugen lijkt inderdaad heel selectief te werken. We herinneren ons alleen sommige dingen, en de manier waarop we ons die herinneren wordt bovendien nog vaak gekleurd door onze opvattingen, onze afweer en ons zelfbeeld. Hoe ouder we worden, hoe beter we vaak beseffen dat we er niet altijd op kunnen vertrouwen dat ons herinneringsvermogen nauwkeurig en waarheidsgetrouw is.

In het geval van verdrongen pijn is er echter iets anders aan de hand. Als therapeut en cliënt heb ik de ervaring dat de beelden en gevoelens die in een regressie naar boven komen zeer levendig, zeer krachtig en vaak onverwacht zijn en volledig waar aanvoelen. Het is of deze gebeurtenissen 'bevroren' zijn in hun oorspronkelijke toestand en in een regressie worden 'ontdooid'. Ze komen dan te voorschijn in hun oorspronkelijke toestand zonder verwrongen te zijn door welke interpretatie ook.

Dit wordt vooral zichtbaar wanneer we de lichaamstaal van de cliënt tijdens een regressie observeren. Haar lichaam zal nu doen wat het toen ook deed. Zo kan een man die oraal seksueel misbruikt is, tijdens de regressie de spieren rondom zijn mond strak voelen trekken, terwijl zijn lippen op een bepaalde manier uit elkaar gaan. Deze spierbewegingen zijn totaal onvrijwillig. Ze kunnen niet bewust gestuurd worden en stoppen pas wanneer de regressie ophoudt. Een vrouw die als kind halfdood is geslagen, kan tijdens de regressie het leven uit haar lichaam voelen wegvloeien, waardoor haar lichaam 'instort'. Alleen door de regressie opzettelijk te stoppen of door zichzelf toe te staan het volledige oude gevoel te voelen, zal er aan deze toestand, die niet bewust gecreëerd is, een einde komen.

Ons lichaam lijkt deze verdrongen trauma's in hun oorspronkelijke vorm op te slaan. Doordat ik met veel cliënten heb gewerkt en zelf het nodige heb ervaren, weet ik inmiddels dat ons lichaam nooit liegt. Het vertelt de waarheid als we willen luisteren. Onze geest kan ons bedriegen, onze emoties kunnen ons voor de gek houden, maar ons lichaam kan niet liegen. Iedere therapeut of cliënt die met lichaamsgerichte methoden heeft gewerkt, zal dit bevestigen.

Niet in alle regressies komen diepgelegen lichaamsherinneringen naar boven, zoals bij incest of ernstige lichamelijke mishandeling gebeurt. Als het trauma geen directe lichamelijke pijn of gewaarwording heeft veroorzaakt, weten we in een regressie toch intuïtief dat we de waarheid hebben ontdekt, omdat de beelden en gevoelens die boven komen zo levendig zijn, zo diep gaan, zo onverwacht zijn en niet bewust bedacht kúnnen zijn. Een ware regressie is voor degene die hem ervaart direct herkenbaar. Als we daarentegen slechts praten over het verleden, kunnen we uitsluitend hypotheses opstellen over wat er gebeurd is en hoe dat gevoeld heeft. Deze hypotheses kunnen waar zijn, ze kunnen waar klinken, maar we zullen niet die diepe innerlijke overtuiging hebben dat ze waar zijn, iets wat we wel krijgen door het beleven van een regressie.

6.7 'IK VIND HET TE ENG'

PRI-therapie roept meestal angstgevoelens op. Het loslaten van oude afweermechanismen is voor ons kind-bewustzijn heel beangstigend. Ons kind-bewustzijn realiseert zich niet dat we nu volwassen zijn, dat ons leven als afhankelijke, machteloze kinderen voorbij is en dat we nu wel de waarheid over onze jeugd aankunnen. Ons kind-bewustzijn denkt en voelt alsof de oude pijn nog steeds wordt toegebracht. Dat betekent dat het veronderstelt dat we nog steeds beschermd moeten worden tegen het beseffen van de waarheid. Bovendien denkt het dat dit een zaak van leven en dood is. Dat was zo voor het kind dat we waren en ons kind-bewustzijn functioneert nog steeds in dat tijdskader. Het tijdskader van onze jeugd, waarin veel dingen eeuwig schenen te duren, toen we geen echte keuzes konden maken over ons eigen leven en het onder ogen zien van de waarheid (dat wil zeggen het niet verdringen ervan) – van hoe we ons werkelijk voelden en wat ons werkelijk overkwam – ons zou hebben gedood. Het is dus geen wonder dat ons kind-bewustzijn wanneer we proberen onze afweer op te geven en bij onze oude pijn te komen, verschrikt uitroept: 'Nee, nee, dat moet je niet gaan voelen, dat wordt je dood, je wordt gek, je moet ermee stoppen nu het nog kan. Red jezelf voor het te laat is!'

Omdat we aanvankelijk niet inzien dat deze alarmsignalen afkomstig zijn van de laatste afweerlaag – het schrikdraad van de afweer angst –, worden we zó bang dat we de waarschuwing serieus nemen en de pijn onderdrukken door een ander afweermechanisme te activeren. We beseffen niet dat de waarschuwing achterhaald is, dat het gevoel dat we proberen tegen te houden veroorzaakt werd door iets wat al gebeurd is en wel heel lang geleden. Op deze manier werkt angst als een richtingaanwijzer. Het geeft ons de richting aan die we moeten inslaan om toegang te krijgen tot onze oude realiteit. Ga die kant op, doe wat je angst je ingeeft níét te doen en je zult toegang krijgen tot verdrongen pijn en deze daardoor kunnen verwerken.

Er zijn twee uitzonderingen op deze regel. Als dat lichamelijk bedreigend zou kunnen zijn, moeten we niet in de richting van onze angst gaan. In dat geval moeten we onszelf beschermen. En als het opzoeken van onze angst financieel gevaarlijk is, bijvoorbeeld als we onze baan daardoor zouden kunnen kwijtraken en we het inkomen nodig hebben, is het verstandig naar onze angst te luisteren en het gevaar te mijden.

Laura, een van mijn cliënten, meldde dat ze 's nachts heel bang was geweest. Ze was in bed gaan liggen om zo veel mogelijk aan de angst toe te kunnen geven. Terwijl ze daar lag, werd de angst inderdaad steeds heviger en eventjes dacht ze: Dit wordt me te veel. Toen herinnerde ze zich: Er schuilt geen gevaar in het toegeven aan mijn gevoelens, en liet ze zich gaan zonder nog maar enigszins te proberen te vluchten van de opborrelende gevoelens. Terwijl ze zich afvroeg waar ze het meest bang voor was, vormden deze gevoelens een bal in haar borstkas, die vervolgens tegen haar keel duwde en ten slotte naar haar gezicht en hoofd opsteeg. Toen dit gebeurde, was er een kort moment waarop ze dacht: Nu ga ik dood. Naderhand voelde ze zich echter springlevend en erg opgelucht. Ze heeft nog een paar keer zo'n ervaring gehad, maar niet meer zo hevig. Het heeft haar enorm geholpen haar oude pijn toe te laten, zelfvertrouwen te krijgen en in haar hedendaagse leven op een meer authentieke wijze te handelen, verlost van de angst die haar vroeger dagelijks had achtervolgd.

Tim had een vergelijkbare ervaring. Hij onderging een hevige angst voor een groot gevoel dat in zijn tenen begon en steeds sterker werd naarmate het dichter bij zijn gezicht kwam. Toen het gevoel was aangekomen bij zijn hals leek het op een zware, natte deken die hem zou doden als hij hem de kans zou geven naar zijn gezicht te stijgen. Tegelijkertijd, zo vertelde hij, was hij zich er uiterst bewust van geweest dat er geen echt gevaar dreigde en dat dit precies het gevoel was waaraan hij zou moeten toegeven. En dat deed hij. Het hield een paar seconden aan en zakte toen vanzelf snel af. De volgende dag voelde hij zich bevrijd van de chronische angst om gevoel toe te laten die hem tot dan toe vergezeld had.

Deze voorbeelden zijn vrij opzienbarend. De angst die overwonnen moet worden, is niet altijd zo sterk als bij Tim en Laura, en hun intense lichamelijke ervaring is geen regel. Hun ervaringen zijn echter waardevol omdat ze goed aantonen dat hoe angstig we ook zijn, het ons niet laten weerhouden door onze angst zodat de oude gevoelens boven kunnen komen geen gevaar oplevert.

De angst voor spoken, buitenaardse wezens, of geesten lijkt ook voort te komen uit verdrongen pijn uit de jeugd. Cliënten die haast fobisch op het donker reageerden, konden zich volledig van dit gevoel bevrijden nadat ze de ware oorzaak van hun angsten in hun jeugd hadden blootgelegd. Zo diende bij Leontien de angst voor het donker om de echte pijn te verdringen dat haar moeder en vader haar niet de emotionele zekerheid en veiligheid gaven die ze nodig had toen ze nog klein was.

Deze verhalen laten zien hoe angst afweer tegen oude pijn is en niet de oude pijn zelf. Angst blijkt dus een vorm van afweer te zijn tegen het toegang krijgen tot de waarheid over onze jeugd. Zoals gezegd, kan hevige angst ons de andere kant op doen kijken en zo verhinderen dat wij de waarheid over onze jeugd ontdekken. Opzettelijk in de richting van onze angst gaan door jezelf te vragen waar je het meest bang voor bent en je dan voor te stellen dat dit gebeurt, zal de waarheid aan het licht brengen.

Wanneer we onszelf toestaan heel bang te worden leidt dit meestal snel tot het voelen van een ander gevoel dan angst. Als angst een laatste middel is om verdringing en ontkenning in stand te houden en we ons hierdoor niet laten afschrikken, komt er veelal een gevoel van eenzaamheid of droefheid of een andere hevige pijn uit onze jeugd voor in de plaats. Deze gevoelens zijn veel minder beangstigend en vaak makkelijker om toe te laten.

Probeer je altijd te herinneren dat, hoe bang je ook bent, je werkelijk veilig bent als er geen onmiddellijk lichamelijke of financiële dreiging is. Het voelen van de oude pijn is niet gevaarlijk, zolang jij (en je therapeut) weet dat het om oude pijn gaat. Het voelt nooit oud, maar je kunt nu beseffen dat het dat wel is.

6.8 'IK VOEL ME ALTIJD SLECHT OVER MEZELF'

De meesten van ons proberen alle gedachten en gevoelens die bij de primaire afweer horen zo ver mogelijk weg te stoppen. Maar ze komen niettemin naar boven: we denken dat er echt iets mis is met ons, we vreselijke mensen zijn, ons erg moeten schamen voor wie en wat we zijn, enzovoort. Degenen onder ons die snel depressief worden (niet zozeer droevig, maar verdoofd, lusteloos, leeg), maken meestal intensiever gebruik van hun primaire afweer dan de meeste anderen.

Als je herkent dat je vaak negatief over jezelf denkt of voelt dat je niet tegen je leven opgewassen bent, moet je misschien wat extra aandacht aan de primaire afweer besteden. Begin met op te merken hoeveel keer per dag je negatieve gedachten over jezelf of je leven hebt en schrijf die negatieve gedachte of dat negatieve gevoel op. Nadat je dit een week of twee hebt gedaan, maak je een lijst van deze negatieve gedachten en gevoelens. Noteer daarna het spiegelbeeld van deze gedachten en gevoelens. Dit geeft je een beeld van je oude realiteit.

Voorbeelden:

PA-gedachte of PA-gevoel	Oude realiteit
1. Ik ben slecht	1. Ik werd vaak behandeld alsof ik een slecht kind was
2. Ik moet het zelf doen, maar ik kan het niet, het is te veel voor mij	2. Ik had iemand nodig die het voor me deed, maar er was niemand die dat deed
3. Ik ben waardeloos	3. Ik werd behandeld alsof ik geen waarde had
4. Ik blijf altijd alleen	4. Ik was in ons gezin alleen
5. Niemand mag me	5. Mijn ouders toonden vaak afkeer voor het kind dat ik was

6. Ik kan niks
7. Ik ben dom
8. Ik schaam me over mezelf, mijn lichaam, enzovoort

6. Mijn ouders waardeerden mijn prestaties niet
7. Ik werd behandeld alsof ik niets bij te dragen had
8. Ik werd behandeld alsof ik nergens voor deugde

De essentiële gedachte achter de primaire afweer is dat zolang we ons concentreren op onze eigen tekortkomingen, wij ons niet hoeven te concentreren op de tekortkomingen van de mensen om ons heen (onze ouders toen we nog een kind waren). Het onder ogen zien van hun tekortkomingen zou te pijnlijk zijn geweest, omdat het voor ons als kind de hoop zou hebben weggenomen dat er nog iets zou kunnen veranderen. Klinische observaties wijzen uit dat de inhoud van de primaire afweer bijna exact weerspiegelt hoe het kind werd behandeld. De inhoud laat zien welke negatieve boodschappen het kind direct of indirect kreeg en hoe krachtig deze boodschappen waren. Hoe slechter we als kind werden behandeld, hoe negatiever de oordelen over onszelf zullen zijn. De primaire afweer schijnt intenser te worden naarmate de mishandeling toeneemt, als in een poging die kracht tegen te gaan. De mishandeling hoeft niet per se seksueel of lichamelijk van aard te zijn. Emotionele verwaarlozing kan desastreuze gevolgen hebben net als verbaal geweld en kan leiden tot het ontwikkelen van een hardnekkige primaire afweer.

Dit blijkt bijvoorbeeld uit het verhaal van Laurens, wiens moeder ofwel druk bezig was met het huishouden ofwel met het vertaalwerk waarmee ze voor het gezin de kost verdiende. Laurens had geen broers of zussen. Zijn vader, die werkloos was, bracht zijn tijd merendeels buitenshuis door, om met eveneens werkloze buren te praten. Laurens groeide zeer eenzaam op. Als peuter kroop hij onder de tafel waaraan zijn moeder haar werk deed. Hij hoopte dat ze hem zou opmerken, aandacht zou geven. Dat gebeurde echter zelden en Laurens bracht ook zijn puberteit vrijwel alleen door – in emotionele zin altijd alleen, in fysieke zin vaak alleen. Als volwassene heeft Laurens een sterk ontwikkelde primaire afweer die zegt dat hij niet goed genoeg is, dat nooit zal zijn, dat het allemaal zijn schuld is. Jarenlang was hij alcoholist. Hij heeft veel problematische relaties gehad en vele jaren zonder partner geleefd. Zijn jeugd heeft een verwoestend effect gehad, al is hij niet lichamelijk mishandeld of seksueel misbruikt.

6.9 'HOE WEET IK HET VERSCHIL TUSSEN EEN BEHOEFTE VAN TOEN EN EEN BEHOEFTE VAN NU?'

We voelen vaak sterk de behoefte iets te doen of te hebben of juist niet te doen of te hebben. Cliënten vragen vaak hoe je het verschil weet tussen kinderbehoeften en volwassenenbehoeften. De eenvoudigste manier om die vraag te beantwoorden is je af te vragen of je leven gevaar zou lopen als je behoefte niet vervuld werd. Ik vermoed dat de meeste behoeften snel naar het rijk van de kindertijd zullen worden verwezen. Volwassen behoeften die samenhangen met overleven zijn voedsel, kleding en onderdak. Een korte, kale lijst.

Dingen die we kunnen missen maar die wel onderdeel zijn van onze wezenlijke aard, zijn: seks, emotionele intimiteit en gezelschap, voortplanting, veiligheid en zinvol bezig zijn. Als er dingen in dit rijtje staan waar jij weinig waarde aan hecht, dan is het wellicht belangrijk te proberen energie te steken in het contact leggen met je behoeften. Het kan ook zijn dat je primaire afweer sterk is. Laat ik dit toelichten.

Seks
Ons lichaam zit zo in elkaar dat seks normaal gesproken een zeer aangename ervaring is. Natuurlijk is seks niet altijd prettig – dat hangt van allerlei omstandigheden af. Als je echter denkt dat je makkelijk zonder seks zou kunnen leven (of dat stiekem zelfs wenst), onderdruk je waarschijnlijk iets. Vraag je af welke gevoelens bij je naar boven komen als je seks bedrijft of aan je partners verlangen naar seksueel contact toegeeft. Deze gevoelens vinden waarschijnlijk hun oorsprong in je jeugd.

Als je daarentegen denkt vrijwel continu behoefte aan seks te hebben, is het mogelijk dat je seks gebruikt om pijnlijke, onvervulde behoeften uit je jeugd niet te hoeven voelen, zoals de behoefte aan liefde, aandacht, acceptatie. Laat jezelf de volgende keer dat je denkt 'behoefte' aan seks te hebben, voelen wat er boven komt wanneer je niet aan je 'behoefte' toegeeft. Kijk of er een andere behoefte naar boven komt, een oude, onvervulde behoefte van het kind dat je was.

Emotionele intimiteit en gezelschap
Mensen zijn geen solitaire wezens. We hebben altijd in groepen geleefd en zijn van elkaar afhankelijk voor ons voortbestaan. In onze moderne digitale wereld worden we steeds onafhankelijker, maar nog niet zozeer dat onze basisbehoefte aan intimiteit en gezelschap erdoor wordt weggevaagd. Nogmaals: als je het gevoel hebt dat je het makkelijk zonder een van beide of allebei kunt stellen, probeer dan nog meer in contact te komen met je behoeften.

Als je echter het gevoel hebt dat je bijna voortdurend intimiteit en gezelschap nodig hebt, ben je waarschijnlijk aan het proberen een oude, onvervulde behoefte uit je jeugd te vervullen.

Voortplanting
Ook al zijn er te veel mensen op de wereld, de drang je voort te planten en nakomelingen te verwekken is een fundamentele kracht die in alle levensvormen aanwezig is. De voortplantingsdrift is even belangrijk voor het voortbestaan van de soort als de individuele overlevingsdrang is voor het voortbestaan van het individu. Degenen die bewust kiezen geen kinderen te krijgen, doen dat meestal, zij het niet altijd bewust, onder invloed van hun jeugd. Er kunnen veel verschillende oorzaken zijn, variërend van het gevoel dat het vreselijk is om kind te zijn tot angst voor de verantwoordelijkheid van het grootbrengen van kinderen. Als je de gedachte aan kinderen krijgen altijd hebt verworpen, vraag je dan eens af wat er werkelijk achter die overtuiging schuil zou kunnen gaan. Andersom geldt ook dat een obsessieve kinderwens dikwijls wordt ingegeven door afweer tegen oude pijn.

Veiligheid
De meeste mensen willen een omgeving die lichamelijk veilig is. Deze wereld kent veel vluchtelingen. Als je je voelt aangetrokken tot gevaarlijke activiteiten als abseilen, parachutespringen, bungeejumping

of speleologie, vraag je dan af of die activiteiten dienen om angst of een ander onprettig gevoel te onderdrukken.

Met iets zinvols bezig zijn
Wat we ook met ons leven doen, de meesten van ons zullen proberen het op de een of andere manier nuttig of zinvol te maken. Weinig mensen zijn gelukkig terwijl ze iets doen dat op geen enkele wijze zinvol is. We lijken een diepgewortelde drang te hebben om iets met ons leven te doen, ons te ontwikkelen. Als jij het best vindt om de hele dag naar het plafond te staren of alleen maar dingen 'voor de lol' te doen, vraag je dan eens af wat er aan de hand is, wat het is waartegen je jezelf in bescherming neemt.

Ik heb het nog niet over de behoefte aan liefde gehad. 'Liefde' is een woord dat voor veel mensen veel verschillende dingen kan betekenen. Voor de duidelijkheid heb ik dit woord niet opgenomen in de lijst van volwassen behoeften, om op dit punt zo specifiek mogelijk te kunnen zijn.

Ik denk echter dat liefde uiteindelijk het enige is waar we ons hele leven naar op zoek zijn en dat liefde het enige is dat telt als het erop aankomt. Al onze overige bezigheden en aspiraties dienen slechts dat ene doel, al realiseren we ons dat vaak niet.

Het is belangrijk verschil te maken tussen van iemand houden (of door iemand bemind worden) en prettig vinden wat we van de ander krijgen. Vaak worden deze twee zaken met elkaar verward en worden ze allebei liefde genoemd. Laten we de betekenis van deze begrippen eens nader bekijken.

Zoals ik in de Inleiding al kort heb vermeld, kan bijvoorbeeld de vraag hoe het komt dat onze ouders ons telkens vertellen dat ze hielden van het kind dat we waren, terwijl onze innerlijke waarheid ons iets anders vertelt, verwarrend zijn. Ouders en kinderen hebben het in dit geval over verschillende dingen, terwijl ze beiden dezelfde woorden 'houden van' gebruiken.

De moeder herinnert zich bijvoorbeeld hoe heerlijk ze het vond om haar kleine kinderen te knuffelen, hen telkens wanneer ze zich eenzaam voelde, te omhelzen en hoe ze van die momenten genoot dat zij haar gezelschap hielden. Ze herinnert zich ook hoe trots ze op haar kinderen was, omdat ze er zo leuk uitzagen, zo getalenteerd waren, zo lief waren en zich zo netjes gedroegen, wat betekende dat ze een 'goede' moeder was. Ze denkt vaak terug aan die gelukkige tijd en herinnert zich hoeveel ze van haar kinderen 'hield'.

Het volwassen kind heeft echter een andere realiteit leren kennen. Ze herinnert zich dat ze in emotioneel opzicht heel eenzaam was, omdat haar moeders aandacht dikwijls ergens anders was, en wanneer haar moeder zich wel op haar richtte, die vaak erg veeleisend was, haar dochters behoeften of wensen niet begreep en snel haar zelfbeheersing verloor. Het volwassen kind wordt overspoeld door een hevige angst in bepaalde sociale situaties waarin ze denkt dat anderen haar zullen beoordelen. Ze begrijpt nu dat dit de oude angst is die naar boven komt, de angst die is veroorzaakt door het kritische gedrag van haar moeder toen ze nog klein was.

Dit voorbeeld toont dat ouders en kinderen een totaal ander beeld kunnen hebben van het verleden. Kennelijk was er een brede kloof tussen de oude realiteit van het bange kind en die van de trotse moeder.

Als we het woord 'liefde' gebruiken, is het van cruciaal belang te bedenken dat liefde niet gaat over het vervullen van onze eigen behoeften, zoals het geval is bij de moeder als ze het heeft over de liefde die ze voelde voor haar kinderen. Van iemand houden, of dat nu een kind of een volwassene is, gaat over het vervullen van de behoeften van de ander. Willen en kunnen begrijpen wat de ander wil en nodig heeft en willen helpen die wensen en behoeften te vervullen, is écht van iemand houden. Dat wordt ook bedoeld met 'onvoorwaardelijke liefde' – we houden van de ander (we richten ons op hun behoeften en niet op die van ons) ongeacht wat we daarvoor terugkrijgen. Zelfs als we er niets voor terugkrijgen of erger nog als de ander ons kwetst, betekent onvoorwaardelijke liefde dat we ons blijven richten op de behoeften van de ander. Vraag jezelf eens of er iemand in je leven is van wie je op die manier houdt. Wiens behoeften en wensen zou je willen blijven vervullen als je er niets meer voor terug zou krijgen? Deze vraag kan confronterend zijn, maar geeft aan hoe vaak we het woord liefde gebruiken op een manier die eigenlijk meer te maken heeft met het gevoel dat onze eigen wensen vervuld zouden kunnen worden.

Zo kan een vrouw het heerlijk vinden om bij haar vriend te zijn, omdat hij haar zo'n prettig gevoel geeft door haar te vertellen hoe fantastisch hij haar vindt. Dat wil nog niet zeggen dat ze van hem houdt. Ze wordt misschien wel boos als hij een weekend alleen weg wil of wanneer de frequentie van zijn complimentjes begint te dalen. Of een moeder kan het leuk vinden om haar kleine kinderen mooi aan te kleden en in lichamelijk opzicht veel aandacht aan ze te besteden, maar dat wil niet zeggen dat ze van hen houdt. Misschien laat ze hen 's nachts wel huilen, omdat ze vindt dat ze hun angst voor het donker moeten overwinnen.

Vaak denken we dat we van iemand houden, omdat we blij zijn met wat we van diegene krijgen – al is het maar dat er iemand bij ons is en we dus niet eenzaam zijn – zonder dat we werkelijk weten wat die ander nodig heeft of hebben wil. Hoewel het moeilijk te begrijpen en te aanvaarden is, zijn we als we 'van iemand houden' meestal bezig iets voor onszelf te krijgen: een goed gevoel als de ander zich gedraagt zoals wij dat willen. We zorgen voor ze of zeggen aardige dingen, zodat ze zullen vinden dat we goede, beminnelijke, aantrekkelijke, waardige, enzovoort mensen zijn. We zijn bezig te proberen de behoeften die we als kind hadden, alsnog vervuld te krijgen. Het betekent niet dat we van de ander houden.

Echt van iemand houden, ook van onze kinderen, is alleen mogelijk wanneer we in ons volwassen-bewustzijn zijn. Alleen dan zijn we vrij van de drang onze oude behoeften vervuld te krijgen die het kind-bewustzijn beheerst. Als we merken dat onze 'liefde' voor anderen hoofdzakelijk bestaat uit het bevredigen van onze eigen behoeften, dan geeft dit aan dat we in ons kind-bewustzijn zijn en proberen om oude behoeften vervuld te krijgen. Met andere woorden: we hanteren de afweer van valse hoop. Dit verklaart waarom we ons in de zevende hemel kunnen voelen als we verliefd zijn (we denken dat onze valse hoop vervuld zal worden) en in zo'n gat kunnen vallen als de relatie een tijdje heeft geduurd (onze valse hoop zal altijd instorten omdat het onmogelijk is onze kinderbehoeften alsnog vervuld te krijgen).

Er valt over liefde nog veel meer te zeggen, maar het past niet binnen het kader van dit boek dieper op dit in wezen heel spirituele onderwerp in te gaan.

Als je voelt dat je andere behoeften (niet verlangens) hebt dan genoemd, dan heb je waarschijnlijk te maken met oude behoeften uit je kindertijd. Een behoefte herken je aan de kracht van de energie die erachter zit. Als het voelt alsof je er niet zonder kunt, weet je na uitsluiting van de beschreven categorieën dat je te maken hebt met een oude behoefte. En oude behoeften uit je jeugd kunnen per definitie nooit vervuld worden. De gedachte dat het kan, is valse hoop. Het geloven in deze illusie zal slechts de muur van ontkenning versterken en je heelwordingsproces belemmeren.

6.10 'maar het gebeurt toch nú!'

Dit zinnetje wordt vaak geroepen als we het symbool niet willen opgeven (toegeven dat ons gevoel niet wordt veroorzaakt maar slechts opgeroepen door het symbool). Om het symbool op te geven is het nodig te beseffen en toe te geven dat we reageren op een symbool. Om dit te kunnen, moeten we alle hoop laten varen dat we ooit zullen krijgen wat we denken nodig te hebben. In onze volwassen realiteit hebben we niet nodig wat we denken nodig te hebben op het moment dat een symbool een gevoel bij ons oproept. Het voelt alleen zo en we zijn geneigd onze gevoelens te geloven. Maar alle behoeften buiten de basisbehoeften die hiervoor zijn genoemd, gaan over onze jeugd, over wat we toen nodig hadden en niet kregen.

Zolang we symboliseren zonder daar bewust van te zijn, zullen we impliciet het gevoel houden dat er nog steeds een kans is dat onze behoefte vervuld kan worden. Ons kind-bewustzijn zal de behoefte en de hoop op vervulling ervan niet laten varen. Het kind dat we waren had bepaalde behoeften en we hebben het gevoel dat we die behoeften nog steeds hebben wanneer we door een symbool in ons kind-bewustzijn terechtkomen. Telkens wanneer je ervan overtuigd bent dat iets niet oud is maar nu gebeurt, moet je je afvragen of de kracht van je emoties wel in proportie staat tot wat er in het heden gebeurt.

Stel dat je man je heeft verlaten en je daar kapot van bent. Je hebt het gevoel dat je leven niet meer de moeite waard is. Hoewel het erg is dat hij is weggegaan, is het gevoel van totale verslagenheid zeer waarschijnlijk een aanwijzing dat de scheiding oude pijn naar boven brengt. De omvang van het gevoel van ellende staat niet in verhouding tot de gebeurtenis. Hoe verschrikkelijk het ook is om iemand van wie we houden te verliezen, het maakt het leven niet zinloos. Misschien heb je kinderen van wie je houdt, vrienden om wie je geeft, werk dat iets voor je betekent. En als dat niet zo is, dan is het mogelijk dingen te vinden die je leven zin geven. Het kind dat je was zou het gevoel hebben gehad dat het leven zijn zin had verloren als zij door haar verzorgers in de steek was gelaten – het kind zou letterlijk gestorven zijn.

Als wij in ons kind-bewustzijn of afweer zijn, is het bijna onmogelijk onderscheid te maken tussen wat zich wel in het heden afspeelt en wat niet. Wat is nu waar? In dat geval is het moeilijk op onze waarnemingen te vertrouwen. Is mijn baas van plan me te ontslaan? Wil mijn therapeut van me af? Praten mijn vrienden achter mijn rug over mij? Ontlopen mijn familieleden me? Geeft ze niet om me? Probeert mijn partner wraak op me te nemen?

Uit deze voorbeelden spreekt verwarring over de vraag of anderen ons al dan niet iets aandoen. We hebben het gevoel dat ze ons kwaad doen en we zijn gewend te geloven dat wat we voelen waar is. Als je met PRI aan de slag bent gegaan, heb je inmiddels genoeg inzicht om te weten dat je daar niet zeker van kunt zijn (zie ook p. 193).

Met dit toegenomen inzicht kan het zinvol zijn om telkens wanneer je denkt dat iemand iets doet of wil doen wat je niet prettig vindt, te onderzoeken hoe de situatie werkelijk is. Stel de ander vragen op een niet-aanvallende wijze. Dat betekent dat je probeert met een onbevooroordeelde houding naar de bedoelingen van de ander te informeren. Als je werkelijk onbevooroordeeld bent, geloof je niet noodzakelijkerwijs wat je gevoelens je zeggen en ben je bereid erop te vertrouwen dat de ander je de waarheid vertelt. Afhankelijk van het antwoord dat je krijgt, kun je beslissen wat de realiteit van dat moment is. Als je jouw partner vraagt of hij probeert wraak te nemen en hij zegt 'nee', geloof hem dan. Als je hem de vraag op een niet-aanvallende, open, onbevooroordeelde wijze hebt gesteld, is het zeer waarschijnlijk dat je een eerlijk antwoord krijgt.

Als je merkt dat je de antwoorden die je krijgt, nooit kunt geloven – niet die van je partner, niet die van je baas en niet die van je vrienden, enzovoort – vraag je dan af of het kind dat je was niet kon vertrouwen op wat de volwassenen om haar heen haar vertelden, of dat zij altijd op haar hoede moest zijn voor onverwacht gevaar. In dat geval zul je eerst aan de slag moeten met dat gevoel van onveiligheid, voordat je in staat zult zijn met de bovenstaande methode – de realitycheck – te beoordelen wat bij het heden hoort en wat uit je jeugd stamt.

6.11 'HOE KAN IK VOORKOMEN DAT MIJN GEVOELENS AL SNEL WEER VERDWIJNEN?'

Een techniek die behulpzaam is geweest voor sommige cliënten, is in een cassette- of memorecorder praten wanneer er gevoelens naar boven komen. Het kan moeilijk zijn om ergens te gaan zitten en te proberen je gevoelens toe te laten. Spreken vanuit het gevoel kan in zo'n geval helpen. Probeer jezelf ongeremd te laten praten vanuit de emotionele staat waarin je verkeert. Censureer jezelf niet. Bijvoorbeeld: 'Ik voel me alleen. Alsof niemand in de hele wereld echt om me geeft. Ze kunnen het allemaal heel goed zonder mij stellen. Ik heb pijn in mijn borstkas. Ik heb zin om te huilen. Waarom is er niemand die om me geeft? Echt om me geeft? Mijn keel doet pijn. Mijn ogen prikken van de tranen. Ik heb zin om te gillen.' Gil: 'Help me, help me. Waar ben je? Ik heb je nodig! Mama, mama.' Barst in huilen uit.

Dit doen kan goed helpen. Het kan de gevoelens van vroeger de gelegenheid geven om naar de oppervlakte te komen, zodat je de oorzaak kunt ontdekken van wat er met je gebeurt. Laat die gevoelens opkomen en geef je er vervolgens zo goed mogelijk aan over.

Een variant op deze techniek is het opschrijven van je gevoelens, op praktisch dezelfde wijze als wanneer je zou praten vanuit je gevoelens.

6.12 'IK KAN DIT NIET IN MIJN DAGELIJKSE LEVEN INPASSEN; HET MAAKT ME TE ZEER VAN STREEK, IK MOET OOK NOG WERKEN BIJVOORBEELD'

Er zijn situaties waarin het meestal niet wenselijk is om onze gevoelens in hun volle omvang toe te laten, zoals op ons werk, in het openbaar, op een feestje. Meestal is het echter wel mogelijk om je even aan de situatie te onttrekken en naar een rustige plek, bijvoorbeeld de wc, te gaan, zodat je meer te weten komt over wat er met je gebeurt. Ook kan het zijn dat je weg wilt gaan, zodat je je pijn niet hoeft te onderdrukken. Als je op een feestje bent, kun je naar huis gaan als je dat wilt. Weet goed waarom je vertrekt: als je je door weg te gaan eigenlijk verzet tegen het voelen van de pijn, blijf dan juist wel; als je door weg te gaan wilt voorkomen dat je je voor de pijn afsluit, ga dan wel. In die gevallen dat je je niet aan een situatie kunt onttrekken door even ergens heen te gaan, bijvoorbeeld als je kleine kinderen hebt die jouw zorg nodig hebben, sla het gevoel dan in je geheugen op totdat je de tijd hebt om er iets mee te doen. Zo kun je op een voor jou geschikt moment je oude pijn verwerken. Pas wel op dat je deze methode niet gebruikt als een manier om jezelf tegen de pijn te beschermen.

De meeste mensen die PRI toepassen, hebben geen moeite hun dagelijkse bezigheden voort te zetten en hun verantwoordelijkheden na te komen. Soms is het moeilijk voor je huilende baby te zorgen terwijl je liever zelf zou willen huilen, maar het is wel mogelijk. Je kunt je een tijdlang minder sociaal en actief dan anders voelen, maar dat is niet erg. Laat het maar gebeuren. Je zult je aandacht meer nodig hebben voor wat er binnen in je omgaat. Als je jezelf tot dan toe vooral hebt beschermd door je bijna uitsluitend te richten op dingen buiten jezelf, dan kan dit een hele verandering voor je zijn. Maar het is goed, laat het gebeuren, richt je op je verantwoordelijkheden en de zorg voor degenen die afhankelijk van je zijn en neem de rest van de tijd voor jezelf.

Er kunnen ook nog andere problemen of vragen zijn die het zelfstandig toepassen van de PRI-therapie bemoeilijken. Probeer de oefeningen en tips te zien als hulpmiddelen bij de toepassing of voorbereiding van de therapie. Je overwint misschien niet al je problemen, maar dit materiaal zal je bij je pogingen toch zeker van nut zijn.

7. Het therapieproces in werking

PARALLEL DENKEN

Als je in staat bent de praktische oefeningen (het basiswerk), zoals beschreven in hoofdstuk 5, te doen en je dit volhoudt, zul je merken dat er veranderingen in je leven zullen optreden. Je realiseert je wellicht voor het eerst hoe je je in bepaalde situaties voelt en wordt je voor de eerste keer bewust van de afweermechanismen die je gebruikt. Misschien doe je een aantal verrassende ontdekkingen. Dit hoofdstuk geeft meer specifieke informatie over hoe je je oude realiteit kunt achterhalen door naar de details van het heden te kijken. Allereerst een techniek die 'parallel denken' heet.

Herinner je je nog de definitie van een symbool: een situatie of een persoon die ons onbewust aan het verleden herinnert. Dit houdt in dat het symbool op de een of andere manier lijkt op (of juist tegenovergesteld is aan) iets wat in het verleden is gebeurd. Daarom zal het onderzoeken van de kenmerken van het symbool elementen van het verleden onthullen. Onze reactie in het heden op het symbool brengt ook informatie over het verleden aan het licht. Omdat het symbool bij ons onbewust een verschuiving van het volwassen-bewustzijn naar het kind-bewustzijn en onze afweer veroorzaakt, nemen we het symbool vanuit de realiteit van onze jeugd waar en reageren er ook zo op, en niet vanuit de realiteit van nu. Als je jouw reacties op het symbool en de kenmerken van het symbool zelf ontleedt, zal dit je helpen de realiteit van het verleden te achterhalen. Bekijk het volgende voorbeeld van een deel van een therapiesessie eens.

Cliënt (C): 'Ik ben doodsbang als ik voor publiek moet optreden. Ik sta dan te trillen op mijn benen en heb het gevoel dat ik het nooit zal leren. Ik weet gewoon niet wat ik moet doen.'
 (De cliënt beschrijft hier het symbool – optreden voor een groep

mensen – en de oude gevoelens die hierdoor worden opgeroepen.)
Therapeut (T): 'Wat wil je doen als je je zo voelt?'
(Deze vraag zal duidelijk maken hoe de cliënt zichzelf tegen de oude pijn beschermt.)
C: 'Ik word heel nerveus, ik tril als een rietje. Ik wil me terugtrekken.'
(Hier is de afweerreactie die de cliënt geneigd is te gebruiken tegen deze specifieke pijn: vermijden uit angst.)
T: 'Wat is het dat je ertoe aanzet je terug te trekken?'
(De therapeut probeert meer over de specifieke betekenis van het symbool te weten te komen.)
C: 'Ik heb het gevoel dat ik niet goed genoeg ben. Alsof er een soort schaal is waar ik het laagst op scoor.'
(Dit laat een detail uit het verleden van de cliënt zien: kennelijk werd ze in het verleden met een ander/anderen vergeleken.)
T: 'Wat voor schaal bedoel je, wat wordt er met die schaal gemeten?'
(Weer probeert de therapeut meer te weten te komen over het symbool, dat wil zeggen over de oude realiteit.)
C: 'Een schaal die meet hoe goed iedereen in staat is te doen wat het publiek van hem of haar verwacht. Ik ben bang voor hun oordeel.'
(Dit onthult een kind dat heel bang was voor het oordeel van haar ouders, om daar niet aan te kunnen voldoen.)
T: 'Hoe zou dat voor je zijn, als je negatief zou worden beoordeeld?'
(Nog een poging om meer informatie te krijgen over de gevoelens die door het symbool worden opgeroepen.)
C: 'Ik ben bang dat ik zal laten zien wat ik voel als ik het er niet goed afbreng. Dat gebeurt altijd als ik het niet perfect doe. Pas als ik het perfect kan, heb ik het gevoel dat ik iets heb om voor te leven.'
(Deze uitspraken geven duidelijk aan wat er met de cliënt als kind is gebeurd. Iedere zin laat een stukje van de oude realiteit zien. Het 'perfect willen doen' toont de afweer van valse hoop die deze cliënt heeft geholpen te overleven. En het gevoel iets te hebben om voor te leven is direct gekoppeld aan deze valse hoop. Met andere woorden: als de valse hoop instort door niet in staat te zijn iets perfect te doen, zou er niet veel meer over zijn om voor te leven. Dit is de realiteit van het kind dat ze was.)

T: 'Hoe is het voor jou om je gevoelens te tonen nadat je negatief bent beoordeeld?'
(Een poging om bij de pijn achter het gedrag te komen.)
C: 'Dan voel ik me zeer kwetsbaar, alsof ik het nooit goed genoeg zal kunnen doen en dan heb ik het gevoel alsof ik niet het recht heb te leven.'
(Alweer een kijkje in de oude realiteit.)

Deze paar vragen over het symbool en de reactie van de cliënt hebben ons heel wat informatie gegeven over het kind dat ze was, de situatie waarin ze zich bevond en de manier waarop ze wist te overleven. Het lijkt erop dat haar ouders zeer hoge normen aanlegden waaraan ze niet kon voldoen. Iemand anders leek dat beter te doen dan zij. Het kind dat ze was, hechtte haar ontkenning aan presteren: haar valse hoop drijft haar tot het willen leveren van volmaakte prestaties. Alleen door alles perfect te doen krijgt ze het gevoel dat ze het recht heeft te bestaan. Achter deze afweer gaat een grote angst voor het tonen van haar gevoelens schuil: ze is bang in te storten als ze een negatief oordeel zou krijgen waardoor haar valse hoop zou instorten. Door de grote bedreiging die door haar kind-bewustzijn wordt waargenomen (ze trilt, ook inwendig, omdat ze meent geen bestaansrecht te hebben), zal ze zich liever aan situaties onttrekken dan te blijven totdat 'het oordeel' wordt geveld. En dus verplaatst ze zich van de afweer van valse hoop naar de afweer van ontkenning van behoeften of angst.

De therapeut zal altijd met de cliënt controleren of de parallellen kloppen. In dit geval bleek iedere parallel inderdaad een afspiegeling van het verleden te zijn. Het is altijd opmerkelijk hoe letterlijk de parallellen tussen het hedendaagse symbool en de oude realiteit zijn. Nauwkeurig genoeg luisteren om ze ook allemaal te herkennen, is echter altijd weer een uitdaging.

Laten we nog een praktijkvoorbeeld bekijken. Achter de opmerkingen van de cliënt wordt tussen vierkante haakjes aangegeven wat eruit naar voren komt:

– de vorm van afweer (OvB, VH, VM, PA of angst);
– de oude pijn (OP);

- de manier waarop de cliënt door haar ouders is behandeld: de oude realiteit (OR);
- het symbool (S), een afspiegeling van de oude realiteit (in de tekst tegelijkertijd aangegeven met deze OR).

C: 'Ik zat in een vergadering en probeerde mijn collega's uit te leggen wat ik bedoelde, maar het lukte niet. Ik had het gevoel dat ze totaal niet begrepen wat ik wilde zeggen [S/OR]. Ze keken me heel raar aan [S/OR].'
T: 'Hoe was dat voor jou?'
C: 'Ik had het gevoel dat ze dachten dat ik gek was [OP]. Ik had het gevoel dat ik geen greep op de zaak had [PA]. Ik vind dat ik dat moet hebben [VM].'
T: 'Wat voor gevoel geeft dat je?'
C: 'Het maakt me heel bang [angst]. Ik voelde me vanbinnen helemaal ontploffen [angst]. Ik kon niet meer denken of spreken. Ik werd duizelig en raakte in paniek [angst]. Maar ik kon geen manier bedenken om aan de situatie te ontsnappen [vluchten uit angst faalt].'
T: 'Wat gaf je het idee dat zij dachten dat je gek was?'
C: 'Omdat ze me zo aankeken, met zo'n minachting [OR]. Alsof ik anders dan andere mensen ben [OR].'
T: 'Hoe zien ze jou als anders, denk je?'
C: 'Ze denken dat ik gek ben, dat ik mezelf niet in de hand heb [OR]. Ze hebben gelijk, ik ben gek (PA).'

Uit de opmerkingen van deze cliënt blijkt wat voor gevoel iemand uit het verleden haar als kind gaf (in dit geval bleek het haar vader te zijn) wanneer ze probeerde over te brengen hoe ze zich voelde of wat ze vond. De vader toonde een enorme minachting voor het kleine kind dat ze was en gaf haar zelfs het gevoel dat ze gek was en anders dan de rest van het gezin. Natuurlijk was dat niet zo. Ze was niet gek of anders, maar ze gaven haar de indruk dat er met haar iets helemaal mis was. Om zich te verweren tegen de pijn van zo door haar vader behandeld te worden, ontwikkelde ze een primaire afweer die haar nog steeds vertelt dat ze gek is, dat ze zichzelf niet in de hand heeft en anders is dan anderen.

Er is hier geen valse hoop. Het enige dat we zien werken is PA en angst, wat aangeeft hoe hopeloos haar positie als kind was: ze kreeg niet eens de kans om te hopen de situatie te kunnen veranderen. Het enige dat ze kon doen, was proberen de pijn niet te voelen en deze te ontkennen door zichzelf met behulp van haar primaire afweer de schuld te geven en met behulp van angst de illusie in stand houden dat ze nog zou kunnen vluchten.

Als je de parallellen wilt ontdekken tussen je hedendaagse symbolen en je oude realiteit, schrijf dan op wat voor gevoel een bepaalde situatie je geeft en onderstreep daarin de parallellen. Stel je belt met een goede vriendin en nadat je hebt opgehangen, overvalt je een heel onaangenaam gevoel dat niet weggaat. Kijk of je eerst kunt beschrijven wat er gebeurde. Het verslag zou er zo uit kunnen zien:

'Ik was met Mary aan het bellen. Ik voelde me aanvankelijk prima. Ik vond het leuk om met haar te praten. Toen zei ze iets wat me als een mokerslag trof. Ze zei: "Ik vond het heel leuk je vorige week te zien. Het gaat tegenwoordig goed met je geloof ik. Je was zo vrolijk. Je kunt zo zwaar op de hand zijn." Dat kwam hard aan! Zwaar op de hand? Ze is gek. Dat heeft nog nooit iemand gezegd. Wel dat ik serieus ben, maar ook sprankelend en energiek. Waar heeft ze het over? Het voelt vreselijk. Ik voelde me altijd veilig bij haar, ik had het gevoel dat ze altijd het beste met me voorhad. Ik voelde me beschermd bij haar. Nu voel ik me verraden. Het is net of ze me plotseling, na al die jaren, vertelt dat ik niet goed ben zoals ik ben. Ze houdt niet van die kant van mij. Ze wil dat ik vrolijk ben. Ik voel me beoordeeld, niet goed genoeg bevonden, afgekeurd en alleen maar voorwaardelijk en gedeeltelijk door haar geaccepteerd als vriendin. Ik krijg niet de ruimte om te zijn wie ik werkelijk ben. En ik heb haar al die tijd vertrouwd! Ik voelde me zo veilig en volledig door haar geaccepteerd. Het voelde altijd zo onvoorwaardelijk. Het is een heel onverwachte klap. Dat ene zinnetje – "Je kunt zo zwaar op de hand zijn" – blijft maar door mijn hoofd spoken.'

Probeer de parallellen te onderstrepen. Zoek naar:

- [S], het symbool;
- [OP], de oude pijn;
- [OvB, VH, VM, PA, angst], de afweermechanismen;
- [OR], de oude realiteit, de wijze waarop deze vrouw als kind behandeld is;

– [OOB], de oude onvervulde behoefte(n); bekijk ook of je in wat ze zegt, de oude behoefte van het kind ontdekt – de oude behoefte van het kind dat ze was die nooit vervuld is.

Ga terug naar de tekst van het voorbeeld en onderstreep de parallellen en geef de categorieën aan. Als je klaar bent, bekijk dan de onderstaande tekst voor de antwoorden.

'Ik was met Mary aan het bellen. Ik voelde me aanvankelijk prima. Ik vond het leuk om met haar te praten. Toen zei ze iets [S] wat me als een mokerslag trof [OP]. Ze zei: "Ik vond het heel leuk je vorige week te zien. Het gaat tegenwoordig goed met je geloof ik. Je was zo vrolijk. Je kunt zo zwaar op de hand zijn [S]." Dat kwam hard aan [OP]! Zwaar op de hand? Ze is gek. Dat heeft nog nooit iemand gezegd [VM]. Wel dat ik serieus ben, maar ook sprankelend en energiek. Waar heeft ze het over [VM]? Het voelt vreselijk. Ik voelde me altijd veilig bij haar, ik had het gevoel dat ze altijd het beste met me voorhad [OOB]. Ik voelde me beschermd bij haar [OOB]. Nu voel ik me verraden [OR]. Het is net of ze me plotseling, na al die jaren, vertelt dat ik niet goed ben zoals ik ben [OR]. Ze houdt niet van die kant van mij. Ze wil dat ik vrolijk ben. Ik voel me beoordeeld, niet goed genoeg bevonden, afgekeurd en alleen maar voorwaardelijk en gedeeltelijk door haar geaccepteerd als vriendin. Ik krijg niet de ruimte om te zijn wie ik werkelijk ben [OR]. En ik heb haar al die tijd vertrouwd! Ik voelde me zo veilig en volledig door haar geaccepteerd. Het voelde altijd zo onvoorwaardelijk [OOB]. Het is een heel onverwachte klap [OR]. Dat ene zinnetje – "Je kunt zo zwaar op de hand zijn" – blijft maar door mijn hoofd spoken.'

Bijna alles is onderstreept. Dat is hoe het is: bijna alles wat we zeggen over iets wat voor ons een symbool is, is een duidelijke, gedetailleerde afspiegeling van het verleden. Dat parallel denken zo onthullend is, hoeft geen verbazing te wekken als je bedenkt dat er een verschuiving naar het kind-bewustzijn en de afweer plaatsvindt wanneer een symbool oude pijn oproept. We gaan van de realiteit van de volwassene die we nu zijn naar de realiteit van het kind dat we toen waren. Het kind dat we waren, zal rechtstreeks vanuit die oude realiteit waarnemen, voelen, praten en reageren. Laten we nog een voorbeeld bekijken. Lees weer eerst de tekst. Onderstreep dan de parallellen en plaats elke parallel binnen een van de categorieën.

'Ik heb het heel druk op mijn werk. Er moet veel gedaan worden en als ik thuiskom, hebben mijn vier kinderen mijn aandacht nodig. Ik vind het altijd heerlijk hen te zien, maar soms is het moeilijk de energie op te brengen om met hen te spelen zoals ze zouden willen. En dan heb ik die collega die heel veel van mijn aandacht opeist. Hij blijft me maar allerlei vragen faxen. Hij vraagt altijd om gedetailleerde uitleg, wil altijd dat ik diep op zijn problemen inga, wil altijd weten waarom ik dit niet heb gedaan en dat wel. Ik word er gek van. Het ergert me mateloos. Hij heeft alle tijd van de wereld en beseft niet dat ik geen tijd heb om ellenlange antwoorden en verklaringen te schrijven. Hij kan toch zó egoïstisch zijn. En als ik dan niet antwoord zoals hij verwacht, wordt hij boos en verwijt me dat ik gevoelloos ben, of niet om hem geef. Het frustreert me ontzettend, ik kan het nooit goed doen. Hij blijft maar doorzeuren, het lijkt wel of hij me achtervolgt, alsof ik moet zeggen dat het me spijt, omdat hij me anders niet met rust zal laten. Het liefst zeg ik hem dat hij moet ophoepelen en maar iemand anders moet lastig vallen. Maar dat kan niet want we werken samen; ik zit dus aan hem vast en zal het moeten verdragen. Ik kan de zaak ook niet negeren, want hij geeft niet op. Ik kan niet zeggen dat het me spijt, want dat is niet zo. Ik kan mijn irritatie niet tonen omdat het dan alleen maar erger wordt en ik nog meer verstrikt raak in zijn web van verwijten en negativiteit. Ik voel me wanhopig en machteloos.'

Probeer nu voordat je naar de antwoorden kijkt zelf de parallellen te vinden. Kijk of je de symbolen, de afweer, de oude realiteit, de oude onvervulde behoeften en de oude pijn kunt herkennen.

'Ik heb het heel druk op mijn werk. Er moet veel gedaan worden en als ik thuiskom, hebben mijn vier kinderen mijn aandacht nodig. Ik vind het altijd heerlijk hen te zien, maar soms is het moeilijk de energie op te brengen om met hen te spelen zoals ze zouden willen. <u>En dan heb ik die collega die heel veel van mijn aandacht opeist [S/OR]. Hij blijft me maar allerlei vragen faxen [S]. Hij vraagt altijd om gedetailleerde uitleg, wil altijd dat ik diep op zijn problemen inga, wil altijd waarom ik dit niet heb gedaan en dat wel [S]. Ik word er gek van [VM]. Het</u>

'Bouwpakket van een kind'
dit is een bouwpakket voor een kind
naar believen te gebruiken
te vergeten te slaan
te verwaarlozen
dood dood
doodsangst

'De val' 7
– nabij de splitsing van het bewustzijn

'Bouwpakket van een kind' 8

9   *'Afgrond van verlangen'*
                                      – onbeantwoorde behoeften

                                             'Knop om'
10   – voorbij de hoop op contact

'Zo is het'
– de splitsing van het bewustzijn

ergert me mateloos [VM]. Hij heeft alle tijd van de wereld en beseft niet dat ik geen tijd heb om ellenlange antwoorden en verklaringen te schrijven. Hij kan toch zó egoïstisch zijn. En als ik dan niet antwoord zoals hij verwacht, wordt hij boos en verwijt me dat ik gevoelloos ben, of niet om hem geef [OR]. Het frustreert me ontzettend, ik kan het nooit goed doen [PA]. Hij blijft maar doorzeuren, het lijkt wel of hij me achtervolgt, alsof ik moet zeggen dat het me spijt, omdat hij me anders niet met rust zal laten [OR]. Het liefst zeg ik hem dat hij moet ophoepelen en maar iemand anders moet lastig vallen [VM]. Maar dat kan niet want we werken samen; ik zit dus aan hem vast en zal het moeten verdragen [OR]. Ik kan de zaak ook niet negeren, want hij geeft niet op [OR]. Ik kan niet zeggen dat het me spijt, want dat is niet zo. Ik kan mijn irritatie niet tonen omdat het dan alleen maar erger wordt en ik nog meer verstrikt raak in zijn web van verwijten en negativiteit [OR]. Ik voel me wanhopig en machteloos [OP].'

Zie je dat weer bijna alles wat over dit symbool gezegd wordt een afspiegeling van het verleden is? Dat er eigenlijk geen volwassen realiteit is als iets of iemand symbolisch voor ons is? Het is onmogelijk om te weten of de collega van deze cliënt werkelijk egoïstisch, veeleisend en verwijtend is of niet. In de oude realiteit moet er iemand geweest zijn die zich op die manier heeft gedragen ten opzichte van het kind dat ze was. In het heden kunnen we iemands gedrag echter pas goed beoordelen als we ons in het volwassen-bewustzijn bevinden en de ander geen symbool voor ons is.

Om ons van de pijnlijke effecten van het verleden te ontdoen is het niet nodig om te weten of de ander zich echt gedraagt zoals wij dat waarnemen of niet. Het enige dat wij hoeven te doen is onze afweer omkeren en de pijn voelen die is opgeroepen en deze met ons verleden verbinden.

Gebruik deze schrijftechniek om meer inzicht te krijgen in wat er gebeurt wanneer je een symbool tegenkomt. Schrijf eerst zo gedetailleerd mogelijk op wat er is gezegd en gedaan. Voeg dan je gevoelens eraan toe, beschrijf ze in detail. Schrijf bijvoorbeeld op wat je wilde doen en zeggen, maar niet deed en zei, enzovoort. Om je verleden bloot te leggen, is dit parallelle denken van groot belang, zodat het mogelijk wordt de oude realiteit volledig in je volwassen-bewustzijn te kennen en je afweer te blijven herkennen en omkeren.

Als je denkt dat je de techniek van het parallelle denken voldoende beheerst, probeer dan de pijn te voelen die het symbool oproept en keer je afweer om. Als je merkt dat de pijn naar boven komt terwijl je opschrijft wat er gebeurde toen je symboliseerde, laat die pijn dan toe. Als het niet zo makkelijk is om bij je oude pijn te komen, heb je wellicht iets aan de voorbeelden van de PRI-regressiemethode die in therapiesessies gebruikt wordt. Ze zullen je een idee geven van wat je kunt doen om bij je oude pijn te komen, welke vragen nuttig kunnen zijn. Onthoud dat een belangrijke factor in het helingsproces is dat je je gelijktijdig bewust bent van de vroegere en de huidige realiteit; je voelt de pijn nu, terwijl je weet dat hij oud is.

PRI-REGRESSIE

C: 'Ik had dus een probleem met mijn ex met wie ik nog steeds een hechte vriendschap heb. Ik had opgeschreven hoe ons huwelijk was geweest en hoe ik het had ervaren. Het was niet zo extreem. Ik had het opgeschreven omdat mijn ex had gezegd dat hij het gevoel had dat we niet zo'n hechte band hadden en dat hij dat graag anders wilde, en ik tegen hem had gezegd dat onze band niet hechter kon worden als er niet meer eerlijkheid en openheid tussen ons zou komen. Ik zei dat als hij dat echt wilde, dit alleen zou kunnen als ik hem zou vertellen hoe ik het verleden had ervaren. Ik zei ook nog dat als hij wilde luisteren, en besefte dat hij niet hoefde te luisteren, we misschien nader tot elkaar zouden kunnen komen. Ik zei hem dat ik geen andere weg zag. Hij zei toen dat hij het wilde en huilde zelfs omdat hij het zo triest vond dat hij niet had geweten dat hij me zo'n pijn had gedaan. Ik gaf hem het verhaal mee. Toen ik hem zag wegrijden, wist ik dat ik de verkeerde beslissing had genomen, maar hij was al weg. Ik kon hem niet meer tegenhouden.

Na een paar maanden kreeg ik een kort briefje van hem waarin hij alles ontkende wat ik had opgeschreven en zich als een slachtoffer gedroeg. "Wat je hebt opgeschreven is niet waar en het doet me heel veel pijn," schreef hij.

Nu is hij heel kwaad en dat is hij al een halfjaar. Hij heeft er nu voor het eerst contact over opgenomen, per fax. Hij schreef dat we moesten praten. Ik antwoordde per fax dat dat alleen zin had als we elkaar niet van onze mening zouden proberen te overtuigen, omdat dat nergens toe leidt. Hij stuurde een fax terug met de strekking dat dat prima was, maar dat het daar niet om ging, het probleem was dat ik hem diep had beledigd, hem een groot onrecht had aangedaan en hem hevig had gekwetst. Alle dingen die ik had opgeschreven, waren niet waar, maar we moesten er desalniettemin toch over práten. Zondag had hij tijd. Dat is dus wat er is gebeurd. Ik voel me ontzettend machteloos, er is zoveel woede van zijn kant. Niet één keer is er iets gezegd over wat dit voor mij betekent of wat de reden is dat ik hem alles heb laten lezen. Ik heb het niet gedaan om hem pijn te doen of zo. Het is allemaal heel bedreigend. Zo voelt het, ja.'

T: 'Wat voelde je toen je man belde, en je hem vertelde over de fax van je ex?'

C: (Verward.) 'Ik weet het niet, hoe zal ik het zeggen... Ik denk dat het angst is, vermengd met boosheid. Ik had graag willen zeggen: sodemieter op, ik heb geen zin in deze shit. Ik was heel bang.'

T: 'Had je enig idee waar je bang voor was?'

C: 'Ja, het gevoel is dat hij me behandelt alsof ik niet geloofwaardig ben. Het is net of ik in de beklaagdenbank ben gezet en hij zijn aanval niet zal stoppen totdat er "recht" is gedaan.'

T: 'Voel je daar iets van, nu je het probeert uit te leggen?'

C: 'Ja, mijn hart gaat sneller slaan en ik word misselijk.'

T: 'Probeer je eens voor te stellen wat hij zal doen als je er zondag heen gaat.'

C: (Begint te huilen.) 'Het doet weer pijn, net als vroeger...' (Huilt hevig.)

T: 'Kun je dat laten gebeuren?'

C: (Huilt.)

T: 'Blijf erbij.'

C: 'Het is net of ik hoofdpijn heb.'

T: 'Zie je iets gebeuren?'

C: 'Ik voel me verlamd en aan de grond genageld. Ik heb niets gedaan...'

T: 'Zie je waar je bent?'

C: 'In een tuin, de een of andere ruimte... Ik zie vage beelden, ik denk dat het mijn ouders zijn.'

T: 'Blijf bij het gevoel.'

C: (Huilt hard.)

T: 'Heb je enig idee wat je nodig hebt? Kun je zien wat dat is?'
C: 'Met rust gelaten worden of zo.'
T: 'Kun je hen aankijken en dat zeggen?'
C: 'Laat me met rust! Laat me met rust! (Huilt.) Laat me met rust. Ga nou eens weg, laat me met rust... Het is zo eng.' (Huilt hartverscheurend.)
C: 'Ze... houden maar niet op.' (Ze huilt door.)
T: 'Wat gebeurt er nu?' (De cliënt begint zwaar te ademen.)
C: 'Mijn armen tintelen. Ik denk dat ik hyperventileer.'
T: 'Ja, ja. Voel je die hevige angst nog?'
C: 'Ik wil alleen maar dat ze weggaan.'
T: 'O, ze zullen nooit ophouden. Ze zijn genadeloos.'
C: (Huilt. Na een poos gaat ze langzamer ademen en stopt met huilen.)
T: 'Hoe voel je je nu?'
C: 'Raar.'
T: 'Kun je je ogen opendoen?'
C: 'Heel raar. Ik heb me nog nooit zo gevoeld.'

Een paar dagen later ging deze cliënt naar haar ex om te praten over wat ze over hun huwelijk had opgeschreven. Ze vertelde me dat ze de hele tijd kalm en in haar volwassen-bewustzijn was gebleven, zich niet bedreigd had gevoeld, wat haar ex ook zei of hoe weinig begrip hij ook voor haar toonde (geen). De regressie laat zien hoe de cliënt toegang tot haar pijn kreeg door zich voor de geest te halen waar ze bang voor was: naar haar ex gaan. Daarna was het eenvoudig om bij haar gevoelens van hevige angst te komen die waren ontstaan uit het gevoel genadeloos te worden vervolgd. Al zag zij tijdens de regressie geen hele duidelijke beelden, de intense gevoelens die naar boven kwamen gaven haar wel inzicht in een van de redenen waarom ze in het algemeen zo snel angstig kan worden en bang is voor mensen. Dit was volslagen nieuw voor haar en bleek heel nuttig bij het aanpakken van bepaalde angsten naderhand.

We bekijken nog een voorbeeld van een regressie. Let op hoe de therapeut de cliënt helpt om bij haar gevoelens te komen.

C: 'Ik voel me al een paar weken heel somber over of ik een baan krijg. Ik ben niet in staat te doen wat ik met mijn opleiding zou moeten kunnen. Ik heb niet in huis wat je in huis moet hebben.'
T: 'Is dat een nieuw soort gevoel voor je?'
C: 'Nee.'
T: 'Weet je iets over dat gevoel?'
C: 'Wat ik in het algemeen doe, is niet goed genoeg. Ik heb niets te bieden. Het voelt hopeloos, alsof ik gedoemd ben.'
T: 'Wat gebeurt er met je terwijl je er nu over praat?'
C: 'Ik probeer te voelen wat het is. De afgelopen tijd heb ik geprobeerd erachter te komen wat het was, maar dat lukte eenvoudigweg niet.'
T: 'Laten we het hebben over de meest recente situatie die het gevoel bij je opriep.'
C: 'Gisteren had ik een sollicitatiegesprek. Ik voelde me heel onbetekenend. Ik weet dat ik dit gevoel 's avonds ook heb. Als ik ga slapen, denk ik: ik beteken niets. Ik weet dat ik dat gevoel altijd 's avonds heb, ook als er niets bijzonders is.'
T: 'Laten we het dan over dat sollicitatiegesprek hebben. Je herinnert je dus nog hoe je je voelde? Dit was toch de eerste keer dat je solliciteerde naar een baan die je leuk vond? Wil je je ogen dichtdoen? Ik wil graag zien of ik je naar die situatie terug kan voeren. Ik wil graag dat je jezelf ziet zitten met degene die het sollicitatiegesprek leidt, terwijl je beseft dat dit de eerste keer is dat het gaat om een baan die je echt leuk vindt. Had je veel hoop voordat je ging solliciteren?'
C: 'Hoop?'
T: 'Iemand heeft je toch aanbevolen bij die organisatie?'
C: 'Ik hoopte dat de vrouw die het gesprek met me voerde het zou begrijpen en dat het goed zou gaan, ik hoopte dat ze degene die me had aanbevolen een positief verslag over mij zou doen.'
T: 'Ik wil dat je teruggaat naar het gesprek en hoort wat deze vrouw zegt. Wat voor gevoel krijg je als ze zegt dat ze je cv heeft gelezen en er niet zoveel mee kan?'
C: 'Dat geeft me het gevoel dat iedere andere kandidaat meer betekent dan ik, dat wat ik zeg, niets te betekenen heeft.'
T: 'Wat gebeurt er met je als je het niet goed genoeg kunt?'
C: 'Dan zal mijn hele carrière een mislukking worden. Of mijn man zegt: weer iets dat niet gelukt is.'

T: 'Kun je bij dat gevoel blijven? Dat je man zegt dat je een mislukkeling bent? Hoe zou hij dat zeggen? Wat zou hij tegen je zeggen?'
C: 'Het gaat om de manier waarop hij kijkt.'
T: 'Kun je bij hem zijn? Je carrière is een mislukking. Je kon het niet. Wat voor uitdrukking zie je op zijn gezicht?'
C: 'Afkeuring. Ik heb altijd wel gedacht dat het je niet zou lukken. Ik heb het altijd geweten.'
T: 'Kun je dat nu in je lichaam voelen? Hoe je je voelt als je naar hem kijkt en die blik ziet? Blijf bij dat gevoel. Denk aan hoe het was toen je je man zag.'
C: 'Hij lacht altijd om wat ik doe. In zijn ogen doen anderen het altijd beter.'
T: 'Hoe ver gaat die herinnering terug? Hoe ver gaat die pijn terug?'
C: 'Ik voelde dit ook toen ik zeven was.'
T: 'Wat gebeurde er toen je zeven was, wat herinner je je?'
C: 'Ik zie mijn vader. Ik heb het nodig dat hij ziet dat ik er ben.'
T: 'Ja. Kun je dat laten gebeuren? Kun je voelen hoe hard je het nodig hebt dat hij ziet dat je er bent?'
C: (Huilt.)
T: 'Ben je bang voor hem?'
C: 'Ja. Hij is jarig. Er waren mensen op bezoek. Ik was bang voor die mensen.
Toen ik na school naar binnen liep en mijn vader zag, was ik heel blij dat ik binnen was en begon ik te huilen, en toen werd mijn vader boos.'
T: 'Kun je jezelf zien in de situatie?'
C: 'Ja. Ik word bang. Ik voel het in mijn buik.'
T: 'Wat zie je nu?'
C: 'Ik sta in de keuken. Mijn vader is er en ik ben heel bang.'
T: 'Het is oké. Kijk maar hoe het gaat. Voel je die angst in je lichaam?'
C: 'Ja.'
T: 'Oké. Je bent bang.'
C: 'Ik ben heel bang en begin te huilen. Mijn vader pakt mijn hand, maar hij meent het niet, eigenlijk is hij boos. Hij pakt mijn hand, hij houdt me te stevig vast. Niet prettig. Hij zegt: "Zo erg is het toch niet?" En dan lacht hij.'

T: 'En wat gebeurt er met jou? Zie je hem terwijl hij lacht?'
C: 'Ja.'
T: 'En wat voel je?'
C: 'Dat hij me niet ziet. Hij ziet niet wat ik voel.'
T: 'En wat doet dat met je?'
C: 'Het voelt alsof hij me nooit zal zien. Dat dat nooit zal gebeuren.'
T: 'Ja. Hij zal je nooit zien. Laat dat gebeuren. Houd je adem niet in. Wat gebeurt er?'
C: 'Ik denk aan de persoon die me voor die baan heeft aangeraden. Het is hetzelfde.'
T: 'Wat wil je tegen hem zeggen? Wil je iets tegen hem zeggen? Wil je tegen hem zeggen waar je bang voor bent?'
C: 'Waarom zie je niet wie ik ben? Waarom ben je altijd zo bezig met hoe jij je zelf voelt?'
T: 'Wil je dat tegen hem zeggen?'
C: 'Ja. [Lacht.] Het is mijn vader.'

Deze regressie ging nog een hele tijd door, totdat de cliënt zichzelf toestond te voelen wat er naar boven kwam. Zoals je hebt gelezen, probeerde de therapeut haar op allerlei manieren te helpen om in contact met haar pijn te komen. Misschien kan een aantal van deze vragen jou ook helpen.

Omdat regressie een zeer krachtig instrument is, is niet iedere interventie van de therapeut letterlijk weergegeven. Bij ondeskundige toepassing kunnen er onaangename en mogelijk schadelijke situaties ontstaan. Ik raad daarom (toekomstige) therapeuten die dit boek lezen, aan niet te proberen regressie op cliënten toe te passen voordat ze een gedegen opleiding hebben gehad waarin het als cliënt ervaring opdoen met PRI-regressies een wezenlijk onderdeel is.

Bedenk ook dat er een wezenlijk verschil is tussen PRI-regressies en regressies waarbij de nadruk ligt op het afreageren van emoties (zogenaamde 'abreacties') of op het verkrijgen van inzicht in wat er vroeger is gebeurd, terwijl de bijbehorende pijnlijke gevoelens vroegtijdig afgeremd worden.

NB. Zoals eerder aangehaald is PRI gebaseerd zowel op cognitie als op gedrag en gevoel. Overschatting van voelen (regressies) is misleidend. Hoe belangrijk ook, de rol van voelen is in het PRI-helingsproces alleen van betekenis als deze gekoppeld wordt aan cognitie (herkennen van met name afweer en oude pijn) en gedrag (omkeren van je afweer).

Regressie is géén wondermiddel dat onze problemen als sneeuw voor de zon laat verdwijnen (zie ook bijlage 8 voor de rol van regressie in PRI). Bovendien is het belangrijk de oude pijn op een gedisidentificeerde manier te voelen (zie eerdere opmerkingen, p. 161, en *Illusies*).

8. Persoonlijke verslagen

Om te laten zien hoe de PRI-therapie in de praktijk werkt, heeft een aantal cliënten en ex-cliënten hun persoonlijke verhaal opgeschreven. Ze hebben dat zo gedaan dat je vooral meer inzicht krijgt in het heelwordingsproces – zoals hoe moeilijk de therapie is, of hoeveel verlichting zij geeft. Ook hebben zij beschreven wat voor hen goed heeft gewerkt.

HET VERHAAL VAN JUDITH

Achtergrond
Ik ben 55 jaar, heb een baan in de gezondheidszorg en ben moeder van twee volwassen kinderen. Ik ben deze therapie gaan doen omdat ik last had van gevoelens van onzekerheid, minderwaardigheid en verlatenheid. Ik voelde mij vaak ongemakkelijk in contacten, had een vaag gevoel van 'er niet bij horen' en 'het leven niet aankunnen'.

Gevoelens waarvoor in mijn leven hier en nu geen directe aanleiding was, maar die ik eigenlijk in de onderstroom mijn hele leven al gekend had en die bleven terugkomen ondanks vele pogingen om daar greep op te krijgen.

In mijn leven was rust gekomen na het verwerken van mijn echtscheiding, het uit huis gaan van mijn kinderen en het overlijden van mijn ouders.

Ik had al verschillende therapieën en soorten hulpverlening achter de rug: vlak na mijn studie een groepstherapie, later gesprekken samen met mijn echtgenoot over relatie- en opvoedingsproblemen, gezinsgesprekken en een individuele ondersteunende/inzichtgevende psychotherapie toen ik overspannen was geraakt. In diezelfde tijd kwam mijn geloof weer terug. Nu geïnspireerd door een nieuwe interpretatie van de oude joods/christelijke verhalen. Ik zocht weer contact met de kerk (SoW). Geloof en therapie gingen vaak hand in hand.

Dat alles heeft mij veel opgeleverd. Ik was bijvoorbeeld weer in staat goed te functioneren op mijn werk, de echtscheiding te verwerken, problemen met de kinderen het hoofd te bieden en het hoofd koel te houden bij de heftige familieproblemen die de kop opstaken in de periode van het sterven van mijn ouders.

In de individuele therapie leerde ik onder andere mijn gevoelens en behoeften serieus te nemen, daarover met anderen contact te leggen en verband te leggen tussen mijn ervaringen als kind en mijn manier van reageren in het hier en nu. Door de gezinsgesprekken leerde ik mij strategischer op te stellen. Maar de onderstroom bleef.

Proces/beeld van mijn jeugd
Ik had intussen over mijn jeugd geleerd dat het ernstig had ontbroken aan bevestiging en gezien worden. Ik kom uit een middenklassegezin met vijf kinderen en ben het tweede kind. Er werd in fysiek opzicht goed voor ons gezorgd en er was aandacht voor een goede opleiding. Het ontbrak echter onder meer aan open communicatie. Mijn ouders hadden veel spanningen waar nooit over werd gesproken. Naar buiten toe moest het gezin een goede indruk maken. Er waren veel voorschriften over hoe je je moest gedragen (netjes, aardig, je best doen). Wat daar niet in paste, werd veroordeeld. Waar mijn ouders geen raad mee wisten, werd ontkend. Er werd slecht naar elkaar geluisterd. Ik had weinig contact met mijn broer en zussen. Ik voelde mij regelmatig de zondebok, omdat ik vaak op mijn kop kreeg en iedereen in mijn beleving tegen mij was. Ik werd vaak 'lastig en eigenwijs' genoemd.

Ik wist inmiddels dat mijn onzekerheid, minderwaardigheidsgevoelens en vechtgedrag in de hand werden gewerkt door het gezinspatroon. Ik had ook gerouwd om het ontbreken van ouders die ik nodig had. Dat leverde op dat ik in het hier en nu kon waarderen wat er wel was, mijn grenzen kon stellen en kon accepteren dat mijn ouders onzekere, kwetsbare mensen waren die – zeker niet met opzet – hun kinderen te kort deden. Dit had de ruimte gegeven om zonder wrok naar mijn eigen problemen te kijken.

Het nieuwe van deze therapie is geweest dat ik intenser en systematischer heb gezocht naar mijn ervaringen als kind met ouders die niet in staat waren op emotioneel gebied een werkelijk contact aan te gaan.

Ik weet nu dat ik – deels achter mijn rug om – veroordeeld en buitengesloten werd door een bondje tussen mijn moeder, broer en een zus. Mijn vader stond dit impliciet toe door mij niet in bescherming te nemen, het te negeren en er niets tegen te doen. Alles werd bovendien ontkend.

Tijdens regressies heb ik de diepe wanhoop, verwarring, verlatenheid en machteloosheid ervaren van het kind dat ik was. Een kind dat opgroeide in zo'n verwarrende gezinssituatie, dat behoefte had aan contact en gezien en aardig gevonden wilde worden, zoals ik was. Dat konden mijn ouders niet bieden.

Overlevingsstrategieën
Ik begrijp nu waarom ik mij als kind liever terugtrok, mij flink en soms meerderwaardig voelde en voordeed, terwijl ik me aan de andere kant juist weer vaak minderwaardig, schuldig, onzeker en onbekwaam voelde. Dat heeft mij beschermd tegen de pijnlijke gevoelens van het gebrek aan contact, acceptatie, openheid en echtheid in ons gezin. Het was ontkenning van behoeften, valse hoop, valse macht en primaire afweer.

Ik begrijp nu ook waarom ik bepaald gedrag ontwikkelde, zoals vaak te laat komen, eindeloos huiswerk maken op mijn kamer of ruzie maken met mijn moeder. Gedrag waarmee ik haast een alibi bood voor de kritiek en het buitensluiten. Dat had ik tenminste zelf in de hand; alles was beter dan het ervaren van de mateloze eenzaamheid en machteloosheid van het kind dat ik was. Ook dat was ontkenning van behoeften, valse hoop, valse macht en primaire afweer.

Het heeft mij opgelucht om dit alles niet alleen duidelijker te gaan zien maar ook om dit voor het eerst zo diep te kunnen ervaren; het is net of de puzzelstukjes op hun plek vallen. Anderzijds schrik ik er nog steeds van – ook weer nu ik dit schrijf – en denk ik: Zo erg was het toch niet, overdrijf ik niet?

Dat het wel zo erg was, maak ik op uit het effect wat het serieus nemen en beleven van die oude gevoelens op mijn leven heeft: het groeien van mijn zelfvertrouwen, het ervaren dat anderen mij waarderen, mezelf kunnen toestaan om van dingen te genieten. En misschien wel het allerbelangrijkste: het in principe afwezig zijn van de vroeger constant aanwezige sombere onderstroom.

Opgeven van oude afweer en ervaren van de oude pijn
Om de oude afweer op te geven is het allereerst belangrijk om stil te staan bij de signalen die ik krijg: gedachten, gevoelens en gedrag dat niet past bij de situatie in het hier en nu. Zo'n situatie benoem ik dan voor mijzelf als symbool voor mijn jeugdervaringen. Het is niet altijd makkelijk om de signalen te herkennen. Soms is er alleen een vaag gevoel van 'er klopt iets niet', soms is het signaal een plotseling weer opdoemen van de sombere onderstroom. Door te stoppen waarmee ik bezig ben en me op de situatie te concentreren onderzoek ik mijn gedachten en gevoelens. Een belangrijk hulpmiddel hierbij zijn mijn lichamelijke reacties: wil ik wegkruipen, schoppen, slaan, knijpen, of huilen. Door deze reacties krijg ik belangrijke aanwijzingen over de aard van mijn gevoelens (bang, boos, verdrietig).

Ook helpt het om te schrijven. Dan komt de stroom van herinneringen aan vroegere gebeurtenissen boven in de vorm van gedachten, gevoelens en beelden. Dat laat ik dan maar gaan. Vaak herhaal ik in mijzelf reacties van therapeuten, ter aanmoediging. Tijdens een regressie kan ik mij niet altijd exact herinneren wat er vroeger is gebeurd. Wel ervaar ik duidelijk de gevoelens en symbolische beelden, zoals 'boze ogen die mij van alle kanten aankijken' of 'wassen beelden': een verstard beeld van mijn ouders, die er wel zijn maar niet reageren.

Soms moet ik mijzelf dwingen om stil te staan bij de gevoelens die bovenkomen, want ik heb de neiging door te hollen. Ook moet ik mijzelf er soms bewust toe zetten om iets dat ik vanuit mijn afweer vermijd, toch te gaan doen om vervolgens nauwgezet te letten op het effect dat dit op mij heeft.

Effect
Het belangrijkste resultaat is dat ik meer en intenser kan genieten van allerlei dingen in het leven. Ik sta meer open. Mijn zelfvertrouwen groeit. Ik pak meer zaken aan, ook die dingen waar ik tegenop zag/zie. Ik krijg ook een gevoel van innerlijke rust en ben meer ontspannen. Zowel in mijn werk als in mijn privéleven krijg ik dat ook te horen van mensen in mijn omgeving. Ik merk dat collega's mij meer waarderen en contacten met vrienden verdiepen zich. Ik kan mij nog weleens ongemakkelijk voelen, maar ik vind dat minder erg.

De sombere onderstroom is in principe afwezig. Hij komt nog

weleens terug als ik bezig ben met moeilijke thema's in mijn leven, zoals Kerstmis, of het onderzoeken van mijn verlangen naar een intiem contact. Nu weet ik echter hoe daarmee om te gaan: het gevoel toestaan, loskoppelen van het heden en thuisbrengen waar het hoort – het verleden.

Het is voor mij heel opmerkelijk dat al deze veranderingen zich als 'vanzelf' hebben voltrokken. Ze zijn het gevolg van een diepe verandering in mijzelf – het opheffen van de verdringing en ontkenning van de waarheid van mijn jeugd – en vloeien daar als het ware spontaan uit voort. Het kan me nog weleens verbazen hoe anders ik me voel in bepaalde situaties of hoe anders er op mij gereageerd wordt terwijl ik niet bewust bezig ben me anders te gedragen.

Natuurlijk had ik graag gewild dat dit alles al 25 jaar eerder was gebeurd als resultaat van een eerdere therapie, maar ik betwijfel of ik er toen al aan toe was. In mijn leven tekent zich steeds duidelijker een proces af van groei, geleidelijk overwinnen van angst en andere afweer en het integreren van nieuw gedrag.

Ingeborg koos willekeurig voor mij de naam Judith, wat betekent: 'Lof van de Heer.' Die naam past goed bij mij in deze fase, want ik ben dankbaar en blij met dit hele proces.

Ik hoop in beweging te blijven.

HET VERHAAL VAN ARTHUR

De PRI-therapie was niet mijn eerste therapie. Een jaar of drie daarvoor was ik vastgelopen in mijn werk. Ik kon niet meer. De diagnose was dat ik overspannen was door mijn drukke werkzaamheden. Ik ging in gedragstherapie.

Kenmerkend voor mij was dat ik mijn gedrag constant afstemde op anderen in mijn omgeving, op wat zij van mij verwachtten. Daardoor werd ik een speelbal van mijn omgeving, wat leidde tot overspannenheid. Op grond van deze analyse ging ik met mijn toenmalige gedragstherapeut aan de slag. Ik leerde in de therapie hoe ik mijn gedrag in praktische zin moest aanpassen, zodanig dat ik niet langer zou afstemmen op anderen. Het ging snel beter. De resultaten waren zo goed dat ik in overleg met mijn therapeut besloot de therapie na een half jaar te beëindigen.

Een jaar hierna kwamen de oude klachten echter geleidelijk weer terug. De veranderingen die ik in mijn gedrag had aangebracht, begonnen langzaam te slijten en ik verviel steeds vaker in oude fouten. Somber gestemd vroeg ik mij af waarom ik mij nu weer zo slecht ging voelen. Mijn conclusie was dat het waarschijnlijk gewoon met mijn persoonlijkheid te maken had. Ik was nu eenmaal een gevoelsmens met een groot inlevingsvermogen in gedachten en situaties van anderen. Ik overtuigde mijzelf ervan dat afstemmingsgedrag paste bij zo'n persoonlijkheid en karakter. Ik vond dat ik het maar moest accepteren. Dat ik mij daarbij van tijd tot tijd zeer onprettig voelde, moest ik dan maar op de koop toe nemen.

De innerlijke drang tot afstemmen op anderen won het van de uiterlijke veranderingen die ik kort daarvoor in mijn gedrag had aangebracht. En hoewel deze gedragsveranderingen mij in die korte periode een rustig, prettig en zeker gevoel gaven, was er diep binnen in mij kennelijk iets dat sterker was, 'iets' dat mij ertoe dwong om mijn gedrag af te stemmen op anderen.

Gaandeweg werd mijn omgeving weer allesoverheersend en ik zelf steeds kleiner. De onprettige gevoelens ontwikkelden zich tot heftige en onverwacht optredende angstgevoelens die ik niet kon verklaren en geen plaats kon geven. Er waren talloze nachten waarin ik niet sliep en uitsluitend piekerde over de oorzaak van mijn problemen. Hoewel ik een mooie baan had, vond ik mijzelf niets waard. Ik zocht de oorzaken van mijn negatieve gevoelens uitsluitend in het heden: mijn huwelijk, mijn baan, mijn vrienden. Ergens in mijn leven moest wel iets grondig mis zijn als ik me zo ellendig voelde...

Het gebrek aan nachtrust brak mij uiteindelijk op. Ik kon niet meer. De enige oplossing die ik zag was mijn huwelijk op te geven en te stoppen met mijn baan, omdat ik ervan overtuigd was dat hier de oorzaak van mijn negatieve gevoelens lag.

Ik zocht desalniettemin hulp. De eerstelijnspsycholoog die mij ontving, concludeerde dat doorverwijzing noodzakelijk was omdat mijn probleem volgens haar te groot was en te diep zat. Ik vond dat eigenlijk onzin. Ik mankeerde toch niets, het lag aan mijn omgeving.

Zij bracht meteen het boek *Op weg naar je ware zelf* onder mijn aandacht. Ik las het boek vlot door. Het sprak mij aan. Uit het boek begreep ik dat deze therapievorm problemen van personen met wortel en al aanpakt en oplost. Dat sprak mij zeer aan en motiveerde mij om met deze therapie te starten.

Voordat ik aan de therapie begon, was ik ervan overtuigd dat ik een gelukkige jeugd had gehad. Ik keek er in ieder geval gelukkig op terug. Er waren goede herinneringen. Ik kon goed voetballen en oogstte daarmee veel waardering. Ik deed tal van andere sporten en voelde mij fysiek zeer goed in die periode. Ik was veel op straat om met andere kinderen te spelen en had veel vriendjes. Voor het overige kon ik het geluk in mijn jeugd niet goed benoemen. Omdat ik me in mijn jeugd fysiek goed had gevoeld, concludeerde ik dat ik toen dus ook wel gelukkig geweest moest zijn.

In de therapie kwamen de antwoorden naar boven tijdens regressies. Dat was nieuw voor mij. In mijn eerdere therapie was ik gewend dat de therapeut mij de 'antwoorden' aanreikte op basis van zijn analyses en interpretaties. In de PRI-therapie geef je de antwoorden op de problemen echter grotendeels zelf.

In de eerste gesprekken kwam ik tot mijn verbijstering tot de conclusie dat mijn jeugd zeer ongelukkig is geweest. Vooral de herinnering aan de hooglopende ruzies die mijn ouders vrijwel dagelijks hadden, kwam in volle omvang naar boven. Deze ruzies waren voor mij als kind zeer bedreigend geweest. Deze situatie was een ondraaglijke realiteit geweest die ik diep had weggestopt.

Ik leerde pas tijdens de therapie dat ik deze ervaringen nooit had verwerkt. Ik kwam tot het inzicht dat ik mijzelf als kind had gezien als de oorzaak van de ruzies (de primaire afweer). Het lag aan mij, ik was niet goed genoeg. Ik moest het beter doen. Het gevolg was dat ik als kind mijn gedrag intensief ben gaan afstemmen op het gedrag van mijn ouders, met de (valse) hoop dat ik daarmee ruzies tussen hen kon voorkomen. Dat lukte soms, althans in mijn ogen. Dit versterkte de hoop. Vaak ging het echter mis. Ik had dan het gevoel gefaald te hebben. Door te hopen dat ik via afstemming op hen ruzies kon voorkomen, beschermde ik mezelf tegen de waarheid. De valse hoop hield de waarheid tegen dat mijn ouders kennelijk niet van elkaar hielden en mij geen liefdevolle omgeving zonder dreiging konden geven om veilig in op te groeien.

Tijdens de therapie moest ik bovendien erkennen dat ik nauwelijks contact met mijn vader had gehad. Hij liet mij links liggen. Ik had getracht hem te bereiken, zonder succes. Ik was daarop erg boos op hem geworden. Ik vermeed ieder contact met hem en ontleende daaraan een gevoel van macht. In de therapie leerde ik dat dit een valse macht is. Vals omdat deze opstelling een ontkenning inhield van mijn behoefte aan een liefdevolle relatie met mijn vader.

Ik vond het heel moeilijk om te accepteren dat het vroeger allemaal zo erg was geweest. Ik verzette mij lang tegen deze realiteit, omdat ik hiermee het faillissement over mijn eigen jeugd uitsprak.
Cognitief begreep ik de processen tamelijk snel. Het afstemmen van mijn gedrag op anderen kwam kennelijk voort uit mijn jeugd. Het slechte gevoel over mijzelf was een manier om mezelf te beschermen tegen de pijnlijke oude realiteit. Mijn werk en mijn huwelijk waren 'slechts' symbolen die mij in het kind-bewustzijn van toen brachten, met alle gevolgen van dien.

Het ging met mij door deze inzichten meteen een stuk beter. Ik had eindelijk antwoord op vragen waarmee ik al jaren rondliep. Ik ontleende hieraan steun en troost. Voor mij was het goed zo. Ik wist nu hoe het zat. Ik ging er zelfs van uit dat de therapie zo goed als afgerond was.

De rationele acceptatie dat het vroeger erg was geweest, bleek echter snel onvoldoende. Ik moest in volle omvang voelen wat er vroeger was gebeurd. Ik had grote moeite om te voelen hoe erg het was geweest en hoe groot mijn angsten destijds waren. De ontkenning van deze gevoelens vierde bij mij de boventoon. Ik vergoelijkte veel negatieve ervaringen van vroeger. Ik bleef veel gevoelens die ik had aan het heden koppelen en kon lange tijd onvoldoende verbinding maken met het verleden.

Met het gevoel van nu te verbinden met ervaringen uit mijn jeugd, ontdekte ik uiteindelijk een aanpak die mij goed hielp mijn oude pijn te verwerken.

Voor de therapie duwde ik – tevergeefs – nare gevoelens van mij af. Zoals gebruikelijk bij PRI, trok ik het nare gevoel nu echter juist naar mij toe. Als ik mij thuis of op mijn werk onprettig voelde, probeerde ik de nare gevoelens uit te vergroten en te versterken. Daartoe concentreerde ik me op de symbolen uit het heden. Als ik voelde dat het nare gevoel nauwelijks nog sterker kon worden, zocht ik de juiste herinnering uit het verleden erbij. Zo'n herinnering was bijvoorbeeld een ruzie van mijn ouders aan tafel. Vervolgens concentreerde ik mijn gedachten weer op het nare gevoel dat ik nu had, om mij daarna weer te concentreren op de situatie die ik uit mijn herinnering aan vroeger ophaalde. Ik begon het nare gevoel en de gedachte aan vroeger steeds sneller af te wisselen. Dan weer concentreerde ik mij op het ene, dan weer op het andere. Na verloop van tijd flitsten mijn gedachten heen en weer. De herinnering aan de situatie van vroeger en het nare gevoel van nu versmolten tot een eenheid. Dit ging in uitzonderlijke gevallen gepaard met extreme gevoelens van angst. Deze gevoelens waren zo bedreigend dat ik ze zonder de begeleiding van een therapeute nooit had durven voelen. Mijn therapeute verzekerde mij echter dat er niets kon gebeuren. Dat bleek ook zo te zijn. Tijdens zulke sessies – die ik bijvoorbeeld thuis deed – zakte ik dan op een bepaald moment door de angst heen. De angst bereikte daarbij een hoogtepunt en verdween daarna betrekkelijk snel. Dit gebeurde nadat heden en verleden tot een eenheid werden. Ik gebruik deze methode nog steeds. De heftige angstgevoelens heb ik inmiddels niet meer, maar er zijn wel momenten dat ik mij opeens wat 'unheimisch' begin te voelen. Voor mij is dat het signaal dat er kennelijk een symbool op mij inwerkt dat een gevoel van vroeger oproept. Op zulke momenten herhaal ik de oefening zoals hiervoor beschreven. Iedere keer dat ik dit doe, is een stap in mijn proces van persoonlijke groei en ontwikkeling. Ik zie dit als een doorlopend proces. Telkens als ik een oud gevoel traceer, ga ik ermee aan de slag. Na een of enkele oefeningen ben ik het nare gevoel de baas en verdwijnt het. Zelden komt het terug.

Ik ervaar, zoals gezegd, de therapie als een proces van persoonlijke groei en ontwikkeling. Het groeiproces heeft mij als mens veranderd. Ik was voor ik aan de therapie begon een innerlijk zeer onzeker, angstig levend mens. Steeds was ik bezig deze onzekerheid te maskeren. Ik was constant op mijn omgeving gefocust en bestond als individu niet of nauwelijks.

Door de therapie ben ik veranderd. Ik ben veel rustiger geworden, de paniekaanvallen zijn weg. Ik heb veel meer zelfvertrouwen in de zin dat ik steeds meer vertrouw op mezelf en op wat ik voel,

denk of wil. Ik laat mijn omgeving met rust en concentreer me op mijn eigen gevoel. Zaken die ik vroeger najaagde, zoals het willen beheersen van mijn omgeving, het zoeken naar aandacht en warmte van mensen, aardig gevonden willen worden, zijn niet meer belangrijk, althans ik ben er niet meer afhankelijk van zoals voorheen.
 Deze veranderingen gaan niet ongemerkt aan mijn omgeving voorbij. Kennelijk hebben anderen de veranderingen – deels bewust en deels onbewust – waargenomen en zijn anders op mij gaan reageren. Het opmerkelijke is dat ik in vergelijking met vroeger van mijn omgeving veel meer aandacht, warmte, erkenning en waardering krijg. Naast de waardevolle ervaring van innerlijke rust, voortvloeiend uit zelfvertrouwen, is dit voor mij een enorme stimulans om het proces van persoonlijke groei voort te zetten.

HET VERHAAL VAN RIET

Voordat ik met deze therapie begon, heb ik tientallen jaren naar hulp gezocht. Dit heeft ertoe geleid dat ik ongeveer tien jaar verschillende traditionele therapieën heb gevolgd. Deze therapieën hebben mij echter niet kunnen helpen omdat zij gedragsveranderingen en oplossingen aandroegen die mij niet in contact brachten met mijzelf.
 Toch bleef ik volharden in het zoeken naar hulp, omdat mijn leven een en al spanning was. Ik voelde mij voortdurend verschrikkelijk angstig en de belemmeringen die daaruit voortvloeiden, maakten dat functioneren eigenlijk niet meer mogelijk was.

De mishandelingen in mijn jeugd heb ik lange tijd ontkend en onderschat. De feitelijke kennis van mijn kindertijd heb ik verkregen uit rapporten van de Kinderbescherming. Hieruit weet ik dat mijn moeder, een labiele vrouw, mij – 'een kind der schande' – dood wenste. Samenvattend ben ik als baby lichamelijk uiterst zwaar verwaarloosd, fysiek mishandeld en in emotioneel opzicht geheel door mijn moeder afgewezen.
 De eerste zes jaar van mijn leven heb ik afwisselend in mijn ouderlijk huis en in kindertehuizen doorgebracht. Op mijn zesde werden mijn jongere zusje en ik definitief uit huis geplaatst en heb ik mijn verdere jeugd in een kindertehuis doorgebracht.

Terugkijkend op deze periode is het er een van louter overleven geweest. Er werd mij nooit iets verteld. Noodgedwongen maakte ik zelf een plaatje van mijn jeugd, van mijn ouders en van de redenen waarom ik in een tehuis moest opgroeien. Ik dacht veel en voelde nagenoeg niets. Zo heb ik alles buiten mijzelf kunnen houden en mijn jeugd kunnen overleven.

Voordat ik aan de PRI-therapie begon, zijn mijn ogen, niet mijn hart, opengegaan door het lezen van de boeken van Alice Miller. De beangstigende gevoelens die uiteindelijk bovenkwamen, kon ik, zo voelde het, niet alleen aan. Toen er in het ondertussen verschenen boek van Jean Jenson werd gesproken over de mogelijkheid om deze therapie te ondergaan, heb ik besloten dit te doen.

Inmiddels werk ik ongeveer twee jaar aan het PRI-proces met de hulp van een therapeut. Het werkt. Voor het eerst in mijn leven kan ik mijzelf volledig toestaan mijn eigen gevoelens te ervaren. Het kost mij nog veel strijd om mijn afweer op te geven, maar met kleine stapjes gaat dat elke keer steeds beter. Ik kan nu de oude pijn herkennen en voelen. Voor mij voelt die oude pijn als een groot, gapend zwart gat waaraan niet valt te ontkomen. Daar ervaar ik dan gevoelens van angst, gekte en verlatenheid bij, maar ik ben nu in staat mijzelf, als ik die pijn voel, gerust te stellen en mijzelf eraan te herinneren dat ik als volwassene die pijn in het heden wel kan verdragen.

Enkele maanden geleden ontdekte ik dat ik seksueel misbruikt ben door mijn oudere broer. Aanvankelijk kon ik dat niet accepteren. Ik voelde mij ontzettend verraden. Dat juist hij, de enige in mijn omgeving die ik vertrouwde, mij dit had aangedaan. Dat voelde als te veel. Toch ben ik heel stil dat gevoel ingegaan. Mijn lichaam leek wel te verkrampen, het benam mij mijn adem. Een overweldigende en ontzettend angstige ervaring. Achteraf ben ik blij dat ik het gedaan heb. Het voelt goed nu ik weet dat het mij geen kwaad meer kan doen.

Op dit moment ben ik de uiterst pijnlijke confrontatie aangegaan met mijn grootste tegenstander: anorexia nervosa. Graag haal ik in dit verband de treffende woorden aan van Marya Hornbacher*, zelf

---

* Marya Hornbacher, *In het rijk der schimmen*. Bosch & Keuning, De Bilt, 1997.

een anorexiapatiënte: 'De wens [van de anorexiapatiënt is] om te bewijzen dat je niets nodig hebt, dat je geen menselijke behoeften hebt, een wens die zich tegen zichzelf keert.'

Dit is precies wat mijn leven tot nu toe beheerst heeft. Het heeft mij ruim een jaar gekost om in te zien en toe te geven dat ik aan deze ziekte lijd. Dit is de eerste, zeer belangrijke stap. Door niet te eten houd ik de pijn uit mijn kindertijd verre van mijzelf. Door de PRI-therapie ben ik gaan begrijpen en voelen dat ik een volwassene ben met de daarbij horende behoeften in het heden. Hierdoor is het voor het eerst mogelijk de pijn te voelen van de genegeerde behoeften uit mijn kindertijd. De bovenkomende fysieke en emotionele pijn die hiermee gepaard gaat, lijkt nu vaak nog te angstig en ondraaglijk. Door het groeiende vertrouwen in dit proces en in mijzelf heb ik echter echte hoop gekregen. Dit proces heeft mij mijzelf teruggegeven. IK VOEL. Een prachtig geschenk.

Ook heb ik gemerkt dat hoe dieper ik de pijn inga, hoe sterker ik mij daarna voel. Ik weet dat ik veranderd ben. Ik voel dat niet altijd, omdat ik nog aan de gevoelens van mijn kindertijd ten prooi val.

Door deze therapie is mijn relatie met mijn inmiddels volwassen dochter begripvoller en intenser geworden. Ook de relatie met mijn zusje wordt steeds waardevoller.

Ik hoop van ganser harte dat meer mensen de moed kunnen vinden om aan dit proces te willen beginnen. Het is het waard. Het werkt.

Hierbij wil ik Ingeborg hartelijk danken voor haar vriendelijkheid en warme betrokkenheid.

HET VERHAAL VAN SUZANNE

Al jaren had ik het gevoel dat ik niet helemaal in contact met mezelf leefde, ik was gericht op anderen, wilde exclusief belangrijk voor anderen zijn, zorgen voor anderen. Die anderen – vooral degene die me het dierbaarst is – moesten het goed hebben, rusten als ze moe waren, leuke dingen doen als ze daar zin in hadden – ik zorgde wel voor de condities daarvoor en nam de karweitjes op me die gedaan moesten worden. Ik voelde me verantwoordelijk voor het gemak, de ontspanning en de rust van de ander. Als dat er niet was, voelde ik me ongelukkig. Het was echter wel zo dat ik het niet voor niets deed. Ik verwachtte in ruil voor mijn zorgzaamheid complimenten en waardering. Als die waardering uitbleef, werd ik slechtgehumeurd en voelde me te kort gedaan. Ik rende me rot, maar liep mezelf voorbij. Ik was voortdurend bezig met dit zorgende gedrag, maar wist niet of ik dat wel werkelijk wilde. Ik voelde me immers niet gelukkig. Wat ik dan wel wilde, was me echter nog minder duidelijk. Ik was compleet gericht op mijn omgeving, voelde me niet goed, maar wist niet waardoor dat kwam. Ook was ik onvoorstelbaar jaloers, bang dat andere vrouwen in de omgeving van mijn echtgenoot veel mooier, leuker, jonger en interessanter waren. En dat hij meer belangstelling voor hen zou krijgen.

Een concrete aanleiding om iets aan mezelf te gaan doen, was dat ik tijdens een rollenspel in een training voor mijn werk werd geconfronteerd met mijn totale onvermogen om fysieke grenzen aan te geven. Ik kon een ander letterlijk niet bij me vandaan houden. Ik wist niet waar mijn grens lag, laat staan dat ik die kon aangeven. Dat bracht zo'n emotionele reactie in mij teweeg dat ik me realiseerde dat er iets heel diep in mij niet goed zat.

Het gevoel dat er iets fundamenteel verkeerd zat, speelde al heel lang, maar pas na deze confrontatie wilde ik ook heel diep gaan om erachter te komen wat er mis was. Ik had weleens toegegeven dat ik in mijn gevoel niet evenwichtig was en was al eerder in therapie geweest. Die therapie (een gedragstherapie) was meer gericht op de dagelijkse gang van zaken en leerde me moeilijkheden hanteren. Waarom ik bepaalde dingen moeilijk vond, kwam niet aan de orde en daarmee gebeurde dus ook niets, met als gevolg dat de verbetering niet structureel was. Ik voelde me na deze therapie nog steeds verantwoordelijk voor met name het geluk van mijn man. Nog steeds dacht ik dat ik me alleen goed kon voelen als hij zich goed voelde, omdat ik gewoonweg zoveel van hem hield. Ik liet hem dan ook voortdurend merken hoeveel ik van hem hield en hoe goed ik voor hem wilde zorgen. Ik verstikte hem.

In een van de eerste gesprekken met mijn PRI-therapeute vertelde ik dat ik terugkeek op een gelukkige jeugd. We waren een hecht, 'warm' gezin. Gezelligheid stond voorop en als er ruzie was, moest die onmiddellijk uitgepraat worden. Want ruzie was fout. Vooral mijn moeder kon heel slecht tegen ruzie en benadrukte tegenover mij altijd hoe speciaal de band was die zij en ik hadden. Zij legde mij uit hoe deze band voor haar alles steeds weer goedmaakte wanneer er toch ruzie in het gezin was. Als opgroeiend meisje voelde ik me altijd één geheel met mijn moeder, zij wist alles van mij en zorgde daar ook wel voor. Ik moest altijd alles vertellen over wat mij bezighield. Er was niets dat ik voor mezelf hield, want in mijn moeders ogen was dat hetzelfde als iets voor haar verborgen houden. Mijn moeder was er altijd voor mij en de band tussen haar en mij was uniek, onvrebrekelijk en uitzonderlijk. Ze vertelde ook dat ze van alle kinderen evenveel hield, maar dat het niet vreemd is als een moeder met een van haar kinderen iets bijzonders heeft en dat had zij met mij.

Maar de laatste jaren begon ik me te ergeren aan bepaalde dingen. Mijn ouders zijn gescheiden, inmiddels vijftien jaar geleden. Dat was, na een moeilijke periode, echter niet ten koste gegaan van wat ik met mijn moeder had, dacht ik. Dat hele bijzondere, unieke, was er wel af, want dat deelde mijn moeder nu met haar nieuwe partner, maar de band was er nog. Dacht ik. Aan de ene kant wilde ik deze band niet kwijt, omdat hij me die prettige herinnering aan mijn jeugd gaf. Aan de andere kant ergerde ik me aan de warmte, die gespeeld leek en aan de betrokkenheid, die voortdurend gezegd, uitgesproken en benadrukt moest worden. Een betrokkenheid die niet uit daden bleek, maar een mondeling geformuleerde weergave was van haar (al dan niet oprechte) idee over haar gevoelens voor mij. Die formuleerde ze zorgvuldig en beklemtoonde ze letterlijk.

In de PRI-sessies kwam ik erachter dat de band met mijn moeder al van jongs af op haar voorwaarden bestond. Ik moest alles vertellen, ik troostte haar als er ruzie was, ik ontving al haar liefde op de momenten dat zij er behoefte aan had die te uiten. Ik was er voor haar, ik was haar lieve, gehoorzame, volgzame dochter, zo dicht bij haar dat er geen ruimte was voor mij. Ik was voortdurend bang het niet goed te doen, bang niet de dochter te zijn die ik verwacht werd te zijn, want dat zou betekenen dat ik mijn moeder kwijt zou zijn.

Tijdens een regressie zag ik mijn moeder in tranen en zat ik als achtjarig meisje naast haar op haar bed. Ik zag haar gezicht en voelde toen pas hoe bang ik ben geweest, hoeveel angst het mij inboezemde haar zo te zien. Zij had mij nodig en het kleine meisje dat ik was, probeerde haar te geven wat zij nodig had. Wat ik echter nodig had – dat realiseerde ik me pas tijdens deze regressie – was dat zij voor mij zorgde, mij veiligheid gaf, mij zei dat alles wel weer goed zou komen. Wat ik deed, was mezelf voor haar nodig maken. Zolang ik was wat mijn moeder van mij verwachtte, deed ik het goed. Ik maakte mezelf tot het plaatje dat zij van mij had, voegde mezelf in de relatie die zij zich had voorgesteld tussen moeder en dochter, ging op in de verstikkende deken van haar liefde. Dan bleef ze bij mij, dan was ze mijn moeder. Ik bestond niet, ik was niet zelf iemand. En dat probeerde ik ook niet te worden, dat hoefde niet, dat mocht niet, ik was mijn moeders dochter. Niet mezelf. En dat ben ik ook vervolgens nooit geworden. Tot deze therapie.

Voordat ik mezelf ontdekte, zei mijn therapeute als reactie op mijn mededeling dat ik het ongelooflijk beangstigend vond mijn beeld van een gelukkige jeugd kwijt te raken, dat ik er een heleboel voor terug zou krijgen. Namelijk mezelf. Dat vond ik nog veel beangstigender, hoe was dat dan? Was ik wel leuk, wie was ik dan?

Totdat ik in een regressie bij de diepste laag van mijn oude pijn kon komen. Ik voelde de angst, het verdriet en de pijn die zo diep zaten dat ik het niet wist. Hoe enorm pijnlijk deze ervaring ook was, tegelijkertijd was het zo'n opluchting. Het voelde alsof er een doorbraak in mijn bewustzijn was gekomen, een letterlijke breuk, waardoor alles daaronder naar boven kon spuiten, een onvoorstelbare vloedgolf. Ik leek letterlijk te ervaren hoe de verdringing door de regressie werd opgeheven zodat de waarheid over mijn kindertijd mijn bewustzijn kon binnendringen.

Toen die golf eruit was, kwam de rust.

Het voelde alsof ik daarop mijn hele leven had gewacht, had geworsteld met een onzichtbare vijand. Mijn beeld van een gelukkige, liefdevolle jeugd ben ik kwijt, maar ik heb er zoveel voor teruggekregen. Bevestiging van mezelf, ik mag grenzen hebben, het is belangrijk wat ik wil, ik mag ook voor mezelf zorgen en daarvan genieten!

Af en toe is het moeilijk om niet over te gaan tot het bedenken van wat een ander van mij verwacht en dienovereenkomstig te handelen. Het is door de jaren heen een soort manier van leven geworden, een vastgeroeste gewoonte. Ik heb echter geleerd stil te staan bij de vraag wat ik zelf wil en waarom ik iets doe. Dan blijkt dat ik nog steeds graag zorg, maar in een andere mate en op een andere wijze. Niet meer mezelf voorbij rennend omdat ik het gevoel wil voorkomen dat ik tekortschiet, maar nu op een beheerste manier omdat ik het prettig vind om iemand een plezier te doen, het knus te maken, hard te werken. Nu om geldige redenen die worden ingegeven door mijn volwassen-bewustzijn.

Ik ben rustiger, ik voel me rustiger en evenwichtig. Eindelijk besef ik wat mijn verleden is geweest en hoe dat mij gevormd heeft. Eindelijk ben ik mezelf. Mijn echtgenoot geniet van de rust die er tegenwoordig is, de ruimte die er nu voor hem is en dat ik nu aan hem kan vragen of hij iets voor mij wil doen. We zijn nu gelijk.

HET VERHAAL VAN MENNO

Achtergrond
Vanaf november 1997 ben ik plotseling geheel doof. Ruim een jaar heb ik allerlei therapieën gevolgd, die voornamelijk waren gericht op het opsporen en behandelen van de lichamelijke oorzaken van mijn plotselinge doofheid. Elke behandeling had wel enig effect, maar van een substantiële verbetering van mijn gehoor was geen sprake.

Gaandeweg werd steeds duidelijker dat ook psychische achtergronden een belangrijke rol zouden kunnen spelen bij mijn doofheid. Zelf had ik hierover duidelijke ideeën. Het leek mij een goed idee om hier een deskundige en buitenstaander naar te laten kijken om te voorkomen dat ik zelf in cirkeltjes zou gaan ronddraaien. Bovendien wilde ik graag suggesties krijgen om gevoelens en ervaringen te verwerken en mijn gedrag te veranderen. Het hebben van inzicht is één ding, maar doorgaan met je leven en dit veranderen, is heel wat anders.

Ik besloot om de PRI-therapie te doen. Het doel van de therapie was voor mij het opsporen van een aantal psychische processen die een rol zouden kunnen spelen bij het ontstaan van mijn doofheid, zodat ik hier zo goed mogelijk mee zou kunnen leren omgaan.

Dat ik voor deze therapie heb gekozen, heeft te maken met het feit dat het boek *Op weg naar je ware zelf* van Jean Jenson mij zeer aansprak.

Het proces
Mijn jeugd. Bij het begin van de therapie had ik al sterk de indruk dat ik een bepaalde basisveiligheid, een bepaald basisvertrouwen heb gemist. Dit hield volgens mij direct verband met (de gezondheidssituatie van) mijn moeder. Zij was vaak ziek en werd met enige regelmaat voor psychische klachten in het ziekenhuis opgenomen (toen ik vier jaar was enkele maanden, toen ik tien was ongeveer zes maanden en toen ik zestien was twee jaar). Mijn moeder heeft de gezinsverzorgsters die bij ons over de vloer kwamen, eens geteld. Zij kwam tot een aantal van 106.

Deze situatie heeft een sterk stempel gezet op mijn jeugd en op die van mijn zus en beide broers. De psychische en lichamelijke problemen van mijn moeder zorgden voor veel spanningen en conflicten in ons gezin.

Ik haast mij overigens om te zeggen dat ik – als het goed met mijn moeder ging – goed met haar kon praten. Zij was zeer sociaal en communicatief ingesteld en beantwoordde zeker niet aan het clichébeeld dat men vaak van een zieke moeder heeft. Ook was mijn jeugd niet alleen kommer en kwel. Er was bij ons thuis veel liefde, maar tegelijkertijd ook veel onmacht.

In de therapie werd mij al spoedig duidelijk dat moeilijke ervaringen in mijn jeugd (vooral de langdurige ziekenhuisopnames van mijn moeder en de daarmee samenhangende onzekere gezinssituatie thuis, waarbij soms mijn broers, zus en ik op verschillende adressen bij familieleden werden ondergebracht) veel dieper hadden ingegrepen dan ik altijd heb gedacht en gevoeld.

Ik kon bepaalde diepe gevoelens (wanhoop, onmacht, eenzaamheid) in al hun intensiteit niet toelaten, ook niet omdat mijn broers en zus fors in de psychische problemen raakten en er een 'modelkind' moest overblijven. Bovendien zouden deze gevoelens te bedreigend zijn geweest voor het kind dat ik was.

Ik was een zeer gevoelig kind dat de vele spanningen in het gezin feilloos aanvoelde. Af en toe had ook ik het moeilijk, maar toch slaagde ik erin om de gezinssituatie zonder al te veel zichtbare kleerscheuren te overleven. Ik ontwikkelde een zeer sterke neiging alles heel goed te willen doen. Waren er spanningen, dan probeerde ik harmonie te scheppen en deed ik er alles aan om geen extra spanning te veroorzaken. Toch trok ik me ook regelmatig terug, ik ging naar mijn kamer of vluchtte juist door veel buiten te spelen.

De neiging om alles heel goed te willen doen, uitte zich vooral in hoe ik mij in relaties opstelde, niet zozeer in ambities op het gebied van studie of werk, alhoewel een zeker algemeen perfectionisme mij niet vreemd is. Ik had een sterke neiging mijn jeugd te veel te relativeren en mijn gevoelens voor mijn moeder in het algemeen te rooskleurig voor te stellen. Ik werd vroeger ook bijna nooit kwaad. Nu besef ik dat dit kwam omdat ik de disharmonie thuis niet nog verder wilde vergroten en omdat mijn moeder ontzettend kwaad kon worden, iets waarvoor ik doodsbang was.

Tijdens de therapie kwam ik erachter dat mijn neiging tot het goed doen te maken had met de oude pijn die ik als kind niet in zijn volle omvang kon voelen omdat dat te bedreigend zou zijn geweest. De pijn dreef mij ertoe op andere manieren toch een soort harmonie te scheppen die binnen het gezin niet haalbaar was geweest. Ook was ik vaak op zoek naar goedkeuring. Het gevoel 'goed te zijn zoals je bent' was mij volstrekt vreemd.

Ik bleef de neiging houden om mij in moeilijke tijden terug te trekken, zo niet uiterlijk dan wel innerlijk. Het duurde een tijd voordat ik dit overlevingsmechanisme duidelijk kon zien. Ik ben in het algemeen zeer gevoelig en heb, dacht ik, altijd veel gevoelens toegelaten. Nu bleek dat dit niet gold voor deze uiterst moeilijke gevoelens. 'Leven als het kan, overleven als het moet,' was bij ons een motto.

De therapie maakte mij duidelijk dat het mij in mijzelf terugtrekken vooral diende om innerlijke pijn (onmacht, eenzaamheid, wanhoop, verdriet) en angst (om in de steek te worden gelaten) te vermijden. Uiterlijk liep alles bij mij meestal op rolletjes.

Een van de kernpunten van de therapie is het opgeven van de afweer en het voelen van de oude pijn. Allereerst is er het je bewust worden van de afweer, dan de herkenning ervan in concrete situaties, de keuze om verandering in deze situatie te brengen en dan het daadwerkelijk veranderen van het gedrag en het ervaren van de vroegere pijn. Een voorbeeld. Ik heb een grote hekel aan conflicten in mijn relatie. Ik probeerde zo min mogelijk boos te worden en als het te heftig werd, trok ik mij terug. Dat was een ingesleten patroon. Sinds de therapie koos ik er echter voor om in conflicten met mijn vrouw mijn boosheidgevoelens toe te laten om mij vervolgens bewust op mijn kamer terug te trekken zodat ik de gevoelens achter mijn boosheid in volle omvang zou kunnen ervaren. Dat gebeurde dan ook. Vooral in het begin van de therapie moest ik op die momenten veel huilen. Dus: enerzijds ging ik in tegen het aloude overlevingsmechanisme van vermijding, anderzijds creëerde ik bewust ruimte om diepe gevoelens naar boven te laten komen.

Het naar boven laten komen van die gevoelens was af en toe zeer pijnlijk, en ook vermoeiend. Toch was het goed, omdat het beter is te weten wat je dwarszit dan altijd met vage gevoelens van onrust, onderdrukte boosheid en dergelijke te blijven zitten.

Het toegang krijgen tot mijn oude pijn was voor mij niet moeilijk. Het ingaan tegen oude afweermechanismen vond ik lastiger. Dit vergde ook meer tijd.

Effect/resultaten
Veel heb ik over mezelf geleerd door de PRI-therapie en de boeken, bijvoorbeeld welke gevoelens en gebeurtenissen mij dwarszaten, hoe ik deze kan herkennen, doorleven en er op een gegeven moment naar kijken vanuit het hier en nu om er vervolgens van los te komen en ander gedrag te ontwikkelen.

Concreet heb ik geleerd:

- het kind-bewustzijn en het volwassen-bewustzijn te onderscheiden; dat je als volwassene altijd keuzes hebt en niet uitgeleverd bent aan de machteloosheid van de kindertijd;
- dat gevoelens van angst en boosheid erom vragen om op een dieper niveau te worden beleefd (boosheid is een afweer tegen onmacht; door de afweer angst kun je heen als je hem in de ogen kunt zien);
- dit soort gevoelens überhaupt te doorleven;
- hoe de relatie met mijn moeder een essentiële rol in mijn leven

heeft gespeeld bij het in de steek gelaten voelen, en hoe dit doorwerkte in latere relaties en situaties (angst om te verliezen, terugtrekken, afsluiten);
- hoe ik in mijn partners telkens een zekere onbeschikbaarheid waarnam, hoe vreselijk ik dat vond en dat ik soms een uitweg heb gekozen in verliefdheid op een ander;
- dat ik mijzelf vaak heb weggedrukt uit onwetendheid en onvermogen om de diepe pijn te voelen, te doorleven;
- last but not least, het herkennen van personen of situaties als 'symbolen'.

Veranderingen in mijn gedrag zijn er ook duidelijk. Ik ben veel makkelijker geworden, flexibeler, opener, rustiger, minder gespannen en krampachtig, veel minder perfectionistisch, minder geneigd tot harmonie. Ik word makkelijker boos, maar laat het ook makkelijker weer los. Ik stel duidelijker grenzen, zeg makkelijker nee. Ik voel meer, blijf dichter bij mijn gevoel en word geleidelijk evenwichtiger.

In negen maanden ben ik een heel stuk veranderd en sta ik beter in het leven. Mijn doofheid is niet verdwenen, de achterliggende problematiek van terugtrekken om niet te voelen (niet horen = terugtrekken en niet voelen) is wel grotendeels tot een oplossing gekomen.

In zoverre deze problematiek nog speelt, stellen de opgedane inzichten en ervaringen mij in staat op eigen kracht verder te werken aan de vermindering ervan. De beste therapie is uiteindelijk het leven zelf.

HET VERHAAL VAN CHRISTINE

Na tien jaar hard werken werd ik op 38-jarige leeftijd zwaar overspannen. Ik had al jaren problemen met mijn manager, terwijl hij zich nergens van bewust was. Ik voelde me niet gesteund door mijn collega's en raakte steeds meer geïsoleerd. Het was mijn derde baan, telkens was ik ergens vertrokken omdat ik ervoer dat de baas me geen ruimte, vertrouwen of erkenning gaf. Als student werd ik een jaar door een studentenpsycholoog begeleid, omdat ik na een conflict met mijn hoogleraar moeite had met studeren. Ik stapte na een jaar begeleiding over naar de RIAGG en studeerde toch af. Een jaar psychotherapie bij de RIAGG verhevigde echter alleen mijn reeds aanwezige allergie voor psychotherapie. Ik werd in een groep van 'knotsgekke' mensen geplaatst, die het veel moeilijker hadden dan ik (vond ik) en zich in het dagelijks leven niet staande konden houden. Ik was inmiddels bezig met een peperdure omscholing en had mezelf met succes door de selectie geloodst.

Herhaaldelijk werd ik er door hulpverleners op gewezen dat mijn emotionele toestand te maken kon hebben met een tweede-generatieoorlogsproblematiek, concreter: met mijn gezinsachtergrond. Het haalde allemaal niets uit, met mij was immers niets aan de hand. Ik wist wel dat ik geen normale opvoeding had gehad, maar ik was ervan overtuigd dat die geen nare invloed op mijn ontwikkeling had. Er waren zoveel mensen die het thuis veel slechter hadden gehad dan ik. Bijna veertig jaar was ik bezig om geen slachtoffer te worden, zoals mijn ouders. Ik koos ervoor om me overal doorheen te slaan, ik was sterk en ik kon bereiken wat ik wilde.

Toen ik vastliep, kwam ik, zonder dat ik me daarvan bewust was, voor de moeilijke beslissing te staan om te erkennen dat ik het slachtoffer van mijn ouders was geworden. Daartegen had ik bijna veertig jaar gevochten.

Ik voerde zeker tien goede gesprekken met de bedrijfspsycholoog. Hij constateerde dat ik moeite had om mijn gevoelens te uiten. Omdat ik niet weer wilde beginnen aan psychotherapie, stuurde hij me naar een natuurgeneeskundige. Deze genezer gaf me een behandeling en medicijnen om het teveel aan emoties los te maken en op te lossen. Ik ging me inderdaad een stuk beter voelen. Ook hij was geen voorstander van psychotherapie.

Ik zat inmiddels vijf maanden overspannen thuis toen ik in de boekhandel Jean Jensons boek *Op zoek naar je ware zelf* tegenkwam. Ik nam het mee met vakantie en voor het eerst kon ik de relatie tussen mijn huidige problemen en mijn achtergrond leggen. Enkele maanden later startte ik met de PRI-therapie.

Van mijn vroege jeugd herinnerde ik mij nauwelijks iets. Mijn ouders hadden in de Tweede Wereldoorlog in een Japans concentratiekamp gezeten. Vooral mijn moeder had deze periode in haar leven niet goed verwerkt. Na de oorlog gingen haar ouders uit elkaar en kwam zij met haar moeder naar Nederland. Zij heeft als jonge vrouw voor haar moeder en haarzelf de kost moeten verdienen. Ze was altijd ziek, snel boos, sloeg dagelijks en gaf mijn broertje en mij geen warmte of bescherming. Ze was erg dominant. Wat we ook deden, het was nooit goed (genoeg). Het huwelijk van mijn ouders was slecht. Ze pasten absoluut niet bij elkaar en hadden heel verschillende interesses. Mijn moeder schold mijn vader voortdurend uit, onder andere omdat hij geen carrière maakte. Mijn vader vluchtte voor mijn moeder door buitenshuis maatschappelijk actief te worden, hij was bijna nooit thuis. Andere volwassenen legden op mij als oudste de druk om goed voor mijn moeder te zorgen. Vanaf de lagereschoolleeftijd vocht ik tegen de onderdrukking door mijn moeder. Ik had enorme driftbuien wanneer ze me onterecht sloeg of onrechtvaardig behandelde. Onder het eten hadden de grootste ruzies plaats en menigmaal ging ik zonder eten naar bed. Mijn kamer was een toevluchtsoord, verder ging ik veel naar vriendinnetjes. Ik nam zo min mogelijk vriendjes en vriendinnetjes mee naar huis. Ze waren ook niet welkom. Ik ging op mijn negentiende het huis uit om te studeren. Ik bleef wel contact houden met mijn ouders. Met mijn vader heb ik alsnog een redelijke relatie kunnen opbouwen. Na zijn overlijden ging mijn moeder me meer opeisen en raakte ik in de problemen op mijn werk.

Toen ik onder begeleiding van de PRI-therapeute in regressies aan mijn herinneringen ging werken, kwam de lelijke waarheid snel naar boven. Het was schokkend om te ontdekken dat ik als kind geen veilige basis heb gehad. Hoeveel angst zich achter de mooi opgepoetste façade had opgehoopt. Hoe de verpletterende aanwezigheid van mijn moeder door mijn afweer werd vervormd tot claustrofobische klachten, waardoor ik zelfs moeite had met reizen in de trein tijdens de spits en niet kon slapen zonder open raam. Hoe mijn kinderbehoefte aan erkenning en waardering een workaholic van me heeft gemaakt. Waarom ik andere mensen niet echt kan vertrouwen: niemand greep immers in toen ik als klein meisje door mijn moeder geterroriseerd werd. Waarom ik zo verschrikkelijk kwaad werd als mijn grenzen voor de zoveelste keer waren overschreden, terwijl ik de eerste honderd keer niet wist hoe ik voor mezelf moest opkomen. Hoe eenzaam ik me eigenlijk voelde als ik weer alleen een prijs of diploma moest ophalen, zonder mijn ouders in de zaal, zoals bij andere kinderen, vrienden, studiegenoten of collega's. Dat ik mijn enorme angst omzette in dwangmatig netjes ordenen van mijn leefomgeving. Het valt niet mee om te ontdekken hoeveel van je gedrag wordt gedreven door de onderliggende angst en eenzaamheid van je kind-bewustzijn.

Door de PRI-therapie heb ik een verloren stuk van mezelf teruggevonden. In zekere zin ben ik completer geworden. Ik draag nu het gevoel van de totale verlorenheid van het kind bij mij. Het weegt nog zwaar. Ik zal tijd nodig hebben dit gevoel rustig te verwerken. Ik ben er dus nog niet, ik kom nog geregeld symbolen tegen. Door de therapiesessies herken ik nu de symbolische situaties. Ik blijf het moeilijk vinden om in het onderliggende gevoel te duiken op het moment dat ik me bewust word dat er iets aan de hand is. Om te zien dat het niet met hier en nu heeft te maken. Mijn strategie was om niet te voelen, om altijd maar door te bijten. Het toelaten van het grote verdriet van mijn kindertijd, vindt bij mij spontaan plaats. Het wordt vaak opgeroepen door dingen die ik op tv zie of als ik iets lees. Heftige gevoelens komen boven als er in een verhaal, echt of niet, een klein kind in de steek wordt gelaten of liefdeloos wordt behandeld. Dat is dan mijn verhaal, dat als een enorme schokgolf van gevoelens komt bovendrijven. Het gaat door mijn hele lichaam naar beneden, terug omhoog en perst zich vervolgens door mijn ogen naar buiten. Mijn proces gaat misschien niet volgens het boekje, maar het helpt me hoe dan ook vooruit. Ik zoek nog naar een manier om mijn gevoelens over mijn jeugd verder vorm te geven, misschien wel tekenen of schrijven.

Voor het eerst in mijn leven heb ik het gevoel dat ik beslissingen neem die ik zelf wil nemen. Ik wil bijvoorbeeld geen succesvolle manager meer zijn, maar liever meer inhoudelijk werk doen. Status en maatschappelijke waardering waren een manier om erkenning te zoeken. Ik heb een nieuwe functie die perfect aansluit bij wat ik graag wil doen. Ik was altijd al goed in het leggen van contacten met andere mensen, maar zij vertrouwden op mij, ik niet op hen. Mijn contacten met anderen leveren nu meer energie en inspiratie op, omdat er een echte verbinding tot stand komt. Mijn behoefte om tot in de kleinste details controle op mijn leefomgeving uit te oefenen, is een stuk minder geworden. Ik blijf netjes, maar ga niet meer dwangmatig opruimen en ordenen. Mijn vriend heeft alle veranderingen goed doorstaan en kiest ervoor om zelf ook, weliswaar op een andere manier, met oude pijn uit het verleden af te rekenen. Hij wordt minder afstandelijk, ik word niet meer zo gauw boos op hem. Er zijn geen onmogelijke verwachtingen meer waaraan hij moet voldoen.

Het was een moeilijke beslissing om met deze therapie te beginnen. Mijn verdedigingsmechanisme was immers niets voelen, altijd doorgaan en controle houden op wat er gebeurt. De gedachte om de controle over mijn gevoelens te moeten loslaten, was voldoende om de afspraken met de therapeut soms even erg te vinden als bijvoorbeeld een zenuwbehandeling bij de tandarts: je weet dat het goed voor je is, maar het gaat wel pijn doen.

Toen ik aan dit proces begon, was ik enorm bang om de controle kwijt te raken en overspoeld te worden door negatieve gevoelens, bang dat ik gek zou worden. Als ik achteraf terugkijk op de PRI-therapie, kan ik het zo samenvatten: juist door te leren mijn (oude) gevoelens te herkennen en toe te laten in mijn dagelijkse leven, kan ik mijn persoonlijke ontwikkeling de ruimte geven, waarbij controle over mezelf en mijn omgeving geen item meer is.

9. Past Reality Integration, andere therapieën en diagnostiek

Er bestaat een aantal verschillen tussen PRI en andere therapieën. Sommige zijn besproken in appendix C van *Een zoektocht naar het ware zelf*. Dit hoofdstuk geeft een aanvulling op deze bijlage. Met name wordt ingegaan op hoe PRI aankijkt tegen diagnostiek en symptomen van 'emotionele ziekten'.

PRI-REGRESSIE ROEPT DE EMOTIONELE TOESTAND OP VAN HET KIND DAT WE WAREN

Bewust in een toestand van regressie zijn, is heel anders dan huilen om de dingen die ons in onze jeugd overkomen zijn. Het is zelfs heel anders dan je een klein kind te voelen om vervolgens ook als een klein kind te huilen. Als we ons niet volledig bewust zijn dat we in een toestand van regressie verkeren, kan het voelen van pijn niet helend werken. Alleen wanneer we in de emotionele toestand van het kind verkeren terwijl we ons daar volledig bewust van zijn, ervaren we een PRI-regressie en werken we aan onze heelwording.

Een PRI-regressie is soms te vergelijken met de toestand die ervaren wordt in hedendaagse hypnotherapie. De moderne hypnotherapie verschilt van een hypnose waarin een diepe trance wordt opgewekt. Bij de laatste verliest de cliënt de bewuste controle over haar handelingen. Wij zijn tegen het gebruik van diepe trance als therapeutisch middel, omdat die het natuurlijke beschermingssysteem van de geest buiten werking stelt. De moderne hypnotherapie leidt niet tot een verlies van controle door de cliënt. De cliënt wordt daarentegen meestal in een staat van 'afstandelijke observatie' van het verdrongen verleden gebracht. Herinneringen kunnen hierbij weliswaar glashelder bovenkomen, de daarbij horende emoties worden echter meestal niet in hun volle omvang ervaren. In dat geval is een hypnose fundamenteel anders dan een PRI-regressie.

Een PRI-regressie moet ook niet verward worden met regressies waarin gevoelens worden afgereageerd (zogenaamde 'abreacties') zoals voorkomend in regressietherapie, primaltherapie, of innerlijk-kind-werk.

TIJDENS EEN PRI-REGRESSIE IS HET VAN GROOT BELANG ZO LANG EN ZO DIEP MOGELIJK DE PIJN VAN HET KIND TE VOELEN*

In een PRI-regressie zal de therapeut nooit suggereren dat de cliënt de illusie creëert dat ze nu kan krijgen wat ze toen nodig had en niet kreeg. Bijvoorbeeld: 'Neem het kind dat je bent bij de hand', 'Laat je moeder komen om je te wiegen', of 'Verwelkom die baby in deze wereld'. Dit soort suggesties zal je uit je gevoel halen en betekent dat je gehoor geeft aan de alarmsignalen van de amygdala in plaats van te bewijzen dat die onjuist zijn door bij je gevoel te blijven totdat het vanzelf wegebt. Ook zal de muur van ontkenning erdoor versterkt worden, doordat er geïmpliceerd wordt dat je nu nodig hebt wat je toen niet kon krijgen en dat je het niet kunt verdragen de pijn te voelen totdat hij vanzelf afneemt.

ER IS GEEN 'INNERLIJK KIND'

We zijn volwassenen met een gedeeld bewustzijn. We hebben geen kind binnen in ons dat geheeld, bemind of gerustgesteld kan worden. We kunnen de effecten van het verleden alleen helen als we onszelf toestaan de oude pijn te voelen, terwijl we ons bewust zijn van de huidige realiteit. Onszelf zien als een wezen dat verdeeld is in een 'ik' en 'het kind in mij' werkt desintegratie in de hand in plaats van tot integratie te leiden, integratie die noodzakelijk is om te helen. Het 'innerlijke kind' liefhebben, geruststellen, naar haar luisteren, respecteren wakkert slechts onze valse hoop aan.

---

* Terwijl we dit doen vanuit het perspectief van de innerlijke observator: het zogenaamde 'gedesidentificeerde voelen' (zie p. 157 en *Illusies*).

WOEDE EN ANGST: MEESTAL AFWEER

Als er echt fysiek gevaar dreigt, zijn woede en angst – vechten of vluchten – toepasselijke reacties. Woede is in alle andere gevallen afweer tegen de een of andere oude pijn die door een situatie in het heden wordt opgeroepen. Daarom wordt de cliënt in de PRI-therapie niet aangemoedigd die woede te voelen of te uiten (door bijvoorbeeld op een kussen te slaan en je in te denken dat het je vader is). Woede wordt niet als noodzakelijk gezien om cliënten te helpen bij gevoelens te komen die veroorzaakt zijn in hun jeugd. Zulke woede zou alleen een vals gevoel van macht doen ontstaan. Vals, omdat wij ons als kind niet konden verdedigen door boos te worden op degene die ons iets aandeed. Daarom zal het voelen van die woede in het heden de illusie wekken dat we wel iets kunnen doen en niet alleen slachtoffer zijn. Dat is natuurlijk niet waar. De kinderen die we waren, waren slachtoffer. Behalve verdringing en ontkenning kon niets ons beschermen tegen de realiteit waarin we moesten leven. Om te helen is het dus nodig de ontkenning en verdringing op te heffen, zodat de waarheid blootgelegd, gevoeld en geïntegreerd kan worden. Valse macht voelen en die uitleven, zou deze waarheid nog meer ontkennen. Het voelt misschien even goed, zoals gezegd kan het een tijdelijk en vals gevoel van kracht geven, maar op den duur versterkt het alleen de muur van ontkenning en voert het ons verder weg van een bewustzijn dat één geheel is (zie ook p. 165 e.v.).

Het afweermechanisme van angst* kan het laatste redmiddel van onze geest zijn om de verdringing te beschermen. Er ligt echter een andere pijn achter, zoals gevoelens van eenzaamheid, verlaten zijn, enzovoort. Dit is een bemoedigende gedachte, omdat angst het meest onplezierige gevoel is. In tegenstelling tot verdriet is angst iets dat we gewoon niet willen voelen. Het idee om langere tijd angst te moeten voelen, is voor de meeste mensen een zeer onaantrekkelijke gedachte. Vat moed: er gaat iets anders direct achter die angst schuil, iets wat veel makkelijker toe te laten is (zie ook p. 172 e.v.). Hoe meer we onze angst in de ogen kijken, hoe eerder we zullen uitkomen bij de gevoelens die erachter schuilgaan.

* Zie *Illusies* (Bosch, 2003) voor een uitgebreide behandeling van angst als afweermechanisme.

AFWEER IS DE KERN VAN ONS PROBLEEM IN DE HUIDIGE REALITEIT

Afweermechanismen zijn geen structuren die we nodig hebben om te voorkomen dat ons ego 'desintegreert'. In gewone bewoordingen: PRI beschouwt afweer niet als noodzakelijk om niet 'gek' te worden. Bij veel therapieën is men huiverig voor het openleggen van oude wonden. Als iemand een ernstig getraumatiseerd verleden heeft, wordt vaak een therapie aangeraden die het trauma onberoerd laat. Men is bang dat het ego van de cliënt niet sterk genoeg is om de pijn van het blootgelegde trauma te verdragen, waardoor een psychose of andere vorm van persoonlijkheidsdesintegratie ('gek worden') ontstaat. Deze gedachte komt voort uit het oude freudiaanse idee dat we onze afweer nodig hebben om te overleven.

PRI redeneert juist andersom. We hebben onze afweer in het heden juist niet meer nodig, ook al hadden we dat wel in onze kindertijd. Nu kan afweer ons alleen maar schade berokkenen en ons leven pijnlijker maken dan nodig is. Heelwording is mogelijk door het ontmantelen van de afweermechanismen, zodat de pijn en het trauma bloot komen te liggen. De cliënt kan dan de bijbehorende pijn en de invloed van het trauma gaan voelen en beseffen, en ten slotte integreren in het volwassen-bewustzijn. Een trauma blootleggen, hoe ernstig ook, is de enige manier om toe te werken naar werkelijke heelwording. Wat ons doet lijden is onze afweer. Hoewel veel therapieën ervan uitgaan dat het gevaarlijk is de afweer op te geven, gaat PRI-therapie ervan uit dat dit alleen in onze jeugd waar was. Het idee dat het nu nog steeds gevaarlijk is de afweer los te laten, is dan ook een idee dat voortkomt uit het kind-bewustzijn.

Dit geldt niet in situaties waarin iemand niet beschikt over een VB en afhankelijk is of blijft van anderen (bijvoorbeeld als gevolg van een geestelijke handicap). In dat geval blijft de afweer noodzakelijk (zie p. 33).

Het zijn onze afweermechanismen die problemen veroorzaken in hun gedateerde pogingen 'al het mogelijke te doen' om de pijn van onze jeugd verdrongen te houden. Het gevolg is psychisch leed en ziekte, zoals:

Klinische depressie
Zoals al over dit onderwerp is gezegd (hoofdstuk 2, p. 66), is dit vaak een zeer ernstige vorm van de primaire afweer, zonder de buffer van valse hoop, valse macht en ontkenning van behoeften.

Burn-out
De symptomen van burn-out lijken erg op wat de gevolgen van valse hoop kunnen zijn: blijven proberen iets tot stand te brengen wat niet tot stand gebracht kan worden.

Angststoornissen
Angstgevoelens wijzen vaak op een laatste wanhopige poging van onze afweer om de verdrongen oude realiteit niet naar boven te laten komen. Aanhoudende en niet-rationele angstgevoelens in het heden zijn een rechtstreekse afspiegeling van de angstige omgeving waarin we zijn opgegroeid.

Obsessieve-compulsieve stoornissen
Deze stoornissen laten een strategie van valse hoop zien: 'Als ik dit of dat nu maar zus of zo doe, kan ik het gevaar afwenden.' Natuurlijk kan 'het gevaar' nooit worden afgewend, want datgene waar we bang voor zijn, is al gebeurd. We hebben het alleen nog niet onder ogen gezien, en de pijn en angst ervan nog niet gevoeld.

Uit onderzoek[1] blijkt dat mensen met een dwangneurose de minste zelfmoordpogingen doen, in vergelijking met mensen die aan een van de andere officieel gediagnosticeerde vormen van 'geestesziekte' lijden, vooral klinische depressie. Dit sluit aan bij de hypothese dat obsessieve-compulsieve stoornissen (een diagnostisch label uit de *DSM-IV* (officieel erkend diagnostiseringssysteem, zie p. 232) een extreme vorm van valse hoop zijn, wat impliceert dat ze dienen als een zeer effectieve buffer tegen de gevoelens van de primaire afweer. De primaire afweer kan, zoals we hebben gezien, vaak gelijkgesteld worden met wat we 'een depressie' noemen, een toestand waarin de meeste zelfmoordpogingen worden gedaan.

Schizofrenie en andere psychotische aandoeningen*

Deze stoornissen kunnen gruwelijke parallellen met de jeugd laten zien, zij het dat de parallellen veel minder letterlijk zijn dan bij mensen die niet lijden aan symptomen die duiden op schizofrenie of psychose. De persoon in kwestie is er bijvoorbeeld van overtuigd dat iemand haar wil vergiftigen of haar achtervolgt. Of ze denkt dat ze haar dood kan tegenhouden door een speciale opdracht te vervullen. Deze mensen praten over hun jeugd op een manier die minder moeilijk te ontcijferen is dan op het eerste gezicht lijkt. Degene die last heeft van paranoïde angsten is als kind door haar ouders mogelijk voortdurend op haar huid gezeten. De manische psychose en andere illusies van grootheid en macht lijken een manier te zijn om aan de verschrikkingen van een extreme primaire afweer te ontkomen, een afspiegeling van de uiterst negatieve waardering die de persoon als kind kreeg. Deze wanen op zich kunnen gezien worden als een vorm van valse macht.

Hoe ernstig het leed van deze mensen ook is, ze voelen hun pijn niet in samenhang met hun jeugdervaringen. Ze zijn ervan overtuigd dat ze nú bedreigd worden. Of ze leven in de afweertoestand van depressiviteit, waarbij ze veel angst ervaren of gevangenzitten in de duistere, uitzichtloze, bodemloze put van de primaire afweer. Of ze ervaren een manie, een toestand die wordt gekenmerkt door grenzeloze energie en de illusie van omnipotentie.

Doorgaans zijn noch deze mensen zelf, noch de mensen om hen heen zich ervan bewust dat de symptomen een afspiegeling van de oude realiteit kunnen zijn, een gecodeerde reflectie van wat er met hen als kind is gebeurd. Als men zich niet bewust is van deze mogelijkheid, kan de pijn van de jeugd niet bewust gevoeld worden, zodat noch integratie in het volwassen-bewustzijn, noch heling plaats kan vinden. Schizofrenie en andere psychotische aandoeningen zijn wederom schrijnende voorbeelden van het intense emotionele leed dat zich kan ontwikkelen als een afweermechanisme uiterst krachtig optreedt om de verdringing veilig te stellen. De jonge wetenschap van

---

* PRI sluit biologische of genetische factoren bij het ontstaan van deze klachten niet uit, maar ziet deze factoren niet als de enige of bepalende oorzaak.

de evolutiepsychiatrie heeft opgemerkt dat deze vormen van intens emotioneel leed een evolutionaire betekenis moeten hebben, omdat ze bij zoveel mensen blijven voorkomen. Schizofrenie komt bij 1 procent van de mensheid voor. De evolutiepsychiaters hebben hun ideeën over de betekenis hiervan nog niet geuit, maar je zou je kunnen afvragen of wat men 'psychiatrische aandoeningen' noemt, ziekten zijn die niet voortvloeien uit het gebrekkige functioneren van de persoon, maar juist een uiting zijn van afweer die extreem hoog geactiveerd is. Het doel hiervan is de persoon te beschermen tegen een confrontatie met de oude, pijnlijke waarheid. Als je het zo bekijt, zou een 'psychiatrische aandoening' een teken van een zeer sterk en toepasselijk (want onontbeerlijk) functionerend afweermechanisme kunnen zijn en niet een teken van zwakte of ziekte. Als we 'geestesziekte' beschouwen als een sterk geactiveerd afweermechanisme, dat je nodig hebt om te overleven, kan dit verklaren waarom deze 'ziekten' zo veel blijven voorkomen in plaats van geleidelijk via het evolutionaire mechanisme van de natuurlijke selectie te verdwijnen.

Deze opsomming van emotionele 'ziekten' pretendeert niet volledig noch diepgaand en genuanceerd te zijn, want dat valt niet binnen het kader van dit boek. De summiere opmerkingen zijn bedoeld te illustreren hoe PRI symptomen ziet: dikwijls als een afspiegeling van onze afweer, oude pijn en oude realiteit en niet als emotionele ziekten die overwegend het gevolg van hersenbeschadigingen of -afwijkingen zijn, een standpunt dat op dit moment populair is.

Volgens de PRI-therapie kan geen enkele emotie ons in het heden schaden zolang we ons ervan bewust zijn dat de emotie oud is, en zolang de uitzichtloosheid en machteloosheid die we ervaren dat ook daadwerkelijk zijn: oud. Als we ons als volwassene in vreselijke omstandigheden bevinden en niet weten of en wanneer daar een eind aan komt, kan het gevaarlijk zijn dat volledig te beseffen en te voelen. Gelukkig gebeurt dat zelden, behalve bijvoorbeeld in tijden van oorlog en in sommige gesloten afdelingen van psychiatrische inrichtingen.
    Het gevoel dat emoties ons ernstig kunnen schaden, is een oud gevoel dat bij de oude realiteit hoort. In het verleden hadden deze gevoelens het kind dat we waren kunnen schaden. Nu kan dat niet

meer, omdat we dat kind niet meer zijn, nóch hulpeloos en onmachtig om onze behoeften te vervullen, zoals destijds het geval was.
 Kortom: de PRI-therapie is niet bang dat de cliënt gedestabiliseerd wordt. Wat naar boven komt, kan heel pijnlijk zijn, maar is nooit te pijnlijk – het kan ons niet schaden zolang we ons realiseren dat het niet om het heden gaat (zie p. 33 voor contra-indicaties).

PRI-THERAPIE MAAKT GEEN GEBRUIK VAN *DSM-IV*

Voor PRI-therapie is het niet wezenlijk in welke diagnostische categorie een cliënt valt – of zij lijdt aan 'obsessief-compulsieve stoornissen' of een 'narcistische persoonlijkheid' heeft met 'paranoïde neigingen'. De PRI-therapie beschouwt psychopathologie immers overwegend als een uiting van de oude realiteit en onze pogingen die realiteit te verdringen en te ontkennen.
 Om te overleven hadden we als kind allemaal verdringing en ontkenning nodig – niet alleen degenen die het slachtoffer waren van mishandeling die officieel als zodanig wordt erkend door onze maatschappij (ernstige fysieke en seksuele mishandeling), maar wij allemaal. Daardoor hebben wij allemaal last van de effecten van een gedeeld bewustzijn en zijn we allemaal gevoelig voor de werking van symbolen. Dat geldt ook voor degenen die niet lijden aan een officieel erkende ziekte of stoornis. Anders gezegd: we lijden allemaal aan psychopathologie, ook degenen die 'gezond' zijn. PRI beschouwt de meeste vormen van psychopathologie als een terugval naar het kind-bewustzijn of als de activering van ontkenning van behoeften, valse hoop, valse macht of primaire afweer.
 PRI sluit niet alle genetische of biologische oorzaken van emotionele ziekten uit. Deze zaken worden echter zelden als de doorslaggevende oorzaak van het probleem gezien. Daarom vinden wij medicatie, hoe zinvol ook in crisissituaties, waarin bijvoorbeeld sprake is van acute psychotische symptomen, op lange termijn alleen zinvol in een klein aantal situaties.

BIJLAGE 1 TEST: VOLWASSEN-BEWUSTZIJN VERSUS KIND-BEWUSTZIJN

Deze test helpt je uitzoeken hoe goed je in staat bent onderscheid te maken tussen het volwassen-bewustzijn (VB) en het kind-bewustzijn (KB) of de afweer. Als je laag scoort, kan het helpen om het theoretische deel van dit boek (de hoofdstukken 1 tot en met 4) nog eens te lezen. Het kan ook nuttig zijn de boeken van Alice Miller te lezen als je dat nog niet hebt gedaan. Een lage score betekent waarschijnlijk dat je nog meer zult moeten werken met je gevoelens. Door de oude pijn te voelen zul je beter in staat zijn onderscheid te maken tussen gedachten en gevoelens die uit het kind-bewustzijn voortkomen, en gedachten en gevoelens die uit het volwassen-bewustzijn voortkomen. Om te helen is het cruciaal dat je hiertoe in staat bent.

Lees de volgende uitspraken en schrijf op of je denkt dat ze het volwassen-bewustzijn (VB) of het kind-bewustzijn en de afweer (KB) vertegenwoordigen. Je vindt de antwoorden hierna.

1. 'Wat erg, ik heb hem gekwetst! Hoe kan ik zo stom zijn, wat moet ik doen?'
2. 'Wat moet ik doen als hij me verlaat? Ik red het niet zonder hem.'
3. 'Als mijn vrienden erachter komen, zullen sommige het niet prettig vinden en dan raak ik ze misschien kwijt.'
4. 'Ik vind het zo naar dat ik haar boos heb gemaakt, ik voel me heel erg schuldig.'
5. 'Ze was altijd het mooiste dat ik had. Ik vind nooit meer iemand zoals zij.'
6. 'Ik kan niet tegen dit gevoel. Ik móét met iemand praten, ik móét een vriendelijke stem horen.'
7. 'Ik ben zo bang dat ik niet de goede kleding aanheb en dat iedereen op het feestje mij uit zal lachen.'
8. 'Als we ruzie maken en hij loopt weg, dan vind ik dat moeilijk. Ik

maak me zorgen omdat ik niet weet in welke stemming hij zal zijn als hij terugkomt.'
9. 'Ik ben het echt niet met haar eens, maar ze laat zich niets zeggen.'
10. 'Hij hield zoveel van me. Hij is weg, maar ik zal zijn liefde altijd voelen en de herinnering aan onze tijd samen bewaren.'
11. 'Het is zo druk bij ons thuis. Hij neemt altijd mensen mee. Er is geen rust, ik word er gek van.'
12. 'Als ik kritiek krijg, voel ik me gauw afgewezen.'
13. 'Als ik een fout maak, erken ik die gewoon.'
14. 'Als ik iets niet begrijp, heb ik er geen moeite mee vragen te stellen totdat ik het wel begrijp.'
15. 'Het is niet erg om anderen te laten zien dat ik niet volmaakt ben en niet alles weet.'
16. 'Ik kan er niet tegen dat ze zo afstandelijk is. Ze moet meer aandacht aan me schenken.'
17. 'Als ik zin heb om te vrijen en mijn partner niet, is dat oké en wacht ik tot een volgende keer.'
18. 'Als hij laat merken dat hij wil vrijen, voel ik me meteen onder druk gezet en heb ik er meestal geen zin in.'
19. 'Als mijn kind niet doet wat ik zeg, voel ik soms de neiging opkomen om hem te slaan.'
20. 'Als iemand me iets vraagt, heb ik het gevoel dat ik het meteen moet doen.'

Antwoorden 1. KB; 2. KB; 3. VB; 4. KB; 5. KB; 6. KB; 7. KB; 8. KB; 9. KB; 10. VB; 11. KB; 12. KB; 13. VB; 14. VB; 15. VB; 16. KB; 17. VB; 18. KB; 19. KB; 20. KB.

Als je minder dan vijftien goede antwoorden hebt gegeven, is het goed meer te lezen en vooral ook om meer met je gevoelens te werken (zie p. 149). Om PRI toe te passen is het essentieel het verschil te weten tussen de huidige realiteit en de bijbehorende bewustzijnstoestand, en de realiteit van de jeugd en de ideeën en gevoelens die daarbij horen. In het begin is dat misschien moeilijk, omdat niet alleen veel van onze dagelijkse gedachten maar ook een groot aantal ideeën die algemeen aanvaard zijn in onze samenleving, uit het kind-bewustzijn voortkomen. Als je echter consequent blijft doen wat je in het boek wordt aangeraden, dan zul je vooruitgang boeken.

BIJLAGE 2 TEST: AFWEERVORMEN ONDERSCHEIDEN; ONTKENNING VAN BEHOEFTEN, VALSE HOOP, VALSE MACHT, PRIMAIRE AFWEER, ANGST

Met deze test kun je je theoretische begrip van afweer toetsen. Als je score niet zo hoog is, lees dan hoofdstuk 2 nog eens door. Het is erg belangrijk dat je de afweer van valse hoop, valse macht en primaire afweer herkent. Pas dan zul je in staat zijn om je eigen gebruik van afweer goed te observeren zodat je aan het opgeven ervan kunt gaan werken.

Lees de uitspraken en schrijf op of ze ontkenning van behoeften (OvB), valse hoop (VH), valse macht (VM), de primaire afweer (PA) of angst weergeven. Je vindt de antwoorden erna.

1. 'Wat ik ook doe, mijn man lijkt niet te willen begrijpen wat ik bedoel met intimiteit in een relatie.'
2. 'Ik moet haar helpen, als ik het opgeef, redt ze het niet.'
3. 'Ik doe altijd heel erg mijn best om met haar geen conflict te krijgen.'
4. 'Ik voel me op mijn werk altijd minder waard dan mijn collega's. In vergaderingen voel ik me geremd en durf ik niet te zeggen wat ik denk.'
5. 'Ik raak vaak in paniek als ik in een groep iets moet zeggen.'
6. 'Sommige mensen zijn zo stom, daar kan ik gewoon niet tegen. Waarom doen ze hun huiswerk niet en bereiden ze zich niet degelijk voor?'
7. 'Ik weet zeker dat het niemand echt kan schelen of ik er ben of niet, ik heb toch nooit iets belangrijks te melden.'
8. 'Ik wil gewoon met rust gelaten worden als ik uit mijn werk kom; ik wil mijn krantje lezen, een biertje drinken en even bijkomen.'
9. 'Ik vind het best als mijn vrienden mijn verjaardag vergeten, ik amuseer me wel.'
10. 'De wereld is een puinhoop, je kunt mensen niet vertrouwen en ze denken bovendien alleen maar aan zichzelf.'

11. 'Ik krijg altijd de schuld, ik haat ze erom.'
12. 'Ik red me best in mijn eentje. Dat moet ook wel, een ander doet het niet voor me.'
13. 'Het heeft geen zin in het verleden te wroeten. Wat voorbij is, is voorbij. Je moet het verleden achter je laten en doorleven.'
14. 'Ik neem altijd veel verantwoordelijkheid op me, maar er is nooit iemand die dat waardeert.'
15. 'Mijn jeugd was zo omdat ik ervoor gekozen heb. Dat is mijn karma. Ik ben mijn ouders dankbaar voor de pijn die ze me hebben gedaan.'

Antwoorden 1. VH; 2. VH; 3. VH; 4. PA; 5. angst; 6. VM; 7. PA; 8. OvB; 9. OvB; 10. VM; 11. VM; 12. VM; 13. OvB; 14. VH; 15. OvB.

BIJLAGE 3 TEST: JE PERSOONLIJKE AFWEERPROFIEL

Met deze test kun je bepalen welk afweermechanisme je het meest gebruikt. Iedereen gebruikt alle vijf de afweervormen, waaronder ook angst, maar er is een verschil in de regelmaat waarmee we ze gebruiken. Met deze test kom je erachter welke vorm(en) jouw voorkeur geniet(en).

Geef met de cijfers 1 tot en met 10 achter iedere zin aan in hoeverre de beweringen hieronder op jou slaan. 1 betekent 'slaat helemaal niet op mij', 10 'slaat precies op mij'.

Sommige vragen bestaan uit *twee* delen of twee uitspraken. Vraag je dan af in hoeverre *de hele bewering* op jou van toepassing is. Als je je alleen herkent in het ene of het andere deel van de uitspraak dan betekent dat dus dat je je *niet* herkent in de *hele* bewering en zal je score laag zijn. Neem bijvoorbeeld item 22: 'iedereen mag me graag, maar mensen zeggen ook vaak tegen me dat ze me niet echt goed kennen'. Als mensen je meestal graag mogen, maar je hoort eigenlijk nooit dat ze zeggen dat ze je niet echt goed kennen, dan is deze uitspraak dus *niet* op jou van toepassing. Herken je jezelf goed in de *hele* bewering dan scoor je *hoog* (8,9,10). Dat is het geval als je bijvoorbeeld denkt: Ja mensen mogen mij meestal graag, maar zeggen mij ook dikwijls dat ze het gevoel hebben mij niet echt te kennen.

Herken je jezelf *enigszins in de hele* bewering dan scoor je *middelmatig* (5,6,7). Dat is het geval als je bijvoorbeeld denkt: Ja mensen mogen me meestal wel, maar ik krijg soms toch te horen dat ze het gevoel hebben mij niet echt te kennen.

Herken je jezelf *niet in de hele bewering* of alleen in *een van de onderdelen* ervan dan scoor je *laag* (1,2,3,4). Bijvoorbeeld: mensen mogen mij graag maar zeggen eigenlijk nooit dat ze het gevoel hebben mij niet te kennen. Of: Mensen mogen mij niet zo snel en ik hoor vaak dat ze het gevoel hebben mij niet goed te kennen. Of: Mensen mogen mij niet zo snel, maar ik hoor nooit dat ze het gevoel hebben me niet te kennen.

Kortom: scoor de samengestelde items op basis van de mate waarin de *hele* bewering (beide delen of beide uitspraken) op je van toepassing is.

Wees zo eerlijk mogelijk. Bedenk dat je met niemand over je antwoorden hoeft te praten en zelfs niet over deze test. Het is moeilijk om eerlijk over afweermechanismen te zijn, omdat ze ons niet van onze mooiste kant laten zien. Kijk dus diep bij jezelf naar binnen en geef een eerlijk antwoord, ook als je de waarheid liever niet zou toegeven, zelfs niet aan jezelf. Denk eraan dat je nu bezig bent belangrijke stappen te zetten om te helen. Als je merkt dat je je score toch (al is het maar een beetje) mooier wilt maken dan hij is, denk er dan aan dat dat op de werking van afweer wijst.

1. 'Ik merk vaak dat ik probeer iets te bereiken wat op de een of andere manier op een mislukking uitloopt.' ☐
2. 'Mijn vrienden vinden me een zenuwachtig type, iemand die erg haar best doet geen fouten te maken.' ☐
3. 'Als ik iets nieuws onderneem, barst ik in het begin vaak van de energie. Soms voelt het dan zelfs alsof ik weer een doel in mijn leven heb.' ☐
4. 'Ik heb een sterke behoefte aan intimiteit in mijn relatie.' ☐
5. 'Ik heb veel aandacht voor mijn gevoelens van mijn partner nodig.' ☐
6. 'Mijn collega's weten dat ze altijd op me kunnen rekenen. Waar ze ook hulp mee nodig hebben, ik sta voor hen klaar, tenzij het te moeilijk voor me is.' ☐
7. 'Ik kan heel gespannen worden als ik iets moet presteren.' ☐
8. 'Hoe vaak ik ook faal, ik geef het niet gauw op. Meestal vind ik het de moeite waard om het nog een keer te proberen.' ☐
9. 'Ik heb meestal het gevoel dat ik het nog beter kan; ik vind mezelf een perfectionist.' ☐
10. 'Het is niet moeilijk voor mij om emotionele pijn toe te geven en te voelen.' ☐
11. 'Veel mensen deugen niet.' ☐
12. 'Mijn vrienden zeggen dat ik ze imponeer en soms zelfs intimideer.' ☐
13. 'Als het even kan houd ik de touwtjes in handen.' ☐

14. 'Het kan me soms een goed gevoel geven als ik mensen de waarheid zeg, zelfs als dat op een boze toon is.' ☐
15. 'Als mijn partner zich niet aan de afspraken houdt, laat ik dat niet onbesproken.' ☐
16. 'Ik neem veel verantwoordelijkheid op me, maar vind het heel vervelend als anderen hun eigen verantwoordelijkheden niet nemen. Ik neem het hun kwalijk als ik moet helpen omdat ze zich in de nesten hebben gewerkt.' ☐
17. 'Ik voel me meestal competenter dan anderen.' ☐
18. 'Ik raak gauw geïrriteerd als mensen iets niet goed doen.' ☐
19. 'Mensen zeggen me weleens dat ik ze soms als een kind behandel.' ☐
20. 'Ik voel niet veel onaangename emoties, ik ben alleen zo nu en dan boos en geïrriteerd.' ☐
21. 'Al heb ik niet zoveel tot stand gebracht, toch voel ik me succesvol in mijn leven.' ☐
22. 'Iedereen mag me graag, maar mensen zeggen ook vaak tegen me dat ze het gevoel hebben dat ze me niet echt goed kennen.' ☐
23. 'Het gaat doorgaans best met me, niet fantastisch, maar het kan ermee door.' ☐
24. 'Ik vind het prettig om alleen te zijn.' ☐
25. 'Ik heb niet zo'n behoefte aan heftige emoties, ik vind het leuker om dingen te doen.' ☐
26. 'Ik help anderen als ze me om hulp vragen, ik voel me niet zo gauw gebruikt.' ☐
27. 'Ik word niet zo gauw boos, ik ben meestal nogal gelijkmatig.' ☐
28. 'Ik heb niet veel nodig.' ☐
29. 'Ik heb geen (niet veel) intieme vrienden.' ☐
30. 'Ik vind het moeilijk om te weten wat ik allemaal voel. Ik voel me meestal gewoon oké.' ☐
31. 'Ik voel me meestal minderwaardig.' ☐
32. 'Diep vanbinnen heb ik het gevoel dat ik eigenlijk slecht ben.' ☐
33. 'Hoeveel succes ik ook heb, ik blijf me uiteindelijk toch waardeloos voelen.' ☐
34. 'Ik heb vaak het gevoel dat ik te veel verantwoordelijkheden heb.' ☐
35. 'Eerlijk gezegd heb ik altijd het gevoel dat als anderen me

leren kennen, ze mij niet aardig zullen vinden. Ik ben altijd verbaasd als ze mij wel mogen.' ☐
36. 'Op de een of andere manier heb ik het gevoel dat ik het niet waard ben dat ze van mij houden, niet echt.' ☐
37. 'Ik heb best veel dingen gedaan waar ik me erg voor schaam.' ☐
38. 'Ik ben bang dat als ik in therapie ga, de therapeut erachter zal komen dat ik eigenlijk niet deug.' ☐
39. 'Ik heb vaak het gevoel dat het mijn schuld is als er iets misgaat.' ☐
40. 'Hoe hard ik ook mijn best doe, het zal nooit goed genoeg zijn.' ☐
41. 'Ik ben bang om te spreken voor een groep.' ☐
42. 'Ik ben huiverig om alleen op reis te gaan.' ☐
43. 'Ik heb weleens plotseling last van hartkloppingen.' ☐
44. 'Ik heb regelmatig last van angstzweet.' ☐
45. 'Ik laat me snel ondersneeuwen door gebekte types. Die intimideren mij.' ☐
46. 'Ik heb een fobie.' ☐
47. 'Ik heb weleens last van paniekaanvallen.' ☐
48. 'Ik voel me vaak trillerig.' ☐
49. 'Mijn ademhaling slaat snel op hol.' ☐
50. 'Ik heb vaak last van diarree.' ☐

Voordat je je score uitrekent, is het goed een schatting te maken van de mate waarin je denkt dat je de vijf soorten afweer (angst, primaire afweer, valse hoop, valse macht, ontkenning van behoeften) gebruikt. 1 = het meest, 5 = het minst. Je kunt dit noteren op de volgende bladzijde.

1.
2.
3.
4.
5.

Tel nu je punten bij de uitspraken 1-10, 11-20, 21-30, 31-40 en 41-50 op en deel elke uitkomst door 10. De hoogste score geeft aan welke afweer je het meest gebruikt, de laagste welke je het minst gebruikt, enzovoort.

De eerste tien vragen verwijzen naar valse hoop, de volgende tien naar valse macht, de daaropvolgende tien naar ontkenning van behoeften, dan tien naar primaire afweer en tot slot gaan de laatste 10 items over angst.

Blijf jezelf observeren. Je weet nu welk afweermechanisme je het meest gebruikt. De totale score zegt iets over hoeveel afweergedrag je vertoont: gebruik je in het algemeen veel afweer (een score van 7, 8, 9 of 10) of ben je al bezig je afweer op te geven (een score van 1, 2, 3 of 4)? Hoe hoger je scoort, hoe vaker je de behoefte zult voelen je toevlucht te nemen tot een of andere vorm van afweer. Het betekent dat veel dingen voor jou nog symbolisch zijn. Door veel situaties of mensen ga je over van je volwassen-bewustzijn in je kind-bewustzijn en je afweer. Als dat het geval is, wees dan voorzichtig met het beoordelen van anderen, jezelf, het gevaar van situaties, wat je nodig hebt en wat al dan niet belangrijk is.

Om te kijken of je vooruitgang boekt met je PRI-proces, is het raadzaam om deze test af en toe te herhalen en je scores te vergelijken.

Om de kenmerken van de verschillende soorten afweer bij elkaar te hebben in een beknopt overzicht, zodat je snel kunt bepalen of iets afweer zou kunnen zijn en zo ja welke soort afweer, geef ik je hier een samenvattend overzicht van de afweren.

Angst
Voordat het kind beschikt over de cognitieve capaciteiten om afweermechanismen te ontwikkelen die gebaseerd zijn op bepaalde cognities – illusies – geeft alleen angst een zekere bescherming tegen het volledig bewust worden en voelen van de waarheid.
– Angst creëert de illusie dat er nog *een mogelijkheid is om te ontsnappen,* wanneer dat niet meer het geval is.
– Fysiologie: extreme en plotseling piekende productie van stresshormonen gericht op vluchten.
– Kenmerken: angststoornissen zoals fobieën (bijvoorbeeld voor spreken in het openbaar) en angstaanvallen (bijvoorbeeld voor kritiek krijgen).

Primaire Afweer (PA)
De PA beschermt ons tegen de waarheid dat onze oude behoeften niet vervuld zullen worden met de illusie: '*Ik krijg niet wat ik nodig heb omdat er iets mis is met mij.*'
- Essentieel voor de PA zijn gedachten en gevoelens die passen in een of meer van de volgende drie categorieën: ik deug niet, ik ben schuldig, ik kan het niet.
- Fysiologie: passiviteit veroorzakende stresshormonen (corticosteroïden, vergelijk cortisol)
- Kenmerken: onzekerheid, minderwaardigheidsgevoelens, depressiviteit, moedeloosheid, zelfondermijnende gevoelens en gedachten, suïcidale gedachten (wat heeft het allemaal voor zin) of wensen.

Valse Hoop (VH)
VH beschermt ons tegen de levensbedreigende waarheid met de illusie: '*Ik kan wél krijgen wat ik nodig heb, als ik maar... (liever ben, beter mijn best doe, slimmer ben, rijker ben, zorg dat anderen zich goed voelen, enzovoort)*'.
- Fysiologie: activiteit veroorzakende stresshormonen (catecholaminen, vergelijk adrenaline).
- Kenmerken: gevoelens van stress en gedrag dat gericht is op het behagen van anderen en voldoen aan de verwachtingen van anderen (bijvoorbeeld 'lief' zijn, zich ondergeschikt gedragen, alles zo goed mogelijk willen doen (perfectionisme), niet delegeren. VH weerspiegelt zich in allerlei klachten zoals piekeren, malen, slecht slapen, altijd bezig zijn en zich geen rust gunnen, chronisch vermoeidheidssyndroom, ME, RSI (de zogenoemde muisarm), burnout en overspanning.

Valse Macht (VM)
VM beschermt ons door ons de illusie voor te houden: '*Ik kan wél krijgen wat ik nodig heb, als jij maar... (liever bent, beter je best doet, niet zo zeurt, slimmer was, enzovoort).*'
- Fysiologie: actiegerichte stresshormonen (catecholaminen, vergelijk adrenaline).
- Kenmerken: gevoelens van stress, ongeduld, irritatie, woede, agressieve gedachten, superioriteitsgevoelens, -gedachten en -ge-

dragingen met als gevolg intimiderend en autoritair gedrag, veel conflicten, slecht samenwerken, isolement, (huiselijk) geweld.

Ontkenning van Behoeften (OvB)
OvB beschermt ons met de illusie: '*Ik heb helemaal geen behoeften, ik heb niets nodig, alles is wel best zo, doe maar gewoon, het valt wel mee, maak geen drukte, ik heb geen probleem, het maakt niets uit, het zal allemaal wel.*'
– Fysiologie: verdoofde staat van zijn tengevolge van de werking van mogelijk onder andere endorfinen.
– Kenmerken: moeilijk echt bereikbaar voor anderen, niet werkelijk betrokken, nergens een werkelijk probleem in zien, vermijdingsgedrag, subassertief gedrag, confrontaties vermijden (geen kritiek of echte feedback geven), geen beslissingen durven nemen. Weinig drive, ambitie, intimiteit (oppervlakkige of geen relaties) en passie, slecht contact met gevoelens in het lichaam (niet goed voelen van emotionele of ziektesignalen). Vaak wordt deze afweer in stand gehouden met behulp van allerhande verslavingen (roken, drinken, eten, niet-eten, winkelen, sporten, te hard werken, seks, gokken, enzovoort) en zoeken van passieve afleiding (bijvoorbeeld tv-kijken), die bijdragen aan het in stand houden van de verdoofde staat van zijn, waarin men geen behoeftigheid en weinig spanning voelt.

BIJLAGE 4 DE PRI-THERAPIE AAN ANDEREN UITLEGGEN

Vaak vinden cliënten het moeilijk PRI aan anderen uit te leggen. De begrippen zijn complex en soms snappen mensen het gewoon niet. Ook zijn er mensen die de pogingen van cliënten om te helen door naar het verleden te kijken, belachelijk maken. Of ze kunnen zich bedreigd voelen en boos worden.

De tekst in deze bijlage kan gebruikt worden als je PRI aan anderen wilt uitleggen. Laat de tekst lezen of gebruik hem zelf om de ideeën toe te lichten.

Past Reality Integration is gebaseerd op de gedachte dat we allemaal een gedeeld bewustzijn hebben. Het ene deel ziet de wereld door de ogen van het kind dat we ooit waren, en heeft gevoelens die daarbij horen. Het andere deel van ons bewustzijn ziet de wereld door de ogen van de volwassene die we nu zijn. Door deze splitsing zien en ervaren we de dingen heel verschillend, afhankelijk van het deel van het bewustzijn waar we ons op dat moment bevinden. We kunnen ons bijvoorbeeld het ene moment zeker, rustig en competent voelen en het volgende gedeprimeerd, boos, onzeker, schuldig.

Misschien herken je deze, vaak plotselinge, verandering in wat je voelt over jezelf en je leven. Aan zo'n verandering gaat meestal geen bijzondere gebeurtenis vooraf, zodat we die omslag van onze gevoelens niet begrijpen.

Op een onbewust niveau gebeurt er echter wel degelijk iets: we worden geconfronteerd met iets – meestal een persoon of een situatie – wat ons, zonder dat we dat beseffen, herinnert aan iets uit ons verleden. Het gaat dan met name om iets uit ons verleden wat we als kind moesten verdringen. Het is deze onbewuste herinnering die de verschuiving van het volwassen-bewustzijn naar het kind-bewustzijn en van daaruit naar onze afweer veroorzaakt.

PRI gaat ervan uit dat kinderen niet krijgen wat ze nodig hebben. Kinderen hebben meer nodig dan eten, kleding en onderdak – ze hebben ook behoefte aan lichamelijke en emotionele veiligheid, respect voor hun identiteit, liefdevolle lichamelijke en emotionele aandacht, steun, stimulans en warmte. Een kind heeft dit alles nodig om zich te ontwikkelen tot een emotioneel gezond functionerende volwassene. Kinderen groeien echter vaak op bij verzorgers die niet in staat zijn al deze behoeften te vervullen. Het is voor het kind te bedreigend de waarheid onder ogen te zien dat een (groot) aantal behoeften nooit vervuld zullen worden, omdat haar overleven afhangt van de vervulling van haar behoeften. Om door de kinderjaren heen te komen, moesten velen van ons de waarheid verdringen dat een aantal van onze meest elementaire behoeften nooit vervuld zouden worden. We waren niet in staat het emotionele effect te voelen dat dit op ons had en moesten de waarheid ontkennen.

Er zijn een paar elementaire manieren waarop kinderen kunnen ontkennen dat een aantal of de meeste van hun behoeften nooit vervuld zullen worden. Het zijn allemaal vormen van afweer, omdat ze ons beschermen tegen de pijn die we zouden voelen als we de waarheid niet ontkenden.

1. We maken onszelf wijs dat onze behoeften niet vervuld hóéven te worden: 'Ik vind het best dat mijn moeder me zo streng straft, ik kan er wel tegen.' Dit heet ontkenning van behoeften (OvB).
2. We worden boos op iemand anders en geven die de schuld. Dit heet valse macht (VM).
3. We denken dat onze behoeften wél vervuld worden als we nóg meer ons best doen om te doen of te zijn wat we naar ons idee in de ogen van onze ouders moeten doen of zijn. Dit heet valse hoop (VH).
4. We geven onszelf de schuld: 'Mijn vader heeft me geen aandacht gegeven, ik was een dom kind.' Dit heet primaire afweer (PA).
5. We worden bang zonder dat er werkelijk gevaar is in het heden. Hiermee ontstaat de illusie dat we nog kunnen vluchten van de bedreigende situatie. Deze afweer heet 'angst'.

Dit verdringen en ontkennen van de waarheid over onze jeugd zorgt ervoor dat ons bewustzijn zich in de twee hierboven beschreven delen splitst. Een deel waar we bewust toegang toe hebben (dat zich later ontwikkelt tot het volwassen-bewustzijn) en een deel dat we voor onszelf verbergen en waar we niet bewust bij kunnen komen, maar dat de waarheid bevat over onze jeugd (dat zich later ontwikkelt tot wat we het kind-bewustzijn noemen). Voor het kind dat we waren, was dit een heel effectieve overlevingsstrategie. Het voorkwam dat we de pijn zouden voelen van de verschrikkelijke waarheid dat onze ouders onze behoeften niet vervulden.

De problemen beginnen wanneer we als volwassene in aanraking komen met een symbool (een persoon of situatie die ons aan het verleden herinnert, zonder dat we ons hiervan bewust zijn). Zonder te beseffen waarom, krijgen we plotseling gevoelens die we niet begrijpen – we voelen ons niet gewaardeerd, niet begrepen, gedeprimeerd, onzeker, of schuldig. We voelen misschien een hevige irritatie of een felle woede die niet in verhouding tot de situatie staat. Deze dingen wijzen erop dat er een verandering in ons bewustzijn heeft plaatsgevonden; we zijn van het volwassen-bewustzijn (VB) naar het kindbewustzijn (KB) gegaan en waarschijnlijk van daaruit naar een van de afweermechanismen.

Past Reality Integration-therapie stelt zich ten doel de cliënt te helpen toe te werken naar een bewustzijn dat weer uit één geheel bestaat. Als ons bewustzijn niet gedeeld is, zullen we de pijn die we als kind telkens weer moesten verdringen en ontkennen, niet voelen alsof het nu gebeurt. PRI-therapie werkt hiernaar toe door de oude pijn bloot te leggen en te voelen zodat de afweer ontmanteld kan worden.

Dit is een pijnlijk proces, maar het blootleggen van de waarheid over het verleden maakt het mogelijk de oude pijn uit de kindertijd bewust te worden. Wanneer oude pijn wordt blootgelegd en gevoeld, hoeft er uiteindelijk steeds minder pijn verdrongen en ontkend te worden door de activering van afweermechanismen en zullen we steeds vaker vanuit een volwassen bewustzijn handelen en voelen.

De pijn is dan een litteken in plaats van de open wond die in stand gehouden wordt door de verdringing en ontkenning van het kind-bewustzijn (KB). De oude pijn doet geen pijn meer, hij is slechts een herinnering geworden. Weliswaar een onaangename, maar een herinnering niettemin.

Het toepassen van PRI-therapie houdt in dat oude pijn uit de jeugd die naar boven komt bij de confrontatie met een symbool, actief doorvoeld wordt. Normaal vinden we pijn voelen niet prettig. In dit geval gaat het om oude, nog niet gevoelde pijn, die zijn invloed op het heden verliest. Daarom is het zinvol iemand die oude pijn voelt niet te troosten. Troost, hoe goed bedoeld ook, haalt de ander uit het gevoel en bemoeilijkt de integratie ervan. Maak je niet ongerust, de gevoelens gaan vanzelf over.

Een wezenlijk onderdeel van PRI-therapie bestaat uit het veranderen van gedragingen (dikwijls zijn dit gedragingen die ingesleten zijn en abusievelijk als horend bij de aard of persoonlijkheid worden beschouwd) die de ontkenning van de oude realiteit in stand helpen houden. Zoals eerder uitgelegd, worden dergelijke vormen van gedrag afweermechanismen genoemd, omdat we onszelf daarmee beschermen tegen het voelen van de oude pijn. Het veranderen van die vormen van gedrag door bewust geen afweermechanismen te gebruiken, lijkt vaak in te druisen tegen onze intuïtie en voelt onveilig, maar het is een essentieel middel in het PRI-heelwordingsproces. Hierdoor kan onverwacht gedrag ontstaan dat misschien niet altijd in de smaak valt bij vrienden, familieleden of collega's.

Stel je een vrouw voor die op alle mogelijke manieren probeert het haar man naar de zin te maken in de hoop liefde en aandacht te krijgen, die echter nooit komen of misschien doet ze dit uit angst voor zijn afkeuring als ze zich niet steeds voor hem zou uitsloven. Het eerste is een voorbeeld van valse hoop (VH). Het tweede is een voorbeeld van angst. De vrouw zal moeten ophouden met al die dingen die voortkomen uit het specifieke doel haar man te behagen. Dat zal voor haar heel moeilijk zijn en voor hem zeer waarschijnlijk ook.

Stel je vervolgens een man voor die boos reageert (VM) of totaal onaangedaan blijft wanneer zich iets vervelends voordoet, bijvoorbeeld dat hij niet de promotie krijgt die hij verwacht had. Dit is een voorbeeld van ontkenning van behoeften (OvB). Het onaangedane gedrag moet veranderd worden in gedrag dat toegeeft dat zoiets wel degelijk pijnlijk is. Deze man zal moeten erkennen dat hij pijn voelt in plaats van te doen alsof het 'niks voorstelt'. Dergelijk gedrag kan voor de mensen in zijn omgeving een hele verrassing zijn, omdat ze hem kennen als 'sterk' of stoïcijns.

Stel je nu een man voor die zichzelf verwijten maakt over gebeurtenissen in zijn leven waar hij niet verantwoordelijk voor is. Als iemand bijvoorbeeld op zijn auto botst die op een parkeerterrein staat, dan neemt hij zichzelf kwalijk dat hij hem op die plaats heeft neergezet en vervloekt zichzelf omdat hij zo stom is geweest. Had ik maar... ik ben ook zo onhandig, denkt hij vaak. Dit is een voorbeeld van het afweermechanisme dat we de primaire afweer (PA) noemen: je maakt jezelf verwijten of voelt je waardeloos, onbeduidend, slecht. De primaire afweer moet tegengegaan worden door toe te geven dat iemand anders ons iets pijnlijks heeft aangedaan. Niet omdat er iets mis met ons is en wij deze behandeling verdienen of die hebben uitgelokt. Deze man, die altijd meteen de schuld op zich neemt, moet daarmee ophouden. Ook dit kan voor de mensen die hem kennen een hele verrassing zijn. Het kan bovendien onaangenaam voor hen zijn wanneer zij het gemakkelijk vinden om hem de schuld te kunnen geven en zo zijn bereidheid uitbuiten, om de schuld op zich te nemen.

Samengevat kunnen we stellen dat het doel van Past Reality Integration-therapie is de cliënt te helpen toe te werken naar een bewustzijn dat steeds minder gedeeld is om vrij te worden van de invloed van oude pijn uit de jeugd die bovenkomt wanneer er een confrontatie met een symbool plaatsvindt. Dan zullen we steeds meer in staat zijn het heden te ervaren zoals het werkelijk is: meestal verrassend onbelast. Om dat te bereiken moedigt PRI-therapie de cliënt ertoe aan:

1. in contact te komen met zijn pijn en die te voelen, wetend dat deze bij het verleden hoort en niet bij het heden en
2. te handelen op een wijze die dikwijls tegengesteld is aan wat in veel gevallen een gewoonte is geworden, in de wetenschap dat die vormen van gedrag afweermechanismen zijn die in het heden niet meer nodig zijn én ons het zicht op het hier en nu benemen.

NB. Zie p. 33 voor beperkingen in de toepassing van PRI en lees bijlage 8 voor een beter begrip van de structuur van PRI-therapie.

BIJLAGE 5. PROFESSIONELE PRI-OPLEIDING VOOR HULPVERLENERS

Vanaf 2000 bestaat de mogelijkheid voor hulpverleners om de vierjarige professionele opleiding tot PRI-therapeut te volgen.

Dit opleidingsproces neemt veel tijd in beslag, omdat PRI alleen met succes toegepast kan worden als de therapeut zich niet alleen bekwaamt in de PRI-technieken en -methoden maar de therapie eerst ook zelf heeft ondergaan. Het ondergaan van de PRI-therapie en het aanleren van de therapeutische methoden die daarbij horen, vergt dus enig geduld. Dankzij deze opleidingsinspanningen zijn er inmiddels tientallen therapeuten beschikbaar gekomen die goed onderlegd zijn in PRI en in staat zijn de in mijn boeken beschreven therapie aan te bieden.

Hulpverleners kunnen deelnemen aan een PRI-workshop en het vierjarige professionele opleidingsprogramma. Om toegelaten te worden is het noodzakelijk dat je een eigen praktijk hebt of op een andere manier in de geestelijke gezondheidszorg geregeld mensen begeleidt. De workshops en opleidingen voorzien namelijk niet in het aanleren van therapeutische basisvaardigheden. Bovendien is het van belang om cliënten te hebben zodat je de in de opleiding nieuw aangeleerde vaardigheden in de praktijk kunt brengen en verder kunt ontwikkelen.

Introductieworkshop voor hulpverleners
De introductieworkshop voor hulpverleners duurt tweeënhalve dag en heeft tot doel deelnemers kennis te laten maken met PRI-technieken voor de hulpverlener.

De basisideeën en therapeutische technieken van PRI komen eerst theoretisch aan de orde. Daarna wordt met behulp van verscheidene demonstraties duidelijk hoe de theorie in praktijk wordt gebracht door de PRI-therapeut. Bij dit onderdeel wordt aan de deelnemers verzocht zich als proefpersoon beschikbaar te stellen. Na de demonstraties kunnen de deelnemers zelf oefenen met de toepassing van PRI-concepten in de rol van therapeut.

Professioneel opleidingsprogramma tot PRI-therapeut
Hulpverleners die zich na de introductieworkshop zo aangesproken voelen door de PRI-inzichten dat ze zich er op professioneel niveau in willen bekwamen, kunnen zich aanmelden voor de selectie ten behoeve van het professionele opleidingsprogramma.

Dit programma bestaat op dit moment uit vier modules van een jaar, en wordt gegeven in een kleine groep van ongeveer tien mensen. Deze groep komt drie keer per jaar een week bij elkaar in Zuid-Frankrijk op de plenaire opleidingsdagen. Naast deze bijeenkomsten komen de deelnemers één dag per maand in subgroepen bijeen om samen te kunnen oefenen en zijn er vier plenaire opleidingsdagen per jaar onder leiding van de assistent-opleider in Nederland.

In de vierjarige professionele opleiding wordt veel aandacht besteed aan het persoonlijke helingsproces van de deelnemers. De toekomstige PRI-therapeut moet immers eerst zijn eigen oude pijn ontdekken, voelen hoe omvangrijk die pijn is, inzien op welke manieren hij zichzelf ertegen beschermt en hoe moeilijk het is om zijn afweer op te geven, voordat hij PRI-therapeut voor anderen kan zijn. Alleen als hij zich met toewijding inzet voor zijn eigen heelwording, is hij in staat cliënten te begeleiden bij hun heelwording.

Dit opleidingsprogramma draait niet in de eerste plaats om het aanleren van cognitieve vaardigheden. Daarom wordt de opleiding als emotioneel ingrijpend ervaren en kan het proces soms moeilijk zijn. Naarmate de therapeuten echter vorderen in het opleidingstraject, ontdekken zij dat de resultaten die ze met PRI-therapie bij hun cliënten boeken, krachtig en blijvend zijn. En last but not least: het eigen helingsproces doormaken leidt zonder uitzondering tot significante, positieve veranderingen. Het is niet gemakkelijk, maar het is de moeite waard.

Aan het eind van elke module van de opleiding krijgen de deelnemers gedetailleerde feedback over hun vaardigheidsniveau in relatie tot het einddoel, de certificering als PRI-therapeut. Hoe lang het duurt om dit niveau te bereiken kan per individu sterk verschillen. Het streven op dit moment is echter om na vier jaar zover te zijn, maar er zullen zeker mensen zijn die meer tijd nodig hebben.

Als je interesse hebt en op dit moment als hulpverlener of in een vergelijkbaar beroep werkzaam bent, kun je voor meer informatie of inschrijving voor de workshop de PRI-website bezoeken: www.PRIonline.nl.

BIJLAGE 6. MOGELIJKHEID VAN PRI-THERAPIE

Inmiddels heeft het professionele opleidingsprogramma (zie bijlage 5) ertoe geleid dat de PRI-therapie steeds toegankelijker is geworden. Diverse volledig opgeleide, dat wil zeggen gecertificeerde, PRI-therapeuten zijn al werkzaam, evenals een steeds groeiend aantal therapeuten i.o. (in opleiding). Bedenk dat het moeilijk zal zijn voor een niet in PRI opgeleide therapeut om de PRI-stappen te zetten. Niet alleen omdat zij de therapeutische PRI-instrumenten niet kent – die staan immers niet in mijn boeken beschreven – maar ook omdat zij zelf geen PRI-traject heeft doorlopen als cliënt. Vanwege de ruime beschikbaarheid van in PRI opgeleide therapeuten, is het af te raden om met een niet in PRI opgeleide therapeut aan de slag te gaan.

Op dit moment zijn er de volgende vijf manieren om PRI-therapie te doen.

1. Een intensive in Zuid-Frankrijk

Een intensive is een kortdurende intensieve therapie die bestaat uit vijf sessies van anderhalf uur die binnen een tijdsbestek van een week plaatsvinden. Door de snelle opeenvolging van de sessies kun je spreken van een soort hogedrukpaneffect. Na het volgen van een intensive is het mogelijk nog extra sessies te doen als je daar behoefte aan hebt. Dit is regelmatig het geval, hoewel er ook mensen zijn die in deze vijf sessies voldoende bagage meekrijgen om de rest van hun helingswerk zonder hulp van een therapeut te doen.

In een intensive wordt gewerkt aan het verkrijgen van meer inzicht in de aard van het gemis uit de kindertijd, de wijze waarop deze oude realiteit verdrongen en ontkend is, hoe de afweer omgekeerd kan worden, en hoe toegang te krijgen tot de oude pijn. Kortom, in de vijf sessies wordt de basis gelegd voor het heelwordingsproces. De intensive wordt afgesloten met een plan waarmee je het PRI-werk na de intensive zelf kan voortzetten.

2. Individuele therapie

De tweede mogelijkheid is om PRI-therapie op de gebruikelijkere manier te volgen, in wekelijkse of tweewekelijkse sessies. In dat geval wordt het PRI-proces stapje voor stapje opgebouwd en ingebed in het leven van de cliënt, totdat het moment bereikt is waarop de cliënt zelf in staat is het PRI-werk te doen.

3. Coaching

Het komt steeds meer voor dat organisaties hun medewerkers een zogenaamd individueel coachingstraject aanbieden. In zulke trajecten krijgt de medewerker de kans om met een PRI-therapeut te werken aan persoonlijke effectiviteit. De PRI-concepten en de PRI-methode lenen zich goed voor zo'n toepassing, die verder inhoudelijk weinig tot niet verschilt van individuele therapie.

4. Teambuilding, samenwerking, organisatieontwikkeling, cultuurverandering

PRI-concepten kunnen in teams en organisaties veel helderheid brengen, waardoor de communicatie, samenwerking en de effectiviteit verbetert. Op dit moment wordt er gewerkt aan de begeleiding van managementteams en afdelingen met PRI, waarbij de leden ook afzonderlijk gecoacht kunnen worden. Er is een PRI-programma ontwikkeld dat PRI toepasbaar maakt in organisaties door een specifieke combinatie van groepstrainingen en groepsbegeleiding, ondersteund met individuele begeleiding indien nodig.

Tot slot zullen ook PRI-lezingen en kortdurende PRI-workshops georganiseerd worden. Voor de meest up-to-date informatie over PRI, de therapie en andere toepassingen verwijs ik je graag naar de Nederlands-, Engels- en Franstalige PRI-website: www.PRIonline.nl.

De naam Past Reality Integration® is wettelijk gedeponeerd. Dit betekent dat alleen therapeuten die schriftelijk zijn gecertificeerd door de auteur, zich als PRI®-therapeut of als 'therapeut die PRI® aanbiedt', kunnen presenteren. Hierdoor wordt voorkomen dat een cliënt therapie krijgt onder de noemer PRI zonder dat de therapeut daartoe gekwalificeerd is, met als gevolg dat de cliënt geen PRI maar een variant daarop, of zelfs een heel ander soort therapie krijgt. Bedenk dat het moeilijk zal zijn voor een niet in PRI opgeleide therapeut om een PRI-therapie te geven. Niet alleen moet ze als cliënt de PRI-therapie doorlopen hebben, zij kent ook de therapeutische PRI-instrumenten niet – die staan immers niet in mijn boeken beschreven.

PRI roept bij heel veel verschillende mensen veel enthousiasme op. Vanuit dit enthousiasme gaan mensen deze ideeën ook toepassen in hun werk als bijvoorbeeld therapeut, coach of trainer. Ik ben daar op zich erg blij mee en juich al deze uit enthousiasme geboren initiatieven dan ook van harte toe. Echter, om de kwaliteit van PRI ook in de toekomst veilig te stellen is het van belang dat voor ieder duidelijk is met wie hij te maken heeft: iemand die een opleiding tot PRI-therapeut heeft gevolgd en is gecertificeerd of iemand die net als andere lezers van de boeken enthousiast is en naar eigen inzicht en kunnen met de PRI-ideeën aan de slag gaat. In dat laatste geval kan er niet voor worden ingestaan dat de inhoud en het resultaat van de therapie een getrouwe weerspiegeling van PRI zullen zijn. Gevaar zal het niet direct opleveren, mits de niet in PRI geschoolde therapeut niet met het gevoelige proces van regressies aan de slag gaat. Bovendien is het cruciaal dat hij de afweer van zijn cliënt niet versterkt doordat hij, zonder dat te weten, deze zelf niet of onvoldoende herkent.

In verband met het onderzoeken van de resultaten van PRI, ben ik zeer geïnteresseerd in de ervaringen van lezers die PRI *geheel* zelfstandig hebben kunnen toepassen met een *goed resultaat*.

Als je wilt, kun je mij je verhaal toesturen via de PRI-website (www.PRIonline.nl) of per post (p/a L.J. Veen, Postbus 13, 1000 AA Amsterdam). Vanwege de grote hoeveelheid post en e-mail is het helaas niet altijd mogelijk persoonlijk te antwoorden.

BIJLAGE 7 VERKLARENDE WOORDENLIJST

Afweer
Afweer is het ontkennen van de waarheid. Dit doen we via onze afweermechanismen. Er zijn verschillende vormen (illusies): ontkenning van behoeften, valse hoop, valse macht, de primaire afweer en angst. Ze ontkennen alle op een andere manier de waarheid en zorgen er zo voor dat de hevige pijn van die waarheid niet tot ons bewustzijn doordringt. De ontwikkeling van afweer begint als we kind zijn. Als volwassene hebben we het gevoel dat we nog steeds niet zonder onze afweer kunnen, maar dat is niet het geval.
In de tekst worden de begrippen 'afweer' en 'afweermechanisme' door elkaar gebruikt.

Angst
Angst is het afweermechanisme dat de illusie creëert dat we nog kunnen vluchten. De waarheid is dat we als kind niet konden vluchten. Wanneer er geen reëel fysiek gevaar is, is angst een teken dat oude pijn wordt afgeweerd.

Kind-bewustzijn (KB)
Het deel van ons bewustzijn waarin de verdrongen waarheid en de hiermee samenhangende pijn en behoeften zijn opgeslagen, noemen we het kind-bewustzijn (KB). Wanneer we als volwassene in dit kind-bewustzijn verkeren, lijkt het alsof de tijd stil is blijven staan en ervaren we alles precies zoals het vroeger was, vanuit het perspectief van het kind dat we waren:

– er is geen keuze; je moet iets gewoon doen; anderen bepalen voor jou wat er moet gebeuren;
– behoeften zijn urgent; ze moeten direct worden bevredigd: je kunt niet wachten tot een later tijdstip;

- de ander wordt ervaren als groter, machtiger; je voelt je afhankelijk en machteloos;
- er is ongelijkwaardigheid;
- alles duurt eeuwig: het zal nooit beter worden, dit blijft altijd zo;
- de wereld is klein: niemand geeft om mij, iedereen heeft een leuk leven behalve ik.

Als we de realiteit vanuit het kind-bewustzijn ervaren, zijn we – net zoals wanneer we in onze afweer verkeren – niet in staat het heden waar te nemen zoals het werkelijk is. We zijn ons er meestal niet van bewust dat dit gebeurt.

De term kind-bewustzijn is een PRI-term met een specifieke betekenis, die niet verward moet worden met de betekenis van het gewone woord kinderbewustzijn. 'Kind-bewustzijn' betekent dat deel van het bewustzijn van de volwassene waarin de oude pijn die door het kind niet kon worden verwerkt is opgeslagen. 'Kinderbewustzijn' daarentegen betekent het bewustzijn van een kind. Het kinderbewustzijn (dus het bewustzijn van een kind) bestaat in PRI uit een belast deel (waar de pijn is opgeslagen) en een onbelast deel (waar er niets aan de hand is) en een deel afweer.

Onderdrukken
In tegenstelling tot verdringing is onderdrukken een bewuste daad. Als er gevoelens of gedachten naar boven komen waarmee we niet geconfronteerd willen worden, kunnen we ze doelbewust onderdrukken, bijvoorbeeld door onszelf af te leiden, iets te gaan doen, alcohol te drinken, te roken, enzovoort. We zijn ons er de hele tijd echter min of meer van bewust dat we iets wegstoppen wat ons verontrust.

Ontkenning
Om te zorgen dat de waarheid en de daarbij behorende pijn niet naar boven komen en ons bedreigen, creëren we onbewust een nieuwe 'realiteit' die de waarheid moet vervangen. Deze nieuwe 'realiteit' ontkent wat werkelijk waar is en helpt ons zo de verdringing van deze waarheid zeker te stellen. Afweer werkt dus via ontkenning van de waarheid met behulp van het creëren van een illusie. Alle afweermechanismen tezamen vormen de muur van ontkenning.

Ontkenning van behoeften (OvB)
Kenmerkend voor deze vorm van afweer is dat we ontkennen dat we iets nodig hebben, dat we behoeften hebben, dat we onbehagen voelen. OvB kenmerkt zich door gedrag dat gericht is op het vermijden van moeilijkheden en conflicten. In plaats van de oude, pijnlijke realiteit te voelen, hebben we het idee dat er niets aan de hand is en dat we geen problemen hebben.

Oude onvervulde behoeften (OOB)
Als kind hadden we behoeften die niet door onze ouders of verzorgers zijn vervuld. Vaak zijn de onvervulde behoeften van niet-lichamelijke aard, zoals de behoefte aan emotionele warmte, veiligheid, respect, vertrouwen, steun, enzovoort. Lichamelijke behoeften blijven echter ook dikwijls onvervuld, zoals bijvoorbeeld de behoefte aan seksuele onschendbaarheid en lichamelijke veiligheid. Het zijn de onvervulde behoeften die het voor kinderen noodzakelijk maakt de waarheid over hun jeugd voor zichzelf te verbergen. De waarheid dat hun behoeften niet worden vervuld en nooit zullen worden vervuld.

Oude pijn (OP)
Als wezenlijke behoeften onvervuld blijven, veroorzaakt dit enorme pijn. De pijn die wordt veroorzaakt wanneer basale fysieke en emotionele behoeften van het kind onvervuld blijven, noemen we 'oude pijn'. Voor het kind is deze pijn te groot om toe te laten. Daarom moet het de waarheid verdringen om te kunnen overleven. Oude pijn slaat dus alleen op pijn uit de kindertijd die verdrongen is. De verzameling van alle oude pijn (en de daaraan gekoppelde oude behoeften en oude realiteit) tezamen heet het *kind-bewustzijn*.

Primaire afweer (PA)
Deze vorm van afweer ontkent de waarheid door ons te doen geloven dat we het niet verdienen onze behoeften vervuld te krijgen. We voelen ons slecht, schuldig, waardeloos, incapabel, enzovoort. Door deze fixatie op onze tekortkomingen zien we niet wat er echt met ons is gebeurd, nóch wie ons dat heeft aangedaan. In plaats van de oude, pijnlijke realiteit onder ogen te zien, voelen we ons in de huidige realiteit slecht over onszelf en overbelast en denken we dat onze pijn door ons eigen toedoen ontstaan is.

Symbool (S)
Een persoon of situatie die ons herinnert aan onze jeugd (hij lijkt erop of is er juist tegengesteld aan) zonder dat wij ons hiervan bewust zijn, is een symbool. Een symbool veroorzaakt een verschuiving van het volwassen-bewustzijn naar het kind-bewustzijn.

Trigger
Een andere term voor symbool. We geven echter de voorkeur aan het woord symbool, omdat dat woord de essentie van wat er gebeurt beter weergeeft: het object, de persoon, situatie of gebeurtenis staat symbool voor iets uit een ander tijdperk.

Valse hoop (VH)
Deze vorm van afweer (manier om de oude waarheid te ontkennen) wordt gekenmerkt door de gedachte dat het wél mogelijk is oude behoeften vervuld te krijgen als we iets maar wel of juist niet doen. Deze afweer is te herkennen aan aanhoudende pogingen iets tot stand te brengen, wat uiteindelijk nooit lukt, zeker niet blijvend. In plaats van de oude, pijnlijke realiteit onder ogen te zien, blijven we in de realiteit van nu hoop koesteren.

Valse macht (VM)
Deze vorm van afweer ontkent de waarheid door ons te doen geloven dat de ander in het heden schuldig is aan onze onprettige gevoelens, ons onbehagen, onze onvervulde behoeften. Kenmerkend voor valse macht is agressief of intimiderend gedrag. In plaats van de oude, pijnlijke realiteit te voelen, voelen we ons in boze 'onschuld' verheven boven de 'schuldige' ander, die dan ook moet veranderen.

Verdringing
Door de enorme omvang van onze oude pijn en de levensbedreigende realiteit erachter (dat onze behoeften nooit vervuld zullen worden) moesten we als kind niet alleen de pijn zelf, maar ook de betekenis ervan verdringen. Dit gebeurt zonder dat we ons daarvan bewust zijn. We beseffen niet dat verdringing plaatsvindt en kunnen dus ook niet weten wát we hebben verdrongen.

Volwassen-bewustzijn (VB)
Een deel van ons bewustzijn ontwikkelt zich tot wat we het volwassen-bewustzijn (VB) noemen. Dit deel heeft zich in de tijd steeds verder kunnen ontplooien in tegenstelling tot het kind-bewustzijn, waar alles is gebleven zoals het was. Vanuit het volwassen-bewustzijn zijn we in staat het heden te ervaren zoals het werkelijk is:

- ik heb altijd een keuze;
- ik bepaal wat ik doe, denk, voel, wil;
- behoeften zijn niet urgent;
- ik ben onafhankelijk; ik kan in mijn eigen basisbehoeften voorzien;
- alles verandert, niets is eeuwig, aan alle zaken komt een eind;
- de wereld is groot, vol met allerlei mensen en mogelijkheden.

Vanuit dit bewustzijn zijn we in staat het heden te zien zoals het werkelijk is. Onze waarneming van wat er gebeurt, wordt niet gekleurd of overheerst door ervaringen uit het verleden, maar komt voort uit contact met het nu vanuit een staat van innerlijke autonomie.

N.B. Volwassen-bewustzijn is dus niet hetzelfde als volwassen bewustzijn. Het eerste is de PRI-term die een van de drie zijnstoestanden omschrijft waar ons bewustzijn wanneer we volwassen zijn in kan verkeren (naast het verkeren in het KB of de afweer). Het tweede is de gewone Nederlandse term om het bewustzijn van volwassenen aan te geven.

Volwassen-bewustzijn refereert aan dat deel van het bewustzijn van de volwassene waarin we in een vrije staat van zijn verkeren, in contact met het heden. Dit is iets anders dan het bewustzijn van een volwassene, ofwel het volwassen bewustzijn. Anders gezegd, in PRI bestaat het volwassen bewustzijn uit een deel kind-bewustzijn en een deel volwassen-bewustzijn en een deel afweer.

BIJLAGE 8 DE STRUCTUUR VAN PRI

PRI is gebaseerd op drie pijlers: cognitie, gedrag en gevoel en op de uiteindelijke integratie van deze drie pijlers in één, in de laatste PRI-fase: het zogenoemde duaal-bewustzijn. Een van de drie pijlers meer of minder gewicht toekennen dan een van de andere, betekent een onjuiste interpretatie van PRI. Een dergelijke misvatting zal een ongunstige werking op ons heelwordingsproces hebben.

Te veel de nadruk op het voelen (met onvoldoende aandacht voor dagelijkse zelfobservatie en het omkeren van afweergedrag in het hier en nu) is onvoldoende effectief. Hetzelfde geldt voor een te veel opgaan in de cognitieve aspecten van PRI (het wel begrijpen en herkennen, maar onvoldoende voelen en afweergedrag omkeren). Tot slot is ook een nadruk op het omkeren van afweer zonder het als zodanig herkennen (cognitie) en toelaten van oude pijn (voelen) geen zinvolle toepassing van PRI.

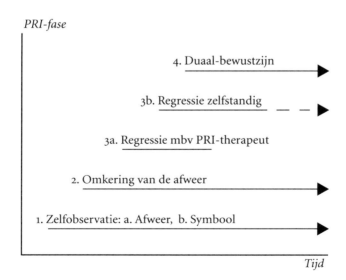

Fase 1 – Zelfobservatie (cognitie)
Minutieuze zelfobservatie vormt de basis van PRI en heeft geen einde. In die zin kun je zeggen dat PRI geen methode maar een *way of life* is. Door onszelf nauwlettend te observeren zullen we eerst leren onze afweer te herkennen. Vervolgens zal steeds sneller duidelijk worden welk symbool de afweer heeft geactiveerd. We zijn in staat het VB te onderscheiden van het KB en de afweer, én weten wanneer gevoelens in het hier en nu veroorzaakt worden of oud zijn. Dit onderdeel behelst het op een cognitief niveau bewust worden en actief zijn met als doel een continu actieve innerlijke observator te ontwikkelen.

Fase 2 – Omkering van de afweer (gedrag)
Nadat een zekere vaardigheid om onszelf te observeren en afweer te herkennen is bereikt, wordt een start gemaakt met het omkeren van de afweer telkens wanneer deze zich voordoet. Net als fase 1 is dit een fase die net zolang doorgaat als nodig is. Dat wil zeggen, zolang we afweer vertonen blijft de noodzaak bestaan deze om te keren. Ook hier kun je beter spreken van een 'way of life' dan van een een tijdelijk 'medicijn'. Dit PRI-onderdeel bestaat uit het heel bewust aan de slag gaan met ons gedrag. In een aantal situaties betekent dit dat we zogenoemde 'exposure' toepassen. Dat wil zeggen dat we ons opzettelijk blootstellen aan hetgeen we het liefst zouden willen vermijden, om toegang te kunnen krijgen tot het gevoel dat achter ons vermijdingsgedrag verborgen zit. Uiteindelijk zal dit leiden tot een niet langer identificeren met onze afweren. We doorbreken de illusie van de gedachte 'zo ben ik nu eenmaal'.

Fase 3 – Regressie (voelen)
Na het cognitieve en gedragsmatige werk uit fase 1 en 2, komt het voelen specifiek aan bod tijdens de regressies.

a. PRI-regressies met behulp van een PRI-therapeut dienen voornamelijk ertoe om te *leren* hoe je zelfstandig regressies kunt doen en *niet* als een middel om te helen. Deze fase eindigt wanneer je daartoe in staat bent. Sommige mensen zullen hier veel tijd voor nodig hebben, andere daarentegen zullen hier zonder veel of zelfs zonder enige hulp van een PRI-therapeut toe in staat zijn.

b. Het zelfstandig doen van regressies is van belang om de oude pijn, gekoppeld aan de oude realiteit die deze oude pijn heeft veroorzaakt, boven tafel te krijgen. Anders gezegd: het doen van regressies dient ertoe om met het volwassen-bewustzijn toegang te krijgen tot hetgeen verdrongen is in het kind-bewustzijn, zodat een volledig kennen van de oude pijn en de erbij horende oude realiteit kan plaatsvinden. Deze fase is in principe eindig. Op het moment dat we ons ervan bewust zijn hoe onze oude verdrongen realiteit er in grote lijnen uitzag en hoe dat gevoeld zou hebben, is het niet meer nodig om telkens wanneer een symbool zich aandient een regressie te doen en dezelfde oude pijn weer opnieuw te voelen. Regressie is daarna alleen nog van belang in die situaties waarin een symbool een enorm heftige (over- of onder)reactie veroorzaakt, waardoor het niet mogelijk is fase 4, 'duaal-bewustzijn', toe te passen. Of wanneer we geconfronteerd worden met een nieuw symbool en een pijn die we nog niet eerder hebben gevoeld en die we nog niet hebben kunnen verbinden met de oude realiteit.

Ook het doen van regressies kan opgevat worden als een vorm van *exposure*, net zoals dat dikwijls het geval is bij het omkeren van afweer. Tijdens een regressie stellen we ons immers opzettelijk bloot aan oude situaties en gevoelens die we liever niet willen ondergaan.

Fase 4 – Het duaal-bewustzijn (cognitie, gedrag, voelen)
Het duaal-bewustzijn verwijst naar de laatste PRI-fase, waarin we in staat zijn:

– het op te merken wanneer we aan het symboliseren zijn (we kunnen de oude pijn op voelen komen en deze ook als zodanig herkennen);
– te weten wat het symbool is;
– exact te weten welke oude pijn door het symbool wordt opgeroepen en welke oude realiteit hierbij hoort (bijvoorbeeld: dit is hoe het kind dat ik was zich voelde wanneer die of die persoon dit of dat wel of niet deed);
– de oude pijn in ons lichaam toe te laten en te voelen zonder deze te onderdrukken of onszelf ertegen te beschermen (zoals vóór PRI)

en zonder deze te versterken (zoals in een regressie), totdat de pijn vanzelf wegebt, terwijl we in contact blijven met de huidige realiteit en ons gedrag voortkomt uit ons volwassen-bewustzijn en niet uit onze afweer.

In deze vierde fase van PRI, het duaal-bewustzijn, integreren de drie pijlers van PRI – cognitie, gedrag en voelen – zich tot één geheel. Dan zullen we steeds vaker het heden beleven voor wat het werkelijk is, zonder de gevangenen te zijn van illusies die ons gedrag sturen zonder dat we dat weten en onze geest en gevoelens vertroebelen.

Deze laatste PRI-fase eindigt in principe wanneer onze afweer ontmanteld is, niets meer op ons inwerkt als symbool, alle oude pijn geïntegreerd is en we continu in het volwassen-bewustzijn verkeren, volledig in contact met het nu, vanuit een ongedeeld bewustzijn...

Dit is een doel waar de meesten van ons wellicht een leven lang (of langer) naar toe kunnen werken alvorens ze zover zijn! Laat je hierdoor echter niet ontmoedigen, want hoe ver dit uiteindelijke stadium ook van ons vandaan ligt, elk stapje op de weg ernaar toe is zeer de moeite waard omdat het ons eigen leven en dat van onze dierbaren al snel op zo'n waardevolle manier kan beïnvloeden.

In een voorspoedig verlopend PRI-proces tekent zich de volgende beweging af:
– van *'onbewust belast-zijn'*:
we vinden veel problemen op ons pad maar kunnen deze dikwijls onvoldoende duiden of in goede banen leiden, naar
– *'bewust-zijn'*:
zelfobservatie geeft herkenning van en inzicht in onze emotionele problemen, naar
– *'bewust belast-zijn'*:
als een gevolg van het omkeren van afweer en het voelen van de oude pijn in regressies (zogenoemd exposure), naar
– *'bewust onbelast-zijn'*:
de verlichting die we ervaren bij het toepassen van het duaal-bewustzijn, wanneer we in staat zijn in het hier en nu te functioneren vanuit een volwassen-bewustzijn, zonder het gevecht om onze af-

weer ofwel datgene waarmee we ons identificeren, in stand te houden, omdat we weten dat eventuele oude pijn niet meer afgeweerd hoeft te worden;
   – *'onbewust onbelast-zijn'*:
   steeds meer onderdelen van ons leven worden vrij van de invloed van ons verleden. Een vrij-worden dat dikwijls zó volledig is dat het onbewust wordt.

Wanneer we in staat zijn het heden te ervaren voor wat het werkelijk is, dan is het meestal verrassend onbelast.

NOTEN

Hoofdstuk 1 Bewustzijn

1. Citaat uit de tekst bij de cd *Paradise Road*, 'Song of Survival'. Sony Music, 1997.
2. J. LeDoux, *The Emotional Brain*. Touchstone, New York 1996.
3. P. Davis, *Liefdevolle aanraking*. Ankh-Hermes, Deventer 1993, p. 36, 37.
4. J. Bowlby, *Attachment and Loss*, dl. 1: Attachment. Penguin Books, Londen 1991, p. XIII.
5. H.F. Harlow en M.K. Harlow, 'Social Deprivation in Monkeys' in *Scientific American*, 1962, nr. 207, p. 136-146.
6. M.H. Marx, *Introduction to Psychology*. Macmillan Publishing Co. Inc., New York 1976, p. 311.
7. R. Davidson, 'Asymmetric Brain Function, Affective Style and Psychopathology: The Role of Early Experience and Plasticity' in *Development and Psychopathology*, dl. 6, 1994, p. 741-759, zoals genoemd in D. Goleman, *Emotionele intelligentie*. Contact, Amsterdam/Antwerpen 1996, p. 306.
8. Onderzoek van R. Prentky, Philadelphia, zoals genoemd in D. Goleman, *Emotionele intelligentie*. Contact, Amsterdam/Antwerpen 1996, p. 147.

Hoofdstuk 2 Afweermechanismen

1. J. LeDoux, *The Emotional Brain*. Touchstone, New York 1996.
2. D. Goleman, *Emotionele intelligentie*. Contact, Amsterdam/Antwerpen 1996, p. 147.*

---

* Veel ideeën over emotionele ontwikkeling van Goleman gaan tegen de opvattingen van PRI in. Volgens PRI is het niet gewenst dat jonge kinderen hun

3 J. Meijvogel, *Paddentong*. Xeno, Groningen 1999.
4 Idem.
5 Idem.
6 A. Schilder, 'Omgaan met donker in het licht van eeuwig leven', 1993, interview in *Psychologie*, januari 1998.
7 Eeuwenoude Catechismus van Heidelberg. Lange tijd werd hieruit op zondagavonden in de kerken gepreekt, nu in de meeste niet meer, maar officieel is de catechismus nog steeds de grondslag van het gereformeerde geloof.
8 Nederlandse Geloofsbelijdenis uit de 17de eeuw, de tijd van de Tachtigjarige Oorlog tegen het katholieke Spanje; de protestantse geloofsovertuiging werd oorspronkelijk in een brief aan landvoogdes Margaretha van Parma weergegeven.
9 K. R. Jamison, *Night Falls Fast, Understanding Suicide*. Alfred A. Knopf, New York 1999.

Hoofdstuk 3 Heelwording

1 Jeannette Meijvogel, *Paddentong*. Xeno, Groningen 1999.
2 A. van Dantzig, interview in *Psychologie Magazine*, januari 2000.
3 Joseph LeDoux, *The emotional brain*. Touchstone, New York 1996.

'sociaal ongewenste' emoties of gevoelens, zoals angst en woede, onder controle houden. Wanneer volwassenen dit soort gedrag van kinderen verlangen, beschouwt PRI dat als zwarte pedagogie (zie Alice Miller, *In den beginne was er opvoeding*). Bovendien worden veel gedragingen die Goleman als wezenlijke elementen van 'emotionele intelligentie' ziet door PRI beschouwd als afweer (VH en OvB) die wordt gehanteerd om het voelen van pijn te vermijden. Het algemene profiel van Golemans 'emotioneel intelligente' persoon beantwoordt aan het idee dat PRI heeft van iemand die veel afweergedrag vertoont, zij het op een sociaal wenselijke manier. Dit gedrag kan daardoor tot sociaal succes leiden, maar daarbij wordt het contact met het ware zelf en innerlijke autonomie opgeofferd.

Hoofdstuk 4 De toekomst: kinderen en ouders

1 J. Meijvogel, *Paddentong*. Xeno, Groningen 1999.
2 D. Purpura, 'Consciousness' in: *Behavior Today*, 1975, vermeld in Th. Verny en J. Kelly, *The Secret Life of the Unborn Child*. Dell Publishing, New York 1981, p. 41.
3 D. Chamberlain, *The Mind of Your Newborn Baby*. North Atlantic Books, Berkeley CA 1998.
4 Th. Verny en J. Kelly, *The Secret Life of the Unborn Child*. Dell Publishing, New York 1981.
5 M. Lieberman, 'Smoking' in: H.A. Weisman en G.R. Kerr, *Fetal Growth and Development*. Mc Graw Hill, New York 1970, vermeld in *The Secret Life of the Unborn Child*. Dell Publishing, New York 1981, p. 20, 21.
6 D. Scott, 'Effects of Different Stresses; Follow-up Study from Birth of the Effects of Prenatal Stresses' in: *Developmental Medicine and Child Neurology*, nr. 15, 1973, p. 770-787.
7 M. Lukesch, *Psychologische Faktoren der Schwangerschaft*, proefschrift, Universiteit Salzburg, 1975, vermeld in *The Secret Life of the Unborn Child*. Dell Publishing, New York 1981, p. 47.
8 G. Rottman, *Untersuchungen über Einstellung zur Schwangerschaft und zur fötalen Entwicklung*. Geist und Psyche, Kinder Verlag, München 1974, vermeld in *The Secret Life of the Unborn Child*. Dell Publishing, New York 1981, p. 48.
9 Vermeld in D.B. Chamberlain, *The Mind of Your Newborn Baby*. North Atlantic Books, Berkeley CA 1998.
10 A. Raine in 1994, geciteerd door D.B. Chamberlain in *The Mind of Your Newborn Baby*. North Atlantic Books, Berkeley CA 1998.
11 D. Goleman, *Emotionele intelligentie*. Contact, Amsterdam/Antwerpen 1996, p. 279.
12 Websites met informatie over ouderschap, zwangerschap en geboorte: *www.naturalchild.com*: een uitgebreide site met veel interessante informatie over baby's, kinderen en ouderschap.
www.birthpsychology.com: veel geestelijke en emotionele aspecten van zwangerschap en geboorte, variërend van wetenschappelijke artikelen en persoonlijke verhalen tot de nieuwste gegevens.
13 A. Powell, 'Harvard Researchers Say Children Need Touching and Attention' in: *Harvard Gazette*, 1998.

14 R. Grossman, *Giving Your Child 'Voice': The 3 Rules of Parenting*, gepubliceerd op website *www.naturalchild.com*, 2000.

Hoofdstuk 5 Praktische oefeningen

1 Wegner en Vallacher, *Implicit Psychology*. Oxford University Press, New York 1980, p. 60.

Hoofdstuk 6 Situaties die speciale aandacht vragen

1 P. Allison en J. Yost, *Hooked but not Helpless: Kicking the Nicotine Addiction*. BridgeCity Books, Portland, Oregon 1996, p. 20-30.
2 A.C. Parrott, 'Does Cigarette Smoking Cause Stress?' in *American Psychologist*, deel 54, nr. 10, 1999, p. 817-829.
3 S.K. Mallick en B.R. McCenless, 'A Study of Catharsis Agression' in *Journal of Personality and Social Psychology*, nr. 4, 1966, genoemd in D. Goleman, *Emotionele intelligentie*. Contact, Amsterdam/Antwerpen 1996, p. 100.

Hoofdstuk 8 Persoonlijke verslagen

1 M. Hornbacher, *In het rijk der schimmen*, Bosch & Keuning De Bilt 1997.

Hoofdstuk 9 Past Reality Integration, andere therapieën en diagnostiek

1 Zoals genoemd in K. Redfield Jamison, *Night Falls Fast, Understanding Suicide*. Alfred A. Knopf, New York 1999.

BIBLIOGRAFIE

Allison, P. en J. Yost, *Hooked but not Helpless, Kicking Nicotine Addiction*. BridgeCity Books, Portland OR 1996, p. 20-30.

Balaskas, G., *Water Birth, the concise guide to using water during pregnancy, birth and infancy*. Thorsons, Londen 1990.

Bosch, I., *De onschuldige gevangene*, L.J. Veen, Amsterdam 2003.
– *Illusies, over bevrijding uit de doolhof van onze emoties*, L.J. Veen, Amsterdam 2007.

Bowlby, J., *Attachment, Attachment and Loss*: deel 1. Penguin, New York 1984^2.
– *Separation, Attachment and Loss*: deel 2, *Anxiety and Anger*. Penguin, New York 1973.
– *Loss, Attachment and Loss*: deel 3. Basic Books, New York 1980.

Breggin, P.R., *Toxic Psychiatry*. St. Martin's Press, New York 1991.

Bijnsdorp, L., *'U bent niet ziek, u lijdt!'*. Uitgave in eigen beheer, Amersfoort 1999.

Chamberlain, D., *The Mind of Your Newborn Baby*, North Atlantic Books, Berkeley, CA 1998.

Csikszentmihalyi, M., *De weg naar Flow*. Boom, Amsterdam 1999.

Damasio, A.R., *Descartes' Error*. Papermac, Londen 1994.

Dantzig, A. van, interview in *Psychologie Magazine*, januari 2000.

Davidson, R., 'Asymmetric Brain Function, Affective Style and Psychopathology: The Role of Early Experience and Plasticity' in *Development and Psychopathology*, dl. 6, 1994, p. 741-759, zoals genoemd in D. Goleman, *Emotionele intelligentie*. Contact, Amsterdam/Antwerpen 1996, p. 306.

Davis, Ph., *Liefdevolle aanraking*. Ankh-Hermes, Deventer 1993.

Ferruci, P., *Wat kinderen ons leren; Hoe beter begrip van mijn kinderen mij een beter inzicht in mijzelf gaf*. Kosmos-Z&K Uitgevers, Utrecht/Antwerpen 2000.

Forward, B., *Betrayal and Innocence, Incest and its Devastation*. Penguin, New York 1988.
– *Eindelijk je eigen leven leiden*. Kosmos-Z&K Uitgevers, Utrecht/Antwerpen 1990.

Gibran, K., *De profeet*. Altamira, Heemstede 1993.

Goleman, D., *Emotionele intelligentie*. Olympus, Amsterdam 1996.

Gordon, Th., *Luisteren naar kinderen; De nieuwe methode voor overleg in het gezin*. Elsevier, Amsterdam/Brussel 1993.

Grossman, R., *Giving Your Child 'Voice': The 3 Rules of Parenting*, gepubliceerd op website *www.naturalchild.com*, 2000.

Harlow, H.F. en M.K. Harlow, 'Social Deprivation in Monkeys' in *Scientific American*, 1962, nr. 207, p. 136-146.

Herman, J.L., *Trauma en herstel; De gevolgen van geweld – van mishandeling thuis tot politiek geweld*. Wereldbibliotheek, Amsterdam 1993.

Heijden, Th. van der en H. Rutgers, *Koester het kind in jezelf; werken met kinderen volgens Alice Miller en Eric Berne*. Uitgeverij SWP, Utrecht 1995.

Jamison, K.R., *Night Falls Fast, Understanding Suicide*. Alfred A. Knopf, New York 1999.

Jenson, J., *Een zoektocht naar het ware zelf*. L.J. Veen, geheel herziene druk, Amsterdam 2004. Eerder verschenen onder de titel *Op weg naar je ware zelf* bij Unieboek, Houten 1997.

Kaysen, S., *Girl, Interrupted*. Vintage Books, New York 1993.

Korczac, J., *Hoe houd je van een kind*. Bijleveld, Utrecht 1984.
– *Als ik weer klein ben*. Bijleveld, Utrecht 1985.

Laing, E., *Sanity, Madness and the Family*. Penguin Books, New York 1964.

Laing, R.D., *Knots*. Vintage Books, New York 1971.

LeDoux, J., *The Emotional Brain, the Mysterious Underpinnings of Emotional Life*. Simon & Schuster, New York 1996.

Levin, F.M., *Mapping the Mind, The Intersection of Psychoanalysis and Neuroscience*. The Analytic Press, Londen 1991.

Lieberman, M., 'Smoking' in: H.A. Weisman en G.R. Kerr, *Fetal Growth and Development*. Mc Graw Hill, New York 1970, vermeld in *The Secret Life of the Unborn Child*. Dell Publishing, New York 1981, p. 20, 21.

Liedloff, J., *Op zoek naar het verloren geluk; naar een natuurlijke manier van opvoeden*. Servire Uitgevers, Utrecht 1979.

Lukesch, M., *Psychologische Faktoren der Schwangerschaft*, proefschrift, Universiteit Salzburg, 1975, vermeld in *The Secret Life of the Unborn Child*. Dell Publishing, New York 1981, p. 47.

Lutz, T., *Crying: The Natural & Cultural History of Tears*. Norton, New York 2000.

Mallick, S.K. en B.R. McCenless, 'A Study of Catharsis Agression' in *Journal of Personality and Social Psychology*, nr. 4, 1996, genoemd in D. Goleman, *Emotionele intelligentie*. Contact, Amsterdam/Antwerpen 1996, p. 100.

Marx, M.H, *Introduction to Psychology*. Macmillan Publishing Co. Inc., New York 1976, p. 311.

Masson, J.M., *Against Therapy*. Common Courage Press, Monroe ME, 1994².

Meijer, I., *Mijn lieve ouders*. Prometheus, Amsterdam 1993.
– *Brief aan mijn moeder*. Prometheus, Amsterdam 1995.
– *Een jongetje dat alles goed zou maken*. Prometheus, Amsterdam 1996.

Meijvogel, J., *Paddentong*. Xeno, Groningen 1999. Te bestellen via www.pitgroningen.nl.

Miller, A., *Het drama van het begaafde kind*. Van Holkema & Warendorf/Unieboek, Houten 1981.
– *In den beginne was er opvoeding*. Van Holkema & Warendorf/Unieboek, Houten 1983.
– *Gij zult niet merken*. Van Holkema & Warendorf/Unieboek, Houten 1983.
– *Pictures of a Childhood*. Penguin, New York 1986.
– *Zelfkennis in ballingschap*. Het Wereldvenster/Unieboek, Houten 1989.
– *De gemeden sleutel*. Het Wereldvenster/Unieboek, Houten 1989.
– *De muur van zwijgen afgebroken*. Het Wereldvenster/Unieboek, Houten 1990.
– *Levenspaden*. Van Holkema & Warendorf/Unieboek, Houten 1998.

Parrott, A.C., 'Does Cigarette Smoking Cause Stress?' in *American Psychologist*, deel 54, nr. 10, 1999, p. 817-829.

Pert, C.B., *Molecules of Emotion*. Scribner, New York 1997.

Powell, A., 'Harvard Researchers Say Children Need Touching and Attention' in: *Harvard Gazette*, 1998.

Prentky, R., Philadelphia, onderzoek van, zoals genoemd in D. Goleman, *Emotionele intelligentie*. Contact, Amsterdam/Antwerpen 1996, p. 147.

Purpura, D. 'Consciousness' in *Behavior Today*, 1975, vermeld in Th. Verny en J. Kelly, *The Secret Life of the Unborn Child*. Dell Publishing, New York 1981, p. 41.

Raine, A. in 1994, geciteerd door D.B. Chamberlain in *The Mind of Your Newborn Baby*, North Atlantic Books, Berkeley, CA 1998.

Rottman, G., *Untersuchungen über Einstellung zur Schwangerschaft und zur fötalen Entwicklung*. Geist und Psyche, Kinder Verlag, München 1974, vermeld in *The Secret Life of the Unborn Child*. Dell Publishing, New York 1981, p. 48.

Schilder, A., 'Omgaan met donker in het licht van eeuwig leven', 1993, interview in *Psychologie*, 1998.

Scott, D., 'Effects of Different Stresses' in: *Developmental Medicine and Child Neurology*, nr. 15, 1973, p. 770-787.

Shandler, S., *Ophelia Speaks, Adolescent Girls write about their Search for Self*. Harper Collins Publishers, New York 1999.

Thijssen, Th., *Het grijze kind*. Querido, Amsterdam z.j.

Verny, Th. en J. Kelly, *The Secret Life of the Unborn Child*. Dell Publishing, New York 1981.

Wegner en Vallacher, *Implicit Psychology*. Oxford University Press, New York 1980, p. 60.

REGISTER

abreactie 226
actor-observer-effect 136
afweer 35, 43, 47-49, 68-69, 139, 143, 174,
  227-228, 231-232, 256
  angst als 64, 174, 227
  en zelfbeeld 139
  freudiaanse ideeën over 228
  fysieke 35
  'geestesziekte' als 231
  interactie tussen vormen van 67-69
  lijden en 228
  omkering van 91, 143 e.v., 261
  psychische 35
  psychopathologie als 232
  symptomen als 232
  woede als 48, 69, 77, 227
Allison, Patricia 160-161
amygdala 38, 45-46, 48, 76, 79-80, 84, 91-97, 99, 104, 107-109, 226
angst 64, 86, 88, 96-97, 173-174
angststoornissen 229
autonomie 27, 33, 129
'baseline'-meting 140-142
behoefte 29, 30, 35, 39, 41-42, 50, 80, 122, 178-180, 258
  aan emotionele intimiteit 39, 178
  aan liefde 39, 41, 179-180
  aan seks 177
  aan veiligheid 39, 41, 178
  aan voortplanting 178
  aan zinvolle activiteit 178
  emotionele 39-42, 122
  oude onvervulde (OOB) 191, 258
  van de volwassene 80
  van het kind 35, 39-40, 50, 79-80, 122, 178
bewustzijn 29-30, 34-35, 37-38, 49-50, 99, 155, 226
  deling van 34, 37-38
  duaal- 99-105, 261, 264
  gedeeld 29, 34-35, 38, 226
  kind- 49-50, 256
  ongedeeld 34, 49
  volwassen- 260
boeddhisme 60
bonding 119
Bowlby, J. 40
burn-out 229
Chamberlain, David 114
Commons, M.L. 125
concentratiekamp, gevangenen in 36
cortex *zie* neocortex
Dantzig, Dries van 84
Davis, Phyllis 40
depressie 67, 163-165, 175, 229
  en afweer 163
  en primaire afweer 165, 175
  en valse hoop 164
  en valse macht 165
  klinische 66, 229
desintegratie 89
  angst van therapeute voor 89
DSM-IV 229
duaal-bewustzijn, zie bewustzijn, duaal-
egodesintegratie 89, 226, 228
  en primaire afweer 69
  zie ook desintegratie
evolutiepsychiatrie 231
foetus 115-117
  en roken door moeder 115
  en stress van moeder 115, 120
  gevoelens van moeder voor 115
  zintuigen van de 115

geboorte 114-116, 118-119, 121
  en medische testen 115, 119
  en verlatenheid 119
  zachte 119
geheugen 38, 107-108, 115
  intra-uteriene 115
  onbewust 38
  openen van 107
gevoelens 67, 88-95, 100, 124-127, 135, 137, 153, 156, 158-167, 169-172, 182, 184
  achtergrond- 94, 153
  angst voor 88-90, 101, 172
  en cognitie 101
  en genotmiddelen 160
  en nicotine 160-162
  en verbinding met verleden 169-170
  gebrek aan 158-160
  gevaar van 88
  golfpatroon van 90-91
  kinderen laten uiten van 124-126
  opgeven van het symbool en 182
  schakeltechniek 170
  toegeven aan 94
  van boosheid 165-167
  verantwoordelijkheid nemen voor 135-138
  verdwijnen van 184
  vermijden van 88, 91
  wegebben van 91
godsdiensten 58-61
  oosterse 60-61
  traditionele 58-60
Goleman, Daniel 47
Grossman, Richard 126
haptonomie 118
Harlow, Harry 40-41
heelwordingsproces 48, 74-110, 123, 136
  effect van alcohol en 107
  effect van roken en 107
  en cognitief inzicht 76
  en emotioneel besef 81-86
  en overwinnen van de angst voor het voelen 86-92
  en regressie 82-83, 88-89, 92-100, 108
  en toepassing op de langere termijn 100
  remmende factoren 107
  vijf elementen van het 75, 104, 138
helingsproces *zie* heelwordingsproces
herinneringen 29, 45-47, 84, 107-108, 168-178
  emotionele 45-46, 84, 107-108
  feitelijke 107
  gebrek aan 168-169
  lichamelijke 108
  volledige 108
  waarheid van 170-172
hippocampus 47-48, 94, 107
Holt, E.L. 40
houden van 179-181
huilen 75, 100-101, 124-125
  als primaire afweer 75
  als valse hoop 75, 100
  en primaire afweer 105
  en valse hoop 105
  en veranderen in de hersenen van het jonge kind 124
  niet productief meer 101
  posttraumatische stress en paniekstoornissen en 125
  van pasgeborene of klein kind 124
hypnotherapie 225
inner-child work 95
innerlijk kind 226
innerlijke waarnemer 152
integratie 106-110
  van oude pijn 104
Jamison, Kay 66-67
Jenson, Jean 19-21, 26, 36, 43, 169, 173, 221, 250
Jones, E.E. 135
Kelly, John 115, 118, 121
kind-bewustzijn (KB) 29-31, 45-47, 51, 55, 62, 64, 87, 92-93, 101, 106, 108, 172, 181, 188, 256
kinderen 39, 94, 124-131, 225-226
  aanraken van 39, 128
  als symbool 111, 131-132
  en 'stem' geven 126-127

en angst 126
en woede 124, 126
lichamelijke integriteit 128
seksuele gedachten in relatie tot 129
slaan van 128
kindersterfte 40, 84
Leboyer, Frederic 119
LeDoux, Joseph 38, 45-48, 108-109
Lieberman, Michael 115
Lukesch, M. 116
marasme 40
Marx, Melvin 40
Meijvogel, Jeannette 51-52, 55-56, 81-82, 111
Miller, Alice 19, 24, 36, 86, 168
Miller, P.M. 125
mishandeling 84, 112
muur van ontkenning 45-46, 65, 106, 182
Natural Child Project 126
neocortex 38, 48, 80, 84, 92, 95, 97, 109
neurolinguïstisch programmeren (NLP) 95
Nisbett, R.E. 135
obsessieve-compulsieve stoornissen 229
onderdrukken 35 (noot), 134, 257
ontkenning 25, 42-47, 85, 106, 133-135, 227, 257
  collectieve 42
  en keerzijde zoeken 134
  en onderdrukking 134
  en rechtvaardigen 134
  en vergoelijken 133
  en verzet 133
ontkenning van behoeften (OvB) 30, 32, 45, 47, 51-55, 56, 61, 62, 68-73, 93, 131, 258
opvoeden 122-130
ouder-kindrelatie 26
parallel denken 186-194
pessotherapie 95
pijn 32, 44, 65-67, 74-75, 80, 82, 88, 100, 111, 112, 147, 149-157, 258
  blootleggen van oude 149-152

functie van voelen van oude 99, 100-101, 130
oorzaak van 130, 153
oorzaak van oude 152-157
van onze kinderen 111
verband tussen roken en 12
veroorzaakt in het heden 74-75
Powell, Alvin 125
prefrontale kwab 92-93, 104
Prentky, Robert 41
primaire afweer (PA) 30, 32, 45-47, 55-73, 77-79, 93, 105, 123, 175-176, 259
  tonen of verbergen van 68-69
  valkuil van de 62
psychose 230
  manische 230
Purpura, Dominick 114
Raine, Adrian 120
realitycheck 184
regressie 24, 82-83, 88-89, 92-100, 108, 110, 116, 119, 121, 152, 171, 194-200, 261
regressietherapie 95, 226
rogeriaanse therapie 83
roken 160-162
  stoppen met 162
Rottman, G. 116
schaamte 56
Schilder, Aleid 59
schizofrenie 230
schuldgevoel 33, 58-59
Scott, Dennis 116
stress 64, 115-116, 118, 120, 125
  als gevolg van moeilijke bevalling 116
symbool (S) 31, 43, 65-66, 77, 80, 82, 93, 98, 111, 131-132, 170, 182, 186-194, 259
  kinderen als 111
test 233, 235, 237
  onderscheiden van afweervormen 235
  persoonlijk afweerprofiel 237
  VB versus KB 233
trigger 259
Vallacher, R.R. 135
valse hoop (VH) 30, 32, 43, 45, 47, 49-51, 53, 55-57, 61-63, 67-72, 93, 98, 100, 105, 131, 181, 259

instorten van 71
valse macht (VM) 30, 43, 45, 47, 51, 53-55, 57, 68-73, 79, 93, 259
veilige plek 89
Veldman, Ina 74
verdringing 35, 38-39, 42-43, 85, 91, 106, 168, 260
  opheffen van 106
  collectieve 42
vergeven 130-132
  van ouders 130-132
verlichting 49
Verny, Thomas 115, 118, 121

volwassen-bewustzijn (VB) 29-31, 45, 47, 55, 65, 78, 93, 101, 106-110, 259
waterbevalling 120-121
Wegner, D.M. 135
zelfmoord 39, 66-68
  bij kinderen 39
zwangerschap 114-122
  gewenst 117
  ongepland 117
  ongewenst 117
zwangerschapscursussen 122
zwarte pedagogie 123

OVER DE AUTEUR

Drs. Ingeborg Bosch (1960, geboren in Iran als dochter van Nederlandse ouders) is in 1986 aan de Universiteit van Amsterdam afgestudeerd in de sociale psychologie. Haar eindscriptie wijdde zij aan Behavior Modification – de principes van gedragsverandering op basis van conditioneringprincipes. Haar afstudeeronderzoek, gedragsveranderingen bij kinderen op een basisschool, trok de aandacht van de media. Zij werd geïnterviewd in het *nos*-jeugdjournaal en door Tineke de Nooy in haar programma *Tineke*. Als doctoraalbijvak koos zij oosterse filosofie. Al vanaf haar 15 is Ingeborg zeer geïnspireerd door oosterse benaderingen, met name Krishnamurti, zenboeddhisme en Advaita Vedanta.

Na haar doctoraalexamen in de psychologie begon ze haar loopbaan als zelfstandig loopbaan- en outplacementadviseur. Al snel ontwikkelde ze zich daarnaast tot managementconsultant, gespecialiseerd in het ontwerpen en implementeren van cultuurveranderingsprocessen in grote organisaties.

In 1989 heeft ze meegewerkt aan de Teleaccursus *Werk zoeken, werk vinden*. Ze schreef het gelijknamige boek voor de cursus en de synopsis van de televisie- en radio-uitzendingen en presenteerde de leerstof in vijf televisie-uitzendingen.

In haar werk als consultant werd de begeleiding van mensen die hun functioneren wilden veranderen of verbeteren, steeds belangrijker. Theoretisch kader hierbij was vooral de Transactionele Analyse. In deze tijd – begin jaren negentig – werd Ingeborg gegrepen door het werk van Alice Miller. Deze inspiratie was niet alleen theoretisch maar ook persoonlijk. Persoonlijk, omdat Ingeborg in die tijd de confrontatie met haar eigen emotionele bagage niet langer uit de weg wilde gaan. Het was door dit persoonlijke proces dat ze de waarheid van de ideeën van Alice Miller op een diep niveau kon inzien, niet alleen met haar verstand maar vooral met haar hart.

Zoals wel vaker het geval is, was dit persoonlijke ontwikkelingsproces ook voor Ingeborg de reden om de aard van haar werkzaamheden te veranderen. Haar werk was eerder toch al vaak impliciet therapeutisch van aard: nu werd dat ook expliciet het geval.

In die periode ontdekte zij het boek van Jean Jenson, *Reclaiming Your Life*, dat nog niet in het Nederlands was vertaald. Dankzij de kennismaking en samenwerking met Jean Jenson en haar vorm van Primal Therapy kon Ingeborg zich nu ook bekwamen in de werkwijze van Jean Jenson en deze combineren met haar eerdere opleiding, kennis en ervaring.

Uiteindelijk ontwikkelde Ingeborg in 2000 een fundamenteel vernieuwende therapie: PRI – Past Reality Integration,een therapie die niet alleen een brug slaat tussen oosterse en westerse concepten, maar die een fundamenteel andere kijk op emotionele problematiek voorstaat: ons probleem is niet wat we denken dat het is, ons probleem is 'slechts' een manier waarop ons bewustzijn ons afleidt van het werkelijke probleem, dat meestal diep in ons emotionele (onbewuste) brein verborgen ligt.

PRI bestaat uit een specifieke combinatie van
– eeuwenoude oosterse concepten: 1. zelfobservatie als basis en 2. de noodzaak om de illusoire aard van onze identiteit te ontmaskeren, en
– beproefde westerse therapeutische concepten: 1. gedrags- en cognitieve principes: deconditionering van destructieve ingesleten gedragingen en gedachten en cognitieve herstructurering, en 2. het werken met gevoelens: 'exposure' door gebruik van specifieke technieken om onze angsten te ontmaskeren en de oorsprong van onze gevoelens in het verleden te lokaliseren.

In 2000 verschijnt *De herontdekking van het ware zelf*, waarin Ingeborg de PRI-therapie zowel theoretisch als praktisch uiteenzet. Het boek roept veel reacties van lezers op. Enthousiaste en lovende reacties en veel vragen over de toepassing van PRI. Deze reacties zijn voor Ingeborg de reden geweest voor het schrijven van *Illusies* (2003).

In 2003 werkt zij mee aan het KRO tv-programma *Home Sweet Home* van Fons de Poel, waarin zij aan de hand van PRI-ideeën interviews met een aantal bekende Nederlanders aanvult. Ingeborg heeft verder meegewerkt aan de Nederlandse televisiebewerking van *Een baby's wereld*, waarin zij haar kijk op opvoeding weergeeft.

De Franse vertaling van *De herontdekking van het ware zelf* is in oktober 2005 uitgekomen in Frankrijk en Canada. De Italiaanse uitgave van *De herontdekking* (*In Armonica con le Emozioni*) volgde in 2007. *Illusies* verschijnt begin 2008 in Frankrijk en Canada als *Illusions*.

Ingeborg Bosch houdt zich momenteel vanuit haar woonplaats in Zuid-Frankrijk bezig met de PRI in verschillende toepassingsvormen. Zij werkt met toewijding gezamenlijk met alle door haar opgeleide PRI-therapeuten, aan het verspreiden van de kennis dat onze emoties meestal niet door het heden worden veroorzaakt, waardoor mensen de gijzeling door hun emoties kunnen opheffen. Ze besteedt het grootste deel van haar tijd aan het opleiden van PRI-therapeuten en het geven van intensieve therapieën. Daarnaast houdt ze zich bezig met de verdere ontwikkeling van PRI. In juni 2007 verscheen haar derde boek, *De onschuldige gevangene*, dat gaat over PRI en opvoeden.

Ze hecht veel waarde aan de verspreiding van inzichten daar waar het de opvoeding van kinderen betreft: hun emotionele behoeftes, hun kwetsbaarheid en de gevolgen van een goedbedoelde opvoeding, zowel op individueel als op maatschappelijk niveau.

Ingeborg Bosch is getrouwd met een Amerikaan en samen hebben ze twee kinderen.

www.PRIonline.nl

Bedenk dat het moeilijk zal zijn voor een niet in PRI opgeleide therapeut om de PRI-stappen te zetten. Niet alleen omdat zij de therapeutische PRI-instrumenten niet kent – die staan immers niet in mijn boeken beschreven – maar ook omdat zij zelf geen PRI-traject heeft doorlopen als cliënt. Vanwege de ruime beschikbaarheid van in PRI opgeleide therapeuten, is het af te raden om met een niet in PRI opgeleide therapeut aan de slag te gaan.